上海市红色资源
传承弘扬和保护利用
蓝皮书
2021—2022

主　编／潘　敏　权　衡
副主编／马学强　王　健

上海社会科学院出版社
SHANGHAI ACADEMY OF SOCIAL SCIENCES PRESS

主　编　潘　敏　权　衡

副主编　马学强　王　健

编委会成员：
（按姓氏笔划为序）
马　婉　王　健　王　磊　叶　舟　年士萍
张秀莉　范　嵘　欧晓川　高　明

目　录

第一部分　总报告

B.1　上海市红色资源传承弘扬和保护利用总报告(2021—2022) ………… 3

第二部分　专题研究

B.2　发挥党史部门职能优势　推动红色资源保护利用 …………… 29
B.3　深化党史研究　助推伟大建党精神弘扬 …………………………… 39
B.4　"永远跟党走""强国复兴有我"
　　——上海开展群众性主题宣传教育活动 ………………………… 51
B.5　促进干部教育与红色资源的双向奔赴
　　——上海党校系统积极挖掘红色资源 …………………………… 59
B.6　上海市不可移动革命文物的现状调研和发展方向 ……………… 69
B.7　深化红色文化教育，夯实铸魂育人之基 …………………………… 80
B.8　发展无愧于党的诞生地的红色文化宣传
　　——智媒时代上海主流媒体赋能红色资源传承发展 ………… 87
B.9　红色血脉与城市文脉结合，推动红色文艺精品创作 ……………… 100
B.10　促进"红色＋"多元业态融合　创新红色文化传播路径 ……… 107
B.11　加强上海红色主题读物的编写出版 ……………………………… 114
B.12　上海红色资源网络关注度研究 …………………………………… 123

B.13 立足红色资源 发展红色旅游 ………………………………… 140
B.14 积极推进上海市红色文创产业的发展 …………………………… 146

第三部分　案例调研

B.15 在党的诞生地打造党员教育的"红色殿堂"
　　——上海推出"初心讲堂"党员理想信念教育品牌 ………… 157
B.16 聚军地文保力量　护红色文化根脉
　　——以青浦区红色历史文化遗产检察公益诉讼保护协作机制
　　　为例 ………………………………………………………… 163
B.17 全力打响静安红色文化品牌
　　——以纪念中共二大召开和首部党章通过100周年"十个一"
　　　重点活动为例 ………………………………………………… 169
B.18 红色资源保护与利用的思考
　　——以黄浦区为例 ……………………………………………… 177
B.19 点燃"数字化"新引擎　赋能红色资源保护利用工作迈上新台阶
　　——以上海红色文化信息应用平台"红途"建设为例 ………… 184
B.20 大先生·大师剧·大课堂
　　——上海高校大师剧红色育人资源挖掘与运用 ……………… 194
B.21 当代大学生如何讲好红色故事、传承红色基因
　　——以复旦大学《共产党宣言》展示馆党员志愿服务队为例 … 202
B.22 高校如何深挖红色资源,赓续红色血脉
　　——以上海交通大学的实践与经验为例 ……………………… 209
B.23 中学如何挖掘、弘扬学校中的"红色资源"
　　——以上海市大同中学、上海市第二中学为例 ……………… 218
B.24 用好用活红色文物,讲好党的百年故事,让红色基因、革命
　　薪火代代相传
　　——"百物进百校,百讲证百年"活动汇报 …………………… 227

B.25 让红色历史影像丰富城市文脉传承
　　——以上海红色影像资源的挖掘、利用为例 …………… 233

B.26 上海红色文献的发掘保护利用
　　——以上海图书馆为例 ……………………………………… 240

B.27 用好红色档案　传承红色基因
　　——上海红色档案的展示与利用探讨 ……………………… 248

B.28 传承红色基因　激发红色引擎
　　——市国资委系统开展"红色文化进国企"系列活动 ……… 259

B.29 用好红色资源，打造红色经典步道系统 ………………………… 265

B.30 打造全国首个"车轮上的党史学堂"
　　——久事中运量71路开出"上海红色之旅专列" …………… 272

B.31 让红色文化成为地铁公共文化的底色 …………………………… 280

第四部分　文件汇编

B.32 《上海市红色资源传承弘扬和保护利用条例》………………… 287

B.33 《上海市红色资源名录（第一批）》……………………………… 298

后记 ……………………………………………………………………… 344

上海市红色资源传承弘扬和保护利用蓝皮书（2021—2022）

第一部分 主报告

B.1 上海市红色资源传承弘扬和保护利用总报告(2021—2022)

上海社会科学院课题组

红色资源是中国共产党艰辛而辉煌奋斗的历史见证,铭刻着中国共产党人和中国人民为人民解放、民族复兴而英勇奋斗的光辉历程,蕴含着中国共产党人和中国人民艰苦奋斗、不屈不挠、一往无前、敢于胜利的革命精神,是最宝贵的精神财富。上海是中国共产党诞生地、初心始发地和伟大建党精神孕育地,1921—1933年间,除三次短暂迁离外,中共中央机关长期驻扎上海。中共中央在上海期间,毛泽东、周恩来、刘少奇、朱德、邓小平、陈云等老一辈革命家,都曾在上海工作过、战斗过,领导中国革命,留下了光辉足迹;陈延年、罗亦农、陈乔年、彭湃、林育南等无数革命先烈牺牲在上海的热土上。

2021年是中国共产党成立100周年,2022年是中国共产党首部党章通过100周年。在这具有重大历史意义的时间节点,上海市、区两级从本地区、本单位职能出发,在红色资源传承弘扬和保护利用的具体实践中,牢记"党的诞生地"使命责任,在法治供给、管理创新、科学保护、党史研究、史料征集、学校教育、文艺创作、场馆展陈,特别是挖掘梳理中共中央机关在沪12年的光荣历史、研究阐释伟大建党精神的丰富内涵等方面,做了很多有益的尝试,推动红色资源保护利用法治化、规范化,总结出了诸多好方法、好经验,为努力建设建党历史资源高地、建党精神研究高地、建党故事传播高地作出贡献。

一、牢记殷殷嘱托,提高政治站位

(一) 强化思想引领,传承红色基因

习近平总书记高度重视用好红色资源、赓续红色血脉,发表了一系列重要论述,为上海传承弘扬和保护利用好红色资源提供了根本遵循。2021年第10期《求是》杂志发表习近平总书记的重要文章《用好红色资源,传承好红色基因,把红色江山世世代代传下去》,强调要把红色资源作为坚定理想信念、加强党性修养的生动教材,讲好党的故事、革命的故事、根据地的故事、英雄和烈士的故事,加强革命传统教育、爱国主义教育、青少年思想道德教育,把红色基因传承好,确保红色江山永不变色。2021年6月25日,习近平总书记在十九届中央政治局第三十一次集体学习时的讲话中又一次强调,红色血脉是中国共产党政治本色的集中体现,是新时代中国共产党人的精神力量源泉。红色资源是我们党艰辛而辉煌奋斗历程的见证,是最宝贵的精神财富,一定要用心用情用力保护好、管理好、运用好。党的二十大报告指出,要弘扬以伟大建党精神为源头的中国共产党人精神谱系,用好红色资源,深入开展社会主义核心价值观宣传教育,深化爱国主义、集体主义、社会主义教育,着力培养担当民族复兴大任的时代新人。

习近平总书记多次在对上海工作的重要指示中明确要求,上海要肩负起用好红色资源、传承好红色基因的历史使命。2017年10月,党的十九大闭幕后仅一周,习近平总书记就带领新一届中央政治局常委专程瞻仰中共一大会址,回顾建党历史,重温入党誓词,宣示新一届党中央领导集体的坚定政治信念,向全党发出"不忘初心、牢记使命、永远奋斗"的伟大号召,叮嘱一定要把中共一大会址保护好、利用好。2019年11月,习近平总书记在上海考察时强调,上海要把丰富的红色资源作为主题教育的生动教材,引导广大党员、干部深入学习党史、新中国史、改革开放史,让初心薪火相传,把使命永担在肩,切实在实现"两个一百年"奋斗目标、实现中华民族伟大复兴的中国梦进程中奋勇争先、走在前列。2020年6月,习近平总书记给复旦大学《共产党宣言》展示馆党员志愿服务队全体队员回信,勉励他们继续讲好

关于理想信念的故事。2020年11月，习近平总书记在浦东开发开放30周年庆祝大会上强调，上海是中国共产党诞生地，要传承红色基因、践行初心使命。2021年2月，习近平总书记给上海市新四军历史研究会百岁老战士们回信，强调中国革命历史是最好的教科书，要引导广大党员特别是青年一代不忘初心、牢记使命、坚定信仰、勇敢斗争，为新时代全面建设社会主义现代化国家而不懈奋斗。习近平总书记这一系列重要指示要求，为上海用好红色资源、传承好红色基因提供了根本遵循。

（二）纳入重大工程，持续深入推进

上海市委、市政府牢记习近平总书记殷殷嘱托和重要指示精神，坚持将历史、现实、未来相贯通，着力用好用活红色资源，让流淌在城市血脉中的红色基因赓续相传，为上海在新时代中国发展壮阔新征程中创造新奇迹、展现新气象提供不竭的力量源泉。

2016年，经上海市委批准，上海以建党95周年为契机，全面启动实施"党的诞生地"发掘宣传工程。2017年5月，"实施党的诞生地发掘宣传工程"被写入上海市第十一次党代会报告。2018年起，上海连续两轮实施《全力打响"上海文化"品牌加快建成国际文化大都市三年行动计划（2018—2020年，2021—2023年）》，在两轮行动计划中，"红色资源传承弘扬和保护利用"始终被列为12项专项行动之首。2019年3月，市委办公厅、市政府办公厅印发《关于实施上海市革命文物保护利用工程（2018—2022年）的意见》（沪委办发〔2019〕83号），提出8大工程93项革命文物保护利用重点项目。2020年12月，为践行"人民城市人民建，人民城市为人民"重要理念，上海市委决定实施16项民心工程，明确由市委宣传部牵头负责"红色文化传承弘扬"工程，这是唯一由党委部门牵头的民心工程项目。2021年7月，"党的诞生地"发掘宣传工程、"党的诞生地"红色文化传承弘扬工程和革命文物保护利用工程被纳入上海市社会主义国际文化大都市建设"十四五"规划。2022年，上海市第十二次党代会报告中，提出未来五年上海要"深入实施党的诞生地红色文化传承弘扬工程"。

(三) 注重法治供给，夯实制度之基

2020年9月18日，上海市委常委会就红色资源保护利用进行专题研究，要求进一步加大对红色资源的研究挖掘、保护利用力度，加强法治供给，形成长效机制。为贯彻落实市委常委会精神，成立由市人大和市政府分管领导担任"双组长"的起草小组，由市委宣传部、市委党史研究室、市文化和旅游局牵头相关部门，共同研究起草《上海市红色资源传承弘扬和保护利用条例》（以下简称《条例》）。2021年5月21日，《条例》由上海市第十五届人民代表大会常务委员会第三十一次会议表决通过，7月1日起施行，在全国范围内率先颁布地方性红色资源的相关法规。《条例》的出台，为全市传承弘扬红色文化提供了重要的法律准绳和制度保障。《条例》共八章五十八条，分为总则、调查认定、传承弘扬、保护管理、长三角区域协作、保障措施、法律责任和附则。在体例上创新性地将"传承弘扬"作为专章，共十五条，位列"保护管理"专章之前，占据整个条例的四分之一篇幅，这体现了上海红色资源立法的系统性和全面性。相比其他省市的同类立法，《条例》对红色资源做了更为全面的界定，包含了物质资源和精神资源，并将红色资源的时间跨度，从新民主主义革命时期，延续至社会主义革命和建设时期、改革开放和社会主义现代化建设新时期和中国特色社会主义新时代。《条例》突出红色资源的教育作用，将公职人员的培训写入立法。为加强党对红色资源保护利用工作的领导，首次将党委部门写入地方立法。《条例》明确了红色资源保护利用和传承弘扬中的责任主体、职能部门职责，还开创性地将红色资源周边的环境整治写入立法。《条例》与现行《上海市文物保护条例》《上海市历史风貌区和优秀历史建筑保护条例》等法律法规相衔接，共同构建完善全市红色资源传承弘扬和保护利用的地方立法体系。

2021年10月28日，《上海市档案条例》（以下简称《档案条例》）由上海市第十五届人民代表大会常务委员会第三十六次会议修订通过并公布，并自2021年12月1日起施行。《档案条例》对接新修订的《中华人民共和国档案法》和《上海市红色资源传承弘扬和保护利用条例》，坚持档案工作的政治属性，首创性地制定了"红色档案保护利用"专章，明确红色档案的定义范围，鼓励支持档案馆以及其他档案保管单位加强红色档案的开发，利用红色

档案开展党史学习教育、理想信念教育、爱国主义教育等主题教育活动。

二、创新管理制度,健全管理办法

(一) 建立红色资源保护利用工作联席会议制度

2021年1月,上海市委成立上海市红色资源保护利用工作联席会议(以下简称"市联席会议"),领导统筹协调全市保护利用工作。市联席会议采取召集人制度,由市委常委、宣传部部长担任召集人,市委常委、市委秘书长和分管文化旅游的副市长担任副召集人,市委宣传部、市委组织部、市委党史研究室、市发改委、市文化和旅游局、上海警备区政治工作局等13家部门作为成员单位。市联席会议负责统筹、指导、协调、推动红色资源传承弘扬和保护利用工作,研究决定红色资源传承弘扬和保护利用的重大事项,对红色资源传承弘扬和保护利用工作实施情况进行评估并向社会公布。市联席会议办事机构设在市委宣传部,具体负责市联席会议的组织工作,推进落实相关综合协调、督促检查等,完成市联席会议交办的其他工作。2021年12月30日,市联席会议召开第一次全体会议,审议通过《上海市红色资源传承弘扬和保护利用实施方案》《上海市红色资源保护利用工作联席会议工作规范》《上海市红色资源认定标准》等制度文件。其中,《实施方案》依据《上海市红色资源传承弘扬和保护利用条例》制定,以2021年至2025年为时间跨度,针对性提出阶段目标、具体项目和落实举措。《工作规范》分为总则、工作职责、工作机制和附则,确定联席会议、联席会议办公室、成员单位联络员的工作职责,并以附件形式梳理形成各成员单位职责清单。《认定标准》对"红色资源"概念作了定义,并对其类别、范围进行界定,对命名、收录条件等作了细化,避免可能出现的理解歧义和操作困难。2022年12月16日,市联席会议召开第二次全体会议,部署新一年全市红色资源保护利用重点工作。

(二) 成立中共一大、二大、四大场馆管理委员会

2021年6月,中共一大纪念馆、中共二大会址纪念馆、中共四大纪念馆成功联创国家5A级旅游景区。为了更好发挥中共一大纪念馆牵头联系作用,加强市区间,乃至区际、馆际的工作联通,2022年,经市联席会议审议同

意,建立中共一、二、四大场馆管理委员会,成员单位包括市委宣传部、市委党史研究室、市文化和旅游局、市档案局、市发改委、市财政局、市教卫工作党委,黄浦、静安、虹口三个区的区委宣传部,以及三家红色场馆。管理委员会在市联席会议领导下,研究会商各馆在展陈、讲解、研究、管理等方面重大事项,并报市联席会议审定。管理委员会具体职责包括:建立定期协商例会制度,加强信息沟通和工作协调;形成各馆年度重点项目合作方案,做到年初有计划、年中有落实、年末有总结;推动各馆在场馆保护、展陈提升、临展巡展、5A 景区旅游推广、文创开发、出版读物、长三角联动等方面的合作;支持各馆共同开展红色故事讲演大赛、学术研究论坛、红色文化传播等活动;加强各馆人才队伍建设,在研究、保管、讲解等领域开展合作和培训等。

图 1-1 中国共产党第一次全国代表大会纪念馆

三、重视资源挖掘,加强资源保护

(一)摸清家底,发布名录

《上海市红色资源传承弘扬和保护利用条例》第一章第二条,将红色资源确定为"中国共产党领导下,在新民主主义革命时期、社会主义革命和建设时期、改革开放和社会主义现代化建设新时期、中国特色社会主义新时代所形成的具有历史价值、教育意义、纪念意义的下列物质资源和精神资源"。明确三方面具体涵盖内容:重要旧址、遗址、纪念设施或者场所;重要档案、文献、手稿、声像资料和实物;具有代表性的其他资源。

2021年,由上海市委宣传部、市委党史研究室、市文物局牵头,基本完成全市重要红色革命遗址旧址复核工作:全市自1919年五四运动到1949年上海解放,有重点旧址、遗址、纪念设施或者场所类红色资源共612处,遍布全市16个区。其中旧址228处,如中国共产党第一次全国代表大会会址、中国共产党第二次全国代表大会旧址、中国共产党发起组成立地(《新青年》编辑部)旧址、中共中央政治局机关旧址(1928—1931年)、中共中央军委机关旧址、中共中央秘书处机关旧址、中共中央特科机关旧址等;遗址279处,如中国共产党第四次全国代表大会遗址、中央文库遗址、商务印书馆总厂遗址、电通公司遗址(《义勇军进行曲》纪念地)、《星期评论》编辑部遗址等;纪念设施105处,如中共一大纪念馆、中共二大会址纪念馆、中共四大纪念馆、陈云纪念馆、上海市龙华烈士陵园、鲁迅墓、五卅运动纪念碑等。同时,于2021年在部分重要遗址旧址,设置首批共48处纪念标识和保护标识,统一竖立或悬挂大理石质碑牌,切实提升红色资源标识度。2022年4月,上海市政府公布《上海市红色资源名录(第一批)》,包括重点旧址、遗址、纪念设施或场所类共612处,重要档案、文献、手稿、声像资料和实物类共236件/套,为进一步推进上海红色资源保护事业奠定了基础。

(二) 依法管理,科学保护

上海红色资源的管理实行名录制度,名录可以动态调整。对已列入名录的红色资源,由市联席会议提出建议,经市政府核定后调整;对新发现的具有重要历史价值、教育意义、纪念意义的红色资源,及时列入红色资源名录并予公布。同时,组建市级红色资源保护利用专家委员会,汇集上海市域内来自党史、城市史、文保、档案等方面的30位资深专家、学者。专家委员会负责根据联席会议办公室安排,按照《认定标准》,对已经纳入或准备纳入名录的红色资源,向市联席会议提供认定和保护管理等方面的咨询论证意见。

《上海市红色资源传承弘扬和保护利用条例》正式颁布后,对红色资源的调查认定、名录管理、分类保护、建设管理都提出明确的要求。2022年,上海图书馆以《上海市红色资源名录(第一批)》资源为基础,依托上海图书馆的红色文献整理研究、红色文献服务平台和数字人文项目建设成果,承建

"上海市红色资源联合目录数据库"。在相关部门指导下,制定跨机构的数据共享和需求规范,形成9种建筑设施类标准字段和18种资料类标准字段,完成数据库收集、沟通对接、数据清洗加工。整合市档案馆、中共一大纪念馆等已有数据资源,通过建设支持跨机构资源整合、统一检索和多维展示的红色资源联合目录,进一步深入推动红色资源的共建共享。《上海市红色资源名录(第一批)》涉及的所有848项数据均已通过标准元数据规范存储及管理。

科学保护,就是将抢救性地保护、预防性地保护相结合,尤其注意风貌的完整性。上海遵循"保护第一、加强管理、挖掘价值、有效利用、让文物活起来"的原则,全力推动"一馆五址"为代表的一批重要旧址遗址的保护利用。中国共产党第一次全国代表大会纪念馆于2021年6月3日建成开馆。建成开放中共中央军委机关旧址,完成中国共产党发起组成立地(《新青年》编辑部)旧址、中共中央政治局机关旧址(1928—1931年)的腾迁修缮和文物更名,报请中共中央、国务院筹建中共中央秘书处机关旧址和中共中央特科机关旧址并获批。此外,完成龙华革命烈士纪念地、鲁迅墓、又新印刷所旧址、中共上海区委党校旧址等文物修缮,中共二大会址纪念馆、中共四大纪念馆、龙华烈士纪念馆、顾正红纪念馆等纪念设施展陈提升等工作。2021年3月、6月,上海市文化和旅游局公布两批上海革命文物名录,全市现有不可移动革命文物250处(第一批150处,第二批100处),可移动革命文物3415件/套(第一批208件/套,第二批3207件/套)。

(三) 各方联动,形成合力

2021年,上海市档案局先后制定印发《加强红色档案资源保护和利用工作的意见》《上海市红色档案资源管理办法》(以下简称《办法》),以及与《办法》配套的《珍贵红色档案资源申报认定细则》《红色档案资源保护修复指南》,启动全市档案系统红色档案资源普查工作。市档案馆为珍贵红色档案"建档立卡",加快红色档案数字化和精细化整理,全方位深化红色档案开发利用,将红色档案保护利用工作引向深入。同年,青浦区检察院联合上海军事检察院等共建全市首个红色历史文化遗产检察公益诉讼保护协作机制,畅通线索移送、信息共享、专业支持、联合巡查等协作模式,合力推动颜安小学、新四军标语墙等一批革命文物全面升级保护,以法治思维促进文物治理能力水平的提升。

同时,各级各部门在现有的红色资源基础上,深入研究党史,收集文献资料,加大考证力度,从历史的隐秘之处深入挖掘新的红色资源。如赴法勤工俭学运动不仅推动了中国共产党的创建与成立,更为党的革命与建设输送了一大批有充实理论基础和丰富斗争经验的中坚力量,对中国共产党的创建和中国革命的发展具有重要的价值和作用。虹口区通过资料搜集、实地考察等方法,分析上海成为赴法勤工俭学运动高地的"天时、地利、人和"基本条件,梳理赴法勤工俭学运动在上海的基本过程和主要活动,考证赴法勤工俭学运动在上海涉及的毛泽东"四送"、汇山码头与黄浦码头等出发地、赴法勤工俭学总代理上海华法教育会、寰球中国学生会等问题,充实了红色资源相关方面的研究。

四、聚焦重点项目,突出品牌引领

(一)深入开展伟大建党精神和党史理论研究

2021年,习近平总书记在庆祝中国共产党成立100周年大会上的重要讲话中,总结、概括、提炼了我们党在百年奋斗历程中形成的伟大建党精神,这就是"坚持真理、坚守理想,践行初心、担当使命,不怕牺牲、英勇斗争,对党忠诚、不负人民",首次提出和阐述了"伟大建党精神"这一重大命题和丰富内涵,并指出这是"中国共产党的精神之源"。2022年,党的二十大报告主题明确强调"弘扬伟大建党精神",赋予伟大建党精神崭新的历史高度和时代价值。上海作为党的诞生地、初心始发地和伟大建党精神孕育地,积极发挥理论"五路大军"优势,深化伟大建党精神研究。

1. 成立上海市中国共产党伟大建党精神研究中心

2021年7月14日,上海市中国共产党伟大建党精神研究中心成立。这是全国第一家以伟大建党精神为主题的省级研究中心,具有重要的开创意义。该机构由上海市委宣传部、市委党校、市委党史研究室共同发起,明确按照上海市委部署要求,推动全市自觉担负起传承弘扬伟大建党精神的上海使命,全力以赴打造伟大建党精神研究高地。研究中心自成立以来,先后在《人民日报》《解放日报》等主要媒体刊发7篇研究阐释伟大建党精神的大篇幅高质量理论文章,在全国产生了较为广泛的影响。

2. 成立高校中国共产党伟大建党精神研究中心

2021年10月,在教育部的指导和支持下,高校中国共产党伟大建党精神研究中心在上海成立,上海市教卫工作党委、市教委具体承担了研究中心的建设任务,充分发挥高校人才智力密集的优势,为推动新时代高校党建和思政工作高质量发展提供重要支撑。该中心首次探索打破高等院校、党校、社科院系统等原本相对独立的研究体系间的界限,设立了若干研究中心和协同单位,致力于发挥不同单位的学术优势和特色专长协同攻关,加强学术合作交流,激发科研活力,为进一步推进伟大建党精神研究理论创新提供了良好的科研合作平台。

3. 加强中共党史理论研究

上海市委党史研究室持续推进上海红色资源基础研究,围绕迎接党的二十大和上海市第十二次党代会召开,推出《新时代新步伐——2017—2022年上海发展报告》《中共上海历史实录(2017.1—2022.2)》等系列最新研究成果。出版《中国共产党上海历史第一卷》(修订版)、《伟大的起点:中国共产党是这样创立的》,力求展示上海作为党的诞生地、初心始发地和伟大建党精神孕育地的光荣历史。出版"纪录小康工程"地方丛书,多角度书写上海小康信史、记录上海小康印记,揭示辉煌成就和历史巨变背后的制度优势和经验启示。

2021—2022年间,上海党史学界充分发挥党史的"教科书""营养剂"作用,深入开展建党历史研究和党创建时期的思想理论、组织发展和制度形成研究。通过在主动搭建研究平台、积极开展课题研究、广泛组织学术研讨、持续发表学术成果等四个方面不断发力,取得了一系列丰硕成果。数据显示,2021—2022年间,上海陆续有43家机构加入"弘扬伟大建党精神"的研究队伍中,所产出的众多研究成果中,有89篇研究论文被中国知网(CNKI)数据库收录,不少高质量的理论文章相继发表在《人民日报》《中国社会科学报》《马克思主义理论学科研究》《毛泽东邓小平理论研究》《理论月刊》等全国重点报刊上。

（二）推进重大项目建设和重点活动开展

1. 建成开放中国共产党第一次全国代表大会纪念馆

2018年11月1日，中央批复同意上海建设中国共产党第一次全国代表大会纪念馆。2019年8月31日，纪念馆开工建设。2021年4月30日，纪念馆实现整体竣工。2021年6月3日，纪念馆正式开馆。建成后的中国共产党第一次全国代表大会纪念馆，由中共一大会址、宣誓大厅、新建展馆等部分组成。其中，中共一大会址供观众瞻仰参观，宣誓大厅根据2017年10月31日习近平总书记带领中共中央政治局常委重温入党誓词时的环境进行布置，新建展馆总建筑面积9690平方米（地上2910平方米，地下6780平方米）。展厅面积约3700平方米，综合采用文物实物、图片图表、动态视频、油画雕塑、实景还原、多媒体声像等多种展示手段，展出各类展品1168件，包括文物展品、艺术品、视频、置景、沙盘、模型等。

图1-2 中共一大会址内景

2. 举办上海市纪念首部党章通过100周年系列活动

2022年7月21日，上海市委、中央党史和文献研究院联合举办上海市纪念首部党章通过100周年座谈会。同年,作为中共二大会址所在地,静安区充分依托丰富红色资源,紧紧围绕学习宣传贯彻党的二十大精神工作主线,推出"百年辅德里 奋进新时代"——纪念中共二大召开和首部党章通过100周年"十个一"重点活动,即一天大型纪念活动、一组党史教育实践活动、一系列特色纪念项目、一批重点红色场馆、一次更新升级、一个诞生地主题邮局、一条红色经典步道、一百人党章诵读接力、一系列精品视频、一组党史图书,在全区乃至全市形成亮点不断、高潮迭起的活动声势,进一步深挖红色资源历史价值,推动转化党史研究新成果,多维度全力打响静安"党章诞生地""辅德里""党章研究中心"等特色红色文化品牌,彰显了红色资源宣传教育的引领和导向作用。

图1-3 中共二大会址纪念馆

(三) 建设"红色文化"品牌阵地

1. 设立"初心讲堂"

"初心讲堂"是上海聚焦学思践悟习近平新时代中国特色社会主义思想这一主线、突出传承弘扬伟大建党精神这一主题而打造的红色教育品牌,由上海市委组织部、市委宣传部作为指导单位,将中共一大纪念馆、中共二大会址纪念馆、中共四大纪念馆作为核心阵地,按照一月一讲频次进行课程开发,采取"现场开讲+线上直播"形式,在每月第二、三、四周的周五定期开展主题鲜明、特点突出、形式多样、氛围庄重的党员教育活动。聚焦"讲什么",突出主题主线,优化内容供给;聚焦"在哪讲",突出"初心之地",发挥特色优势;聚焦"怎么讲",突出品牌引领,创新形式载体;聚焦"如何用",突出常态长效,拓展成果运用。截至2022年底,共推出活动32讲,线上线下参与党员群众达600余万人次,入选中央组织部党员教育工作典型案例。在"初心讲堂"的牵引带动下,到红色场馆上党课已经成为上海党员学习的新常态,党员群众纷纷表示,"初心讲堂"让红色旧址遗迹成了党员教育的"红色殿堂",在"初心之地"听党课、悟初心,让党的创新理论和伟大建党精神更加深入人心、打动人心。

2. 开创"红途"平台

2021年6月,上海市委宣传部联合中宣部宣传舆情研究中心,会同市各有关单位,依托"学习强国"和"随申办"系统,在全国率先建设红色文化资源信息应用平台——上海"红途"平台。自上线以来,"红途"平台聚焦红色资源数字化转型,以广大党员群众需求为导向,通过红色场馆信息化集成、文旅活动智能化汇聚、工作成果数据化呈现等功能,面向主管单位,实现了红色文化资源"一网统管"、红色文化应用"一网通办"、红色文化载体"一站服务"、红色文化信息"一站共享"。截至2023年6月,"红途"完成"三端两号"(学习强国、随申办、微信小程序、微信公众号、视频公众号)功能矩阵搭建。全市379家革命遗址、旧址和设施,171家市级爱国主义教育基地,237个新时代文明实践中心(分中心)入驻,累计汇聚推出全市精品展陈、讲座课程、体验线路等优质学习资源6256项。平台实名注册用户超611万,总点击量超5亿次,各级各类媒体宣传报道超百次,已成为一网通办示范性红色应用、城市数字化转型示范项目,为弘扬城市精神品格、提升城市软实力提供强大助力。"红途"已成为上海最具影响力和示范性的红色资源应用平台。

五、注重教育传承,坚持铸魂育人

在传承弘扬红色资源过程中,上海尤其重视发挥红色资源教育功能,引领全市上下特别是青年一代从红色精神血脉中汲取力量，奋勇投身伟大新征程。将红色文化融入学校思想政治教育，立足上海红色文化底蕴，将红色文化主题贯穿大中小学德育工作以及学校教育教学全过程。将红色景点纳入全市大中小学生研学参观名录。推进党史资源在云端共建共享，通过制作党史微视频等形式讲好"大思政课"。推出《开天辟地的大事变》网上主题团课，吸引全国4800万名青年参与。举办"革命文物线上讲解大赛"，发布"上海革命文物故事"专辑。聚焦整合社会资源，根据中小学不同学段特点，分类梳理全市丰富的红色文化资源、爱国主义教育基地和文博场馆资源，形成10类主题130余条红色文化研学实践线路。构建大中小教育内容纵向衔接，学校第一课堂、校内外第二课堂和网络第三课堂横向贯通，以及学校、家庭和社会协同联动的红色文化教育体系，形成全员、全过程、全方位育人大格局。

（一）党校系统

上海市党校系统通过政治性与精品化的价值引领，平台、载体、课程、师资、教材的一体整合，学校、社会、学员资源的统筹运用，坚持将党的诞生地丰富红色资源作为生动教材，开展党性教育，弘扬红色文化。所有学制在一个月以上主体班次专门设置党史学习单元或教育模块，如在领导干部进修班设置"中国共产党百年奋斗历程与革命精神的时代传承"单元，在中青年干部培训班设置"中共党史与马克思主义中国化进程"单元，在中青年干部培训二班设置"百年光辉党史与红色基因传承"单元，做到党史教育学习课程在各个主体班次的全覆盖。充分利用上海丰富的红色资源，组织学员前往中共一大纪念馆、中共二大会址纪念馆、中共四大纪念馆、陈云纪念馆、龙华烈士陵园等革命旧址遗迹、纪念场馆开展现场教学，让旧址遗迹成为党史"教室"，让文物史料成为党史"教材"，让英烈模范成为党史"教师"。与解放日报社、上海人民出版社合作开展"同读一本书"读书交流活动，遴选《火种：寻找中国复兴之路》《文献中的百年党史》《光明的摇篮》等书籍，特邀作者出席活动并与学员作读书交流。

B.1　上海市红色资源传承弘扬和保护利用总报告(2021—2022) / 17

图1-4　中共四大纪念馆

(二) 上海社会科学院

上海社会科学院充分发挥人才优势和学科优势,通过多种方式传承弘扬红色文化。历史研究所、法学研究所、文学研究所、图书馆等的一些专家学者承担了多项上海市红色资源传承弘扬和保护利用方面的课题。2021年,院成立"党的诞生地"资料中心,开设党史相关课程,录制系列节目《"四史教育"精品讲堂》,拍摄院中共党史人物系列视频短片,编纂《上海社会科学院早期中共党史人物史料整理与研究》,刊印《上海社会科学院中共党史人物重要史迹》《上海社会科学院中共党史人物风采录》,出版《他们从这里走来》等。同时,充分挖掘整理院图书馆丰富的红色馆藏文献,对新发现的全国第12本、上海第5本陈望道译1920年版《共产党宣言》中文首印本进行公开展览,并且邀请专家学者进行深入解读,重新影印院首任党委书记李培南的《〈共产党宣言〉笔记》,用最珍贵的学习材料教育年轻一代研究人员、研究生学好"身边的党史"。上海社会科学院还与向明教育集团等联合共建思政课建设研究基地,推进理论与实践共融、教学科研与智库研究互通,共同孵化打造一系列创新性的思政课程,努力打造"思政金课"。同时,以青年研究人员为主体,成立"四史"青年理论学习小组和尚社青年讲师团,选拔培养一批政治坚定、善于宣讲的优秀青年理论工作者,当好习近平新时代中国特色社会主义思想宣传员,通过集中培训、集中备课、导师指导、轮流试讲和专家评估后,打造了一批精品课程,形成了一批理论成果,深入学校、企业和社区进行宣讲,点燃了理论学习和社会服务的火种,形成了学习和宣传红色文化的燎原之势。

(三) 高等院校

上海教育系统坚持"开门办思政"育人理念,联动各方,共建共享,更好地把革命传统、红色基因融入红色教育之中。充分发挥思政课立德树人关键课程作用,推动全市本科高校全覆盖开设"习近平新时代中国特色社会主义思想概论"课。持续建好"中国系列"课程,支持建设"开天辟地""脱贫攻坚"等一批精品课程,组织开展"中国系列"党史学习教育活动课程、党史学习教育融入学科教学优秀课例征集活动,遴选百门优秀党史学习教育活动课程。组织全体思政课教师、辅导员开展习近平总书记在庆祝中国共产党成立100周年大会上重要讲话学习会暨集体备课会、举办上海大中小学思政课一体化建设党史学习教育主题教学展示活动。组织开展"百年辉煌路•奋斗正当时"高校大学生讲思政课公开课展示、"我心中的思政课"高校大学生微电影展示遴选等活动,不断完善党史学习教育内容体系。

在高校中大力培育红色传人,复旦大学《共产党宣言》展示馆"星火"党员志愿服务队是其中的典型代表。自2018年5月展示馆开馆运行以来,志愿服务队积极承担义务讲解工作,宣讲老校长陈望道同志追寻真理的故事,传播马克思主义理论。2020年6月27日,习近平总书记给复旦大学《共产党宣言》展示馆党员志愿服务队回信,肯定了服务队的工作并勉励全体同志"坚持做下去,做得更好"。

(四) 中小学校

利用好红色资源,让红色资源活起来,引导广大中小学生从小树立红色理想,立志传承红色基因,从而更好地担负起时代重任。高中生正值人格养成的关键时期,有很强的可塑性,红色榜样的力量显得非常重要。大同中学、市二中学等学校在校史建设工程中,坚持以史鉴今、以史育人,基于校史资源,传承红色基因,把丰厚的红色校史转化为课程资源和教育资源。用红色文化铸魂育人,加强学生党建,书写"党旗下的青春年华"。引导学校师生传承红色基因,厚植爱党爱国情怀,赓续红色血脉,竖起了一面"红色教育"的育人旗帜。2021年10月中旬,中共一大纪念馆推出馆校合作教育项目:"百物进百校,百讲证百年"——一大纪念馆百件革命文物进课堂,通过四个"一百"(100所学校、100件文物藏品、100个红色故事、100节思政课),将珍贵的革命文物直接转化为中小学生思想政治课的鲜活教具,将课堂转化为革命文物的展示现场,让学生零距离感受革命先辈初心。

六、讲好红色故事,建设传播高地

(一) 实施"党的诞生地"主题出版工程

2021—2022年,上海出版界把红色主题读物的编写和出版作为极其重要的出版事业加以组织和推动,对伟大建党精神和党在各个历史时期的伟大成就加以整理、传承、解读和阐释。长篇小说《千里江山图》、"红色起点"文学系列作品、《红色足迹——党的诞生地·上海革命遗址系列故事》再现了中国共产党筚路蓝缕创业之路和中国共产党人在上海的奋斗历程。上海人民出版社"上海市党的诞生地主题出版中心",全力推进以党的创建、建设和共产党人精神风貌为研究重点的理论著作出版。结合党史学习教育和"四史"宣传教育,编印出版《上海红色文化地图(2021版)》,出版《跟你走》《在灿烂阳光下》音乐主题出版物,推出《12堂"四史"公开课》《文献中的百年党史(1921—2021)》等主题出版物。《当好改革开放的排头兵——习近平上海足迹》获中宣部第十六届精神文明建设"五个一工程"特别奖和中宣部2022年主题出版重点出版物。长篇小说《千里江山图》获中宣部第十六届精神文明建设"五个一工程"优秀作品奖。同时,红色主题出版物海外传播成果突出,《火种——寻找中国复兴之路》英文版、中文繁体版已分别由加拿大—皇家柯林斯出版集团、香港中文大学出版社出版;俄文版入选2021年度"丝路书香"工程项目,即将由俄罗斯学术研究出版社出版;韩文版和越南文版入选2022年度"丝路书香"工程项目。《百年大党正青春》(俄文版)、《钟英:中共中央在上海(1921—1933)》(俄文版)同时入选2022年度"丝路书香"工程项目。

(二) 实施"党的诞生地"文艺创作工程

依托上海重大文艺创作组织推进机制,全面推进红色题材、爱国主义题材、重大革命历史题材文艺作品的选题孵化和创作研发,在文学、影视、舞台、艺术、广播剧、群众文艺和网络文艺等领域推出一批精品力作,依托上海国际电影节、上海电视节、上海市民文化节等节展平台积极做好传播。电影《1921》《望道》,电视剧《光荣与梦想》《功勋》《破晓东方》,纪录片《青春龙华》《诞生地》等展示了马克思主义进入中国、中共一大召开、上海解放、新中国成立等重大革命历史事件。交响曲《百年颂》讲述中国共产党从石库门到天安门,带领人民砥砺前行,谱写民族复兴史诗的伟大历程;杂技剧《战上海》、京剧《红色特工》《换人间》、昆剧《自有后来人》、沪剧《一号机密》、话剧《英雄儿女》等剧目,讴歌共产党人的坚定信仰和敢于牺牲的崇高精神。广播剧《龙华·血红花白》讲述了1931年龙华二十四烈士被捕入狱至最后英勇就义的感人故事。这些镌刻着红色基因的作品,勾勒出党领导全国人民站起来、富起来、强起来的百年历程中一个个鲜活的身影,传递了"为信仰奋斗终身"的精神力量,彰显了文艺工作者们用艺术语汇传递红色文化精神内涵的初心使命。

电视剧《功勋》获中宣部第十六届精神文明建设"五个一工程"特别奖;电影《奇迹·笨小孩》《攀登者》、电视剧《人世间》《超越》、杂技剧《战上海》、广播剧《黑色沃土》、歌曲《一起向未来》获中宣部第十六届精神文明建设"五个一工程"优秀作品奖。

(三) 智媒体时代主流媒体赋能红色资源传承发展

在智媒体时代,上海主要媒体仍是红色资源宣传的重要途径和核心力量。在硬件上,研究部署未来虚拟世界与现实社会交互平台,加快从底层到应用全链条布局；超前布局高效泛在、天地一体、集成互联、安全高效的网络基础设施。大数据、云计算、人工智能、虚拟现实被大量应用到媒体的日常生产和宣传报道中。

上海主要媒体紧紧围绕红色文化的宣传主题，组织全媒体、全方位、立体化集中宣传。围绕伟大建党精神、中国共产党人精神谱系等，在广播、电视、报刊和新媒体等平台推出专题专版、系列报道、主题采访、新媒体产品，制播专题片、纪录片、宣传片。充分联动红色场馆，深入发掘红色文化，创新叙述方式和传播手段，运用先进智能技术实现红色文化立体式、全景式、可视化呈现，充分营造沉浸感、现场感，讲活红色故事，让旧址遗迹成为"教室"、让文物史料成为"教材"、让英烈模范成为"教师"。立足重大节点，精心策划系列宣传，市区各级广播电台、电视台定期在主频率、主频道播放国歌，让红色记忆深入人心。抓住关键群体，感召年轻一代，面向"两新"组织，依托"学习强国"和各类新媒体平台，注入红色动能，用好HTML5技术、虚拟现实技术、短视频、云上展等手段，拓展新媒体红色文化传播渠道，推出更多融媒体产品，点亮红色火种，厚植红色基因。全过程深度追踪红色资源、红色文化作品，全渠道扩大红色选题的传播面、触达面，全场景满足用户体验，推出与受众共情的红色文化产品，实现全人群覆盖，让红色资源在交互体验中形成扩散传播，打造红色文化的聚合场。

同时，建强外宣矩阵，借助"外眼"视角，讲好中国故事，展示中国形象。通过加强协同联动，辐射全国，擦亮红色文化"金字招牌"，打造红色文化品牌"上海样本"，构建出多维度、立体式的红色文化传播格局，让城市记忆更好延续，为红色文化烙上时代印迹，注入时代活力。

(四) 充分发挥档案、文献、影像等资料作用

2021年以来，上海市档案局系统深入挖掘馆藏资源，利用红色档案编纂出版了一批红色编研成果，充分发挥了档案工作存史资政育人的重要作用。《换了人间》以新中国的发展历程为轴，汇集《档案春秋》历年精彩文章70余篇，讲述革命、建设、改革的宏大历史和动人故事。《跟着档案看上海》荟萃了中共一大会址、周公馆、人民广场、东方明珠广播电视塔、南浦大桥等

14个城市地标,从档案的视角进一步挖掘和呈现上海红色文化、海派文化、江南文化的深厚底蕴。上海图书馆是全国少数几个设有红色文献专藏的公共图书馆之一,共收藏有各类红色文献原件近万种、15000余册(件),其中不少是海内孤本。2021年出版有《上海图书馆藏革命文献总目·目录编》《上海图书馆藏革命文献总目·图录编》,其中书目编收录了上述各种图书及非书资料,总数近9000种,为社会各界更全面充分利用馆藏红色文献资源提供了重要的指引。

红色影像资源不仅是历史资源,更要面向现实、面向未来,成为容易认知、可供利用的资源。2021年,上海音像资料馆采集的李大钊、陈独秀、赵世炎、王荷波等早期中共领导人的珍贵影像被用于纪录片中心《诞生地》《青春龙华》等重点纪录片项目,受到社会广泛关注。2022年上海音像资料馆又成功采集到开国大典完整彩色拍摄素材2K高清版52分钟。2020年以来,上海音像资料馆陆续采集到400多分钟共产国际相关会议资料,梳理中共党员从1919—1935年间参加共产国际代表大会、赤色职工国际代表大会、青年共产国际代表大会、远东大会等会议以及在苏联参与其他活动的主要影像脉络,从中发现了李大钊、瞿秋白、张太雷、赵世炎、王荷波、张伯简、吴玉章等早期中共党员的活动影像,其中赵世炎、张伯简影像为上海音像资料馆首次独家发现。另外,还首次从俄罗斯采集到早期中共领导人包括陈独秀、李大钊、瞿秋白、毛泽东、周恩来等在内的珍贵照片106幅;从美国采集到抗战时期八路军领导人在山西独家影像,其中左权将军的活动影像为目前唯一可见其生前影像。上海音像资料馆还在俞秀松烈士后人俞敏的帮助下赴俄罗斯采集到红色中文报纸《工人之路》的珍贵档案,这些档案对研究早期中共在远东地区的舆论阵地有着重要价值。经多方努力,目前已从俄罗斯成功采集到《工人之路》扫描件约1300件,发行时间跨度在1924—1938年。

七、厚植红色底蕴,构筑城市底色

(一) 城市交通因地制宜

1. 建设红色步道系统

上海市道路运输管理局会同黄浦、静安等区建设城市红色经典步道系统。其中,黄浦区内首条红色经典步道网络形成"7.1＋3＋13＋14"景观格局:总长度7.1公里,呈现"大环＋小环"形态,涉及的13条市政道路,将中共一大会址周边的14处红色遗迹遗址串联起来。静安区红色经典步道系统可以总结为"两岸、三线、一起点":在苏州河两岸,以中共二大会址为起点,分为西线、北线、东线,总长度8.1公里,涉及13条市政道路(包括3座人行天桥),将中共二大会址周边的17处红色遗迹串联起来。通过这一步道系统,游客可以通过扫描导览图上的二维码,通过微信小程序轻松导航到想要参观的红色景点,还能获得相应景点的图片和语音介绍,满足游客的多种需求。

2. 开出公交"红色之旅"

71路公交车队党支部打破公交传统服务模式,充分利用线路途经中共一大纪念馆、中共二大会址纪念馆、中共中央上海局机关旧址、毛泽东故居等红色景点和多个爱国主义教育基地,在上海公交首推"红色之旅讲解"服务,由16名二星级乘务员上岗担任车厢讲解员,为市民乘客讲解沿途红色景点,培养锻炼了一批优秀红色文化讲解宣讲队伍,打造"上海红色之旅专列"和流动"党史学堂"。同时,浦东新区融入成就宣传,整合浦江两岸重点红色文化地标,开通"百年党史路,奋斗新征程"红色巴士。

3. 打造红色地铁车站、列车

上海地铁以"永远跟党走"为主题打造了一系列红色文化主题项目,让市民乘客在行走中阅读百年党史,在感悟中传承红色基因,在奋进中赓续红色精神。上海地铁10号线一大会址·新天地站,以市委宣传部"党的诞生地"长廊为核心内容、以上海画家洪健创作的"上海·红色起源地"石库门组画为主要设计元素,配以全国城市轨道交通协会10余家城市地铁反映当地红色场馆的灯箱,相映生辉,形成了一条"红色石库门"通道。同时,联合中共一大纪念馆、上海市文史研究馆、"演艺大世界"及上海各大剧团,设置四大展区,以平面展示、实物展陈、书画作品展示以及演艺片段播放等形式,让徜徉其间的市民乘客直观体会到中国共产党"从石库门走向天安门"的伟大历程。上海地铁1、2、4号线分别行经中共一大纪念馆、中共二大会址纪念馆、中共四大纪念馆三处"红色地标",上海市委宣传部与上海地铁合作推出

1、2、4号线"百年号"红色主题专列,为各地游客和市民乘客提供讲述党的诞生地历史的"地铁红色向导"。

(二) 红色旅游成新亮点

上海拥有12家全国红色旅游经典景区、34家上海红色旅游基地,拥有红色纪念馆、名人故居、烈士陵园、革命遗址遗迹四大系列红色旅游景点,形成"开天辟地""英烈丰碑""文化先驱""伟人风范""走向未来"五大主题红色旅游经典景区。上海市文化和旅游局突出爱国主义和革命传统教育,邀请专家学者、"五好"讲解员、金牌讲解员宣讲上海红色历史,统筹推进红色旅游与都市旅游、工业旅游、生态旅游、乡村旅游、休闲度假旅游融合发展,发展"红色+文创""红色+研学",制定《上海研学旅游服务标准》,将本市重点红色旅游景区、红色场馆纳入市级研学旅游基地名录。研发"建党百年上海红色旅游10条精品线路""城市红色定向赛""红色发现之旅""红色微旅行""阅读红色建筑"等红色旅游线路。

(三) 红色文创蓬勃发展

近年来,上海培育了"一大文创""海上文创"等多个特色文创品牌。"一大文创"商店主营具有一大特色的红色文创产品,年销售近50万件;深耕文化内涵,推出系列数字文创、实景互动剧目、衍生咖啡品牌等,不断探索将一大精神在新时期通过新载体、新业态予以呈现;强化品牌标识,举办文创产品征集、红色文化IP元素发布、青少年艺术党课等活动,持续圈粉各年龄段人群。通过跨领域、多场景红色文创产品的合作研发,持续探索集红色文化IP授权、设计、生产、销售、维权的全产业链。"海上文创"围绕红色文化、海派文化、江南文化,与上海老字号开展品牌跨界合作,新增线下门店,拓展线上销售渠道。目前,"海上文创"已在中华艺术宫、东方明珠、上海中心、上海马戏城、虹桥机场、上海海昌海洋公园等开设实体门店,销售70余家文博文创企业的近2000种商品,线上同步推出官网、小程序、微店。"海上文创"IP授权工作也在持续推进。

八、加强区域联动,打造红色长三角

上海推动长三角区域红色资源传承弘扬和保护利用的协同发展,开展红色资源理论研究、馆际交流、文艺创作、红色旅游等活动,加强红色资源共享共用,提升长三角区域发扬红色传统、传承红色基因的整体水平。合作举办学术研讨会,联合进行史料征集整理和专项课题研究。推动长三角区域各类档案馆、博物馆、纪念馆、美术馆、图书馆以及其他红色资源收藏单位开展巡展联展,加强馆际资源协作开发。以长三角旅游推广联盟等平台为依托,推动长三角区域红色旅游合作,丰富旅游产品和线路,打造长三角区域红色旅游圈。

(一)党史研究联动

长三角地区是一片有着光荣革命传统的红色土地,在党史上有着举足轻重的地位。2021年6月20—21日,第五届"中国共产党的创建与上海"学术研讨会和"长三角党史学习教育互动论坛"在上海举办。来自中央党史和文献研究院、上海市党史研究领域及高校的专家学者,以及长三角党史研究系统、高校马克思主义学院的代表120余人与会,为长三角区域的党史学习教育互动和红色资源共享搭建平台、拓宽渠道。

2022年8月23日,"初心启航地 奋进新时代"首届长三角党史论坛在上海举行。上海、江苏、浙江、安徽三省一市党史部门共同签署《长三角区域党史工作一体化合作机制协议》,明确轮值方每年除主干项目"长三角党史论坛",还可设立若干课题、人才培养、重大党史事件和重要党史人物纪念活动等子项目。每年由承办地确定论坛主题,秉承"大党史、大协作、大学术"的理念,打造长三角区域新时代党史工作高质量发展合作交流平台。启动"红色江南"长三角党史纪念地巡礼展览,并发布首批长三角区域党史精选书目80本。

(二)档案研究联动

自2018年起,上海牵头长三角地区档案部门率先在全国开启档案部门跨省域协同发展。作为协同发展的重要内容，红色档案资源开发利用成为三省一市档案部门的共同任务。通过每年签订长三角档案部门协同发展备忘录，落实每年重点工作任务。2021年到2022年，上海牵头长三角地区档案部门先后举办"建党百年 初心如磐——长三角红色档案珍品展""书信家国 尺牍情深——弘扬伟大建党精神长三角档案联展"，得到各界广泛关注。三省一市档案部门还协同开展以新四军抗战为主题的红色档案研究，并取得初步成果。通过国家档案局"国家重点档案保护与开发"项目经费支持，于2021年推动"长三角红色档案珍品展"在上海、杭州、南京、合肥等长三角23个主要城市展出，并推出线上展，线上线下观展人数累计突破100万。

（三）旅游合作联动

充分发挥"中国红色旅游推广联盟"作用，推动上海与周边地区和红色旅游资源聚集的重点省市开展全方位区域合作。加强长三角地区红色旅游区域合作，会同苏浙皖共同打造"上海一大纪念馆—浙江嘉兴南湖—淮安周恩来故里—皖西大别山"，以及"安徽泾县新四军军部旧址—江苏溧阳新四军江南指挥部纪念馆—浙江长兴新四军苏浙军区旧址—上海新四军广场"等红色旅游长三角精品线路，共同塑造品牌形象、共同建设高品质红色旅游示范基地。

2022年，上海市第十二次党代会提出要"深入实施党的诞生地红色文化传承弘扬工程，让红色血脉代代相传"，要"矢志不渝践行伟大建党精神，赓续红色血脉、传承精神谱系"。近年来，上海牢记习近平总书记嘱托，持续传承红色基因、践行初心使命，把丰富的红色资源作为学习教育的生动教材，引导广大干部群众在学思践悟中坚定理想信念，在奋发有为中践行初心使命。下一步，上海将持续强化红色资源凝心聚力、铸魂育人、推动发展的社会功能，努力将上海"红色文化"的金字招牌擦得更亮，让红色基因深深融入城市血脉，植根人们心中，以红色文化软实力更好赋能上海发展硬实力。

第二部分　专题研究

B.2 发挥党史部门职能优势 推动红色资源保护利用

中共上海市委党史研究室课题组

红色资源是指中国共产党领导下,在新民主主义革命时期、社会主义革命和建设时期、改革开放和社会主义现代化建设新时期、中国特色社会主义新时代所形成的具有历史价值、教育意义、纪念意义的物质资源和精神资源,其中既包括有形的重要旧址、遗址、纪念设施或者场所,重要档案、文献、手稿、声像资料和实物,及具有代表性的其他资源等,也包括无形的党的重要历史活动、进程、思想、文化。它是中国革命的重要历史见证,铭刻着中国共产党人和中国人民为人民解放、民族复兴而英勇奋斗的光辉历程,蕴含着中国共产党人和中国人民艰苦奋斗、不屈不挠、一往无前、敢于胜利的革命精神。

党的二十大报告提出,要"弘扬以伟大建党精神为源头的中国共产党人精神谱系,用好红色资源,深入开展社会主义核心价值观宣传教育,深化爱国主义、集体主义、社会主义教育,着力培养担当民族复兴大任的时代新人"。上海是党的诞生地、初心始发地和伟大建党精神孕育地,拥有丰富的红色资源。在新民主主义革命时期,中国共产党一共召开了七次全国代表大会,其中三次在上海召开,分别是中共一大、中共二大和中共四大。中国共产党还在上海留下诸多宝贵的红色印记,毛泽东、周恩来、刘少奇、朱德、邓小平、陈云等老一辈革命家,都曾在上海工作战斗、领导中国革命,留下了光辉足迹,罗亦农、杨殷、彭湃、陈延年、赵世炎、陈乔年等无数革命先烈牺牲在上海的热土上。

为了更好地保护好、管理好、开发好、利用好这些红色资源,上海市委党史研究室课题组对 2022 年公布的全市第一批不可移动红色资源展开调研,并根据第一批不可移动红色资源保护和利用的现状,因地制宜,发挥党史部门的工作特色,推动红色资源的研究与宣传。

一、上海市第一批不可移动红色资源保护和利用现状

(一)上海不可移动红色资源数量众多,且拥有中共一大会址等具有全国影响的重要红色资源

据上海市红色资源普查所示,上海市第一批不可移动红色资源共有 612 处。在这 612 处不可移动红色资源中,现存红色旧址 228 处,占全市总数的 37.25%;损毁的红色遗址有 279 处,占全市总数的 45.59%;已利用开发为纪念设施的有 105 处,占全市不可移动红色资源的 17.16%。

这些不可移动红色资源数量多,且在中国共产党历史长河中占据重要的历史地位。上海是中国共产党的诞生地和中共中央早期所在地,拥有见证党的创建历程的重要红色资源,如中国共产党发起组成立地(《新青年》编辑部)旧址、中国社会主义青年团中央机关旧址等;也拥有从 1921 年 7 月中国共产党正式成立,到 1933 年 1 月中共临时中央政治局迁往江西,这 12 年间的中共中央领导机关旧址。目前,中共中央在上海的各类机关旧址遗址有确切地址的就有 30 余处。比如,中共一大会址、二大会址、四大遗址,早期中共中央政治局机关办公联络点旧址、中共中央所属各部委办公地旧址遗址(如中央军委、中央组织部、中央宣传部、中央秘书处、中央特科旧址等)、中共中央直属各部门的办公地旧址遗址(如印刷所、秘密电台、编辑部、出版发行机构旧址等)、中共中央与共产国际联络处旧址等多处重要旧址遗址。此外,还有毛泽东旧居、刘少奇旧居等党的重要领导人在上海留下的重要足迹。

这些红色资源,生动反映了中国共产党在上海诞生的光辉历程、中共中央早期在上海发动领导一系列重大革命斗争中走过的曲折道路,以及党在土地革命战争、全民族抗战、解放战争时期在上海历经的风雨历程,是上海得天独厚的革命历史资源。

（二）上海不可移动红色资源分布广泛，又相对集中于各中心城区

根据第一批不可移动红色资源普查数据分析，上海红色资源不仅分布广泛，而且分布较有规律。

一是分布较为集中。这些不可移动红色资源主要分布在黄浦区、静安区等市中心区域，而位于上海郊区的不可移动红色资源数量则相对较少，分布也较为分散。其中黄浦区143处，静安区105处，虹口区84处，杨浦区71处，普陀区42处，崇明区31处，长宁区22处，徐汇区21处，浦东新区19处，青浦区17处，嘉定区14处，宝山区12处，闵行区12处，金山区7处，松江区7处，奉贤区5处。65.85%的不可移动红色资源集中在黄浦、静安、虹口、杨浦等市中心区域。见图2-1。

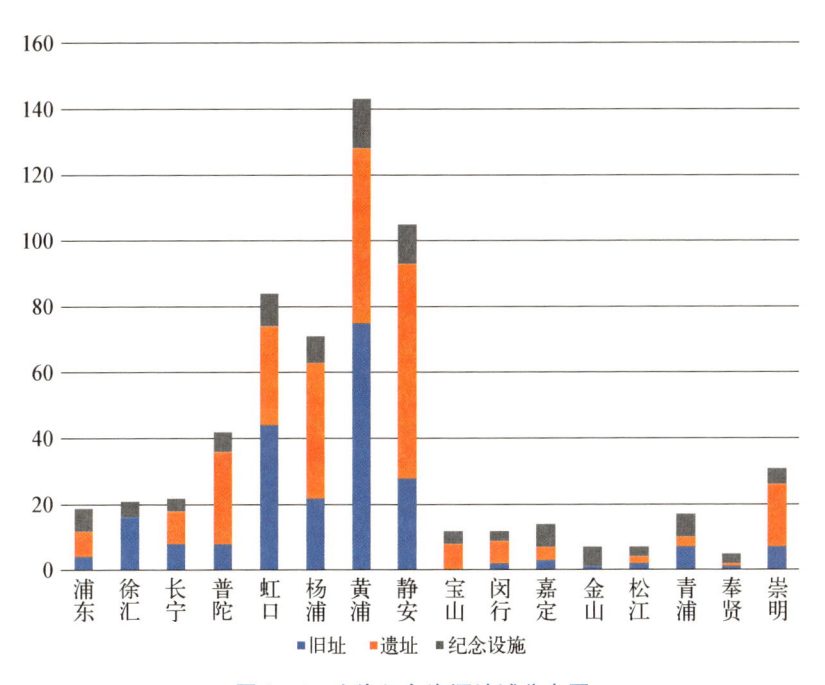

图2-1 上海红色资源地域分布图

二是由于历史因素，各区不可移动红色资源具有不同的分布特点。例如，党的创建时期的相关旧址遗址主要集中在黄浦区，土地革命战争时期中共中央机关旧址遗址主要集中在静安区，红色文化旧址遗址主要集中在虹口区，工人运动的旧址遗址主要集中在杨浦区和普陀区。这与中国共产党

在上海的历史发展有关,也与每个区的地域特色相关,形成了各具特色的红色文化品牌。

(三) 第一批不可移动红色资源涉及新民主主义革命的各个历史时期,但前两个时期的红色资源相对较多

纵览上海诸多不可移动红色资源,最为丰富的是党的创建和大革命时期以及土地革命战争时期的红色遗址遗迹。在507处旧址遗址中,党的创建和大革命时期旧址遗址有131处;土地革命战争时期旧址遗址有147处。两个时期的红色旧址遗址共占此类总数的54.8%。全民族抗日战争时期旧址遗址有113处,解放战争时期遗址有97处,跨时期的旧址遗址有19处。见图2-2。

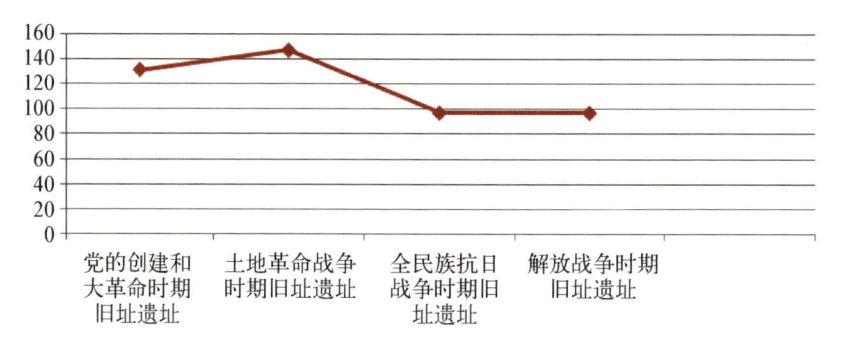

图2-2 上海第一批不可移动红色资源旧址遗址年代分布图

(四) 第一批不可移动红色资源旧址中列为保护建筑的较多

为了更好地保护红色资源,发挥红色资源的作用,上海文物、住建等相关部门将不可移动红色资源进行分级分类保护。第一批不可移动红色资源收录有228处旧址,14处红色旧址列为全国重点文物保护单位,包括中共一大会址、中国社会主义青年团中央机关旧址、龙华革命烈士纪念地、上海宋庆龄故居、宋庆龄陵园、鲁迅墓等;45处为上海市级文物保护单位,上海区级文物保护单位53处,区文保点58处,优秀历史建筑28处(有3处同为区文保单位),未定级的33处。不可移动红色资源各类保护建筑状况,见图2-3。

由图2-3可见,旧址大部分已定级保护,但在本次红色资源普查中,现存旧址228处,而损毁的遗址有279处,损毁遗址明显多于现存旧址。虽然旧址大部分已定级保护,但上海现存红色旧址大都规模较小,许多旧址比较破旧,至今仍为居民住宅。一些非常重要的红色旧址历经岁月的洗礼、风尘的侵蚀,甚至人为因素的影响,内部结构以及外部建筑已有不同程度的改变。因此,上海红色旧址的保护形势仍比较严峻。

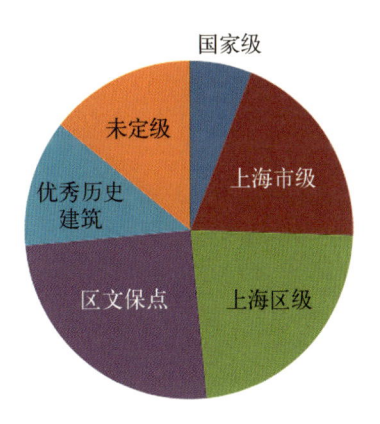

图2-3 上海市第一批不可移动红色资源保护建筑状况图

(五)第一批不可移动红色资源利用率和级别较高

在612处不可移动红色资源中,有105处纪念设施。这些纪念设施包括国家级爱国主义教育基地9处(中共一大纪念馆、中共二大会址纪念馆、中共四大纪念馆、中国社会主义青年团中央机关旧址纪念馆、龙华烈士陵园、陈云纪念馆、宋庆龄陵园、上海鲁迅纪念馆、国歌展示馆),占总数的8.57%;上海市级爱国主义教育基地43处,占总数的40.95%;上海区级及以下爱国主义教育基地53处,占总数的50.48%。见图2-4。

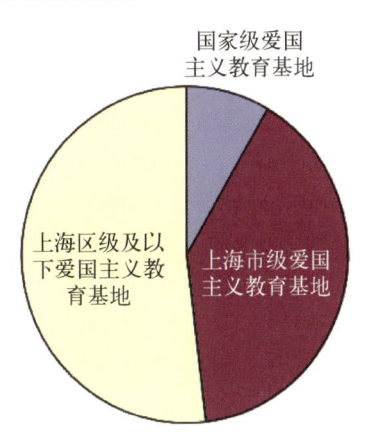

图2-4 上海市第一批不可移动红色资源利用级别分析图

二、中共上海市委党史研究室在保护利用第一批不可移动红色资源中发挥的作用

根据第一批不可移动红色资源的保护利用现状,上海市委党史研究室严格按照中央和市委部署要求,充分发挥党史部门职能优势,全力做好征编

研宣工作,弘扬伟大建党精神,助力打造上海红色文化品牌。

(一) 夯实基础,扎实做好红色资源研究工作

一是根据上海红色资源多,且具有全国影响力的特点,推出系列著作,全面、生动展现上海红色基因、城市精神品格。2021年,上海市委党史研究室推出以"六个一"为主要内容的"中国共产党在上海百年系列丛书",包含一本简史读物——《中国共产党在上海100年》、一本党员干部党史教育普及读本——《上海党史知识读本》、一本图文并茂的通俗读物——《光荣之城:上海红色纪念地100》、一本反映中国共产党在上海百年重大历史事件的大事记——《红色上海百年纪事》(待出版)、一本通过珍贵历史照片讲述中国共产党在上海发展脉络的画册——《激荡百年:中国共产党在上海图史》,以及与上海市测绘院共同编制的一本还原历史场景、展现发展成就的地图集——《地图中的百年上海》,与龙华烈士纪念馆共同策划、推出的《龙华英烈画传》11本。二是根据上海是党的诞生地,且党的创建和大革命时期的红色资源较为丰富的特点,深化伟大建党精神和建党历史研究。2022年出版《中国共产党上海历史第一卷》(修订版)、《伟大的起点:中国共产党是这样创立的》,力求充分展示上海党的诞生地与伟大建党精神孕育地的伟大历程。三是不放松新时代党史研究。围绕迎接党的二十大和上海市第十二次党代会召开,推出《新时代 新步伐——2017—2022年上海发展报告》,记录五年来上海的多方面成就。联合各区党史部门推出《中共上海历史实录(2017.1—2022.2)》1+16丛书。组织人员编写、出版《全面建成小康社会》丛书5本,展现上海在新时代迈向共同富裕征程中的不平凡历程和显著成就。此外,还出版《转型与跨越:新中国成立以来上海发展战略的历史演进》等。四是加强红色资源考证及相关研究文章撰写。撰写中共四大遗址所在里弄考证等论文。此外,上海市委党史研究室研究人员在《解放日报》《文汇报》《中国新闻出版报》《支部生活》《上海年鉴》等书籍刊物发表稿件近百篇。五是举办重要党史研讨会。推进举办上海市纪念首部党章通过100周年座谈会(2022年7月21日),时任上海市委书记李强参加座谈。首届长三角党史论坛于2022年8月23日在上海锦江小礼堂圆满举行,论坛

持续两天,活动受到苏浙皖及上海市委领导的肯定。此外,还指导或主办"中国共产党的创建与上海"研讨会等各类研讨会十余场,着力打造上海红色文化品牌。

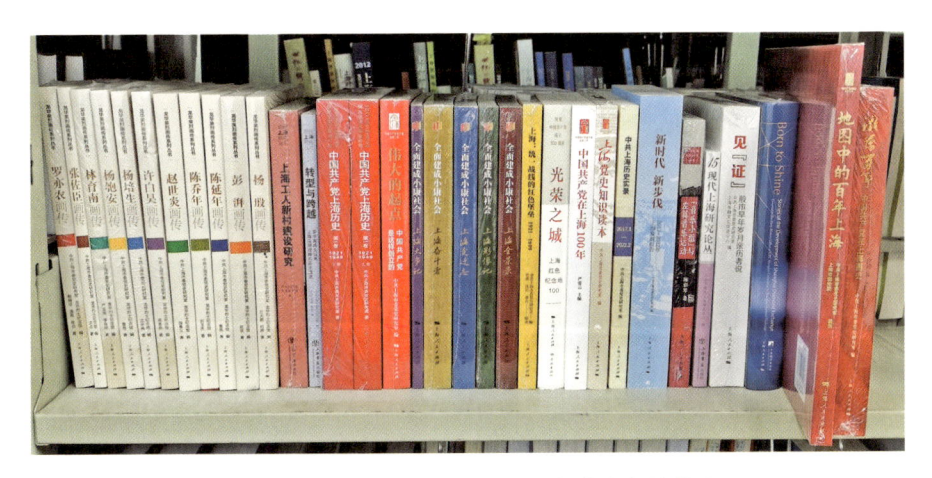

图 2-5 上海市委党史研究室近年来出版的著作

(二) 坚持主责,推进红色资源保护利用工作

一是根据遗址占比较多的情况,加强推进第一批树碑挂牌工作。在建党百年之际,上海市委党史研究室会同市委宣传部、市文化和旅游局及各区政府部门,在摸清全市红色资源家底的基础上,选取中共中央早期在上海的机关遗址旧址和重大事件发生地 48 处,统一竖立大理石质纪念碑或纪念牌,并附各遗址、旧址党史故事二维码,让党史"教室"闪亮起来,成为党员干部重温初心、牢记使命的瞻仰、参观地,市民群众引以为豪的红色文化打卡地。二是学习贯彻红色资源保护条例。组织全市党史系统、党史教育基地,学习贯彻《上海市红色资源传承弘扬和保护利用条例》,结合各自实际做好红色资源传承弘扬和保护利用工作。三是根据纪念设施较多等情况,开展全市革命历史类场馆核查工作。对全市 60 余所革命历史类场馆展陈内容进行审核,摸清总体情况并提出相关建议,并配合中央督查组开展相关督查工作,助力革命历史类场馆的内容规范。四是整合红色资源,推动上海红色文化资源信息应用平台建设。与相关单位共同筹建上海红色文化资源信息

应用平台,参与筹建上海市红色资源数据库建设,梳理第一批612处红色资源的图文资料,上线"红途"与红色资源数据库,推进全市红色资源综合管理向科学化、精细化、智能化发展。

(三)守正创新,开展红色资源宣教活动

一是紧扣节点整合红色场馆举办相关红色主题展览。在建党百年之际,上海市委党史研究室联合中共上海市市级机关工作委员会、上海市总工会和上海市档案局(馆),共同举办"百年辉煌 中国共产党在上海百年图展",通过巡展、云展等方式,扩大传播面和影响力。举办"初心之地 红色之城:上海党的诞生地巡展",并在上海市内外,巡展了70余场。在此基础上,2021年,上海市委党史研究室在中共中央党史和文献研究院第七研究部和中共上海市委宣传部的指导下,联合中共一大纪念馆、二大会址纪念馆、三大会址纪念馆、四大纪念馆以及武汉革命博物馆、中共六大历史资料馆、延安革命纪念馆等7家单位共同举办了"伟大历程——中共一大至七大巡展"。该展首次撷取七个纪念馆的馆藏精华,用近千张照片全面系统地反映了中国共产党在新民主主义革命时期的光荣历史与革命精神,彰显伟大的建党精神。巡展自启动以来,不仅在上海市内巡展,还走出上海,走进绥芬河、广州、武汉、延安、西柏坡、三明、北京等地展出。在庆祝党的二十大胜利召开之际,上海市委党史研究室参与上海"五年成就展:奋进新时代主题展",参与中宣部"奋进新时代"主题成就展上海展区工作,并全力推出"非凡十年·上海答卷""红色江南——长三角党史纪念地巡礼"等巡展,巡展进地铁、进校园、进社区、进场馆,形成宣传阵势。同时,跨界合作举办"曙光:庆祝中国共产党成立100周年主题艺术作品展"等形式多样的主题艺术展览,用艺术的形式讲述红色的故事。二是打造红色宣传阵地,宣传上海红色文化。"一报一刊一网一号"是上海党史宣传的媒体主阵地,通过多方努力,已经在提高社会效益和影响力上取得一定成效,有多篇文章被人大复印资料、中央党史和文献网、上观新闻、《作家文摘》等转载。微信公众号"党史镜报"粉丝不断增长,并上线了视频号、抖音号和强国号,形成宣传矩阵。三是为"Z世代"人群讲好党史故事。与上海市青少年活动中心合作推出"红色印

记"党史进百校系列活动,活动通过十余年的打造,如今已成为上海青少年党史教育的响亮招牌。上海市委党史研究室与团市委共同推出"百年百章"上海市红领巾学党史争章地图系列活动、红色大寻访活动等,以红色研学路线的形式讲述党史,鼓励少先队员打卡红色地标,让党史学习教育"活"起来,让青少年们"动"起来。出版《爱我中华·红色探险之旅》、"我是中国人"系列桥梁绘本等红色少儿读物,通过神秘的红色图标线索,开启重走红色足迹的旅程,是将党史教育融入沉浸式、场景化阅读体验的一次探索与尝试。

图2-6 "伟大历程——中共一大至七大巡展"在中共四大纪念馆展出

(四)立足本职,为红色资源宣传"保驾护航"

一是发挥优势,为红色场馆提供专业指导。党的一大、二大、四大以及中共中央早期机关旧址等是上海红色资源中最重要的部分,保护开发利用好这些重要遗址遗迹对整个红色资源利用至关重要。"一馆五址"[中共一大纪念馆、中国共产党发起组成立地(《新青年》编辑部)旧址、中共中央政治局机关旧址(1928—1931年)、中共中央军委机关旧址纪念馆、中共中央秘书处机关旧址纪念馆、中共中央特科机关旧址]建设是"党的诞生地"发掘宣传工程的重要内容。上海市委党史研究室积极参与"一馆五址"新建、改建及展陈内容提升,在展馆名称确定、历史地位认定和展陈内容建议及审核把关方面,充分发挥了职能部门作用。目前,"一馆五址"均已建成。上海市委党史研究室还参与推动了黄浦、静安、普陀等区开展对博文女校、又新印刷厂、工人半日学校等多处重要旧址的保护利用,参与相关纪念馆展陈布置,并在建党百年前建成开放;参与指导二大会址纪念馆、四大纪念馆、龙华烈士陵园、淞沪抗战纪念馆等场馆的展陈提升工作。

二是把好红色文化创作政治关、史实关。始终将专业性和权威性看作党史部门的立身之本,严肃认真做好审读把关工作。近年来,上海市委党史研究室共审读把关《光明的摇篮》等书籍、展览、影视作品350余部,确保红色文化得到真实、准确的展现。

上海拥有丰厚的历史文化底蕴和红色资源,深入挖掘、整理和利用这些珍贵的红色资源,对于进一步继承和弘扬党的优良传统和革命精神,传承红色基因,培育和弘扬社会主义核心价值观,进一步彰显上海的城市特色风貌和精神气质、引领城市居民的价值取向和精神追求,都具有十分重要的意义。上海市委党史研究室在上海市委的领导下,将与各部门、各条线继续密切合作,群策群力共同发挥上海党的诞生地红色资源优势,汲取伟大建党精神中团结奋斗的磅礴力量,进一步激发奋进新征程、建功新时代的使命感和责任感,把上海这座光荣的城市建设得更加美好!

B.3 深化党史研究 助推伟大建党精神弘扬

中共一大纪念馆

执笔人：张德仁

2021年7月1日，习近平总书记在庆祝中国共产党成立100周年大会上，首次提出和阐述了"坚持真理、坚守理想，践行初心、担当使命，不怕牺牲、英勇斗争，对党忠诚、不负人民"的伟大建党精神，并指出这是"中国共产党的精神之源"。党的十九届六中全会审议通过的《中共中央关于党的百年奋斗重大成就和历史经验的决议》再次号召"大力弘扬伟大建党精神"。2022年，党的二十大报告主题明确强调"弘扬伟大建党精神"，赋予伟大建党精神崭新的历史高度和时代价值。二十大通过的党章修正案也在总纲中增写了伟大建党精神内容。由此可见，伟大建党精神必将在新时代持续发挥全方位的引领作用，它既是中国共产党的精神之源，也是对中国共产党百年奋斗征程的高度概括。这是一个全新的理论命题也是一个重大的实践命题。如何准确把握伟大建党精神的深厚内涵及其意蕴，对于走好第二个百年奋斗道路，在新的赶考路上交出新的优异答卷具有重大现实意义。

上海是中国共产党创建过程中最重要的实践场域，早期共产党人在上海致力于研究宣传马克思主义、组织工人群众、筹建社会主义青年团，召开中共一大、二大、四大，领导五卅运动、上海工人三次武装起义等，特别是中共中央机关长期驻守上海，这些伟大的建党活动和革命实践，孕育起一种强大的精神伟力即伟大建党精神。作为中国共产党的诞生地、初心始发地、伟大建党精神的孕育地、社会主义建设的重要基地、改革开放的前沿阵地和中国特色社会主义进入新时代的排头兵、先行者,上海认真做好伟大建党精神的传承弘扬工作,把伟大建党精神的研究、阐释、宣传和推广做深做实,以肩负起历史和时代赋予的重任。

一、总体状况

以建设弘扬伟大建党精神的研究高地为目标,2021—2022年间,上海党史学界致力于从学理高度、历史厚度、哲学深度来认识和把握伟大建党精神,通过在主动搭建研究平台、积极开展课题研究、广泛组织学术会议、持续发表学术成果、多面推进研究成果转化等五个方面不断发力,为进一步深入弘扬伟大建党精神打下坚实基础。学者们开展了多方面多角度的理论研讨,并取得了一系列丰硕的成果。

(一) 主动搭建研究平台

"伟大建党精神"的概念一经提出,上海便迅速响应,以研究平台为载体,集全市理论社科界之力,培育建设"伟大建党精神"研究的人才队伍。2021年7月14日,上海市中国共产党伟大建党精神研究中心成立。这是全国第一家以伟大建党精神为主题的省级研究中心。该机构由中共上海市委宣传部、市委党校、市委党史研究室共同发起,明确要按照上海市委部署要求,推动全市自觉担负起传承弘扬伟大建党精神的上海使命,全力以赴打造伟大建党精神研究高地。研究中心自成立以来,先后在《人民日报》《解放日报》等主要媒体刊发七篇研究阐释伟大建党精神的大篇幅高质量理论文章,并获学习强国平台、人民网、光明网、上观新闻等转载,在全国产生了较为广泛的影响。为推动学界对伟大建党精神的研究,中心依托中共一大纪念馆策划编辑《伟大建党精神研究动态》,截至2022年9月已完成四期。《伟大建党精神研究动态》设置了核心表述、研究综述、会议动态和论文目录等多个板块,系统反映了学界对伟大建党精神的研究状况,发布后受到广泛关注。

2021年10月,在教育部指导支持下,上海市成立了高校中国共产党伟大建党精神研究中心,上海市教卫工作党委、上海市教委具体承担研究中心

B.3　深化党史研究　助推伟大建党精神弘扬 / 41

图 3-1　上海市中国共产党伟大建党精神学习座谈会

图 3-2　上海市中国共产党伟大建党精神研究中心

的建设任务,旨在充分发挥高校人才智力密集的优势,为推动新时代高校党建和思政工作高质量发展提供重要支撑。该中心致力于探索打破高等院校、党校、社科院系统等原相对独立的研究体系间的界限,设立了若干研究中心和协同单位,致力于发挥不同单位的学术优势和特色专长,加强学术间的合作交流,激发科研活力,为进一步推进伟大建党精神研究理论创新提供了良好的科研合作平台。

2022年7月15日,研究中心年度工作总结会在中共一大纪念馆召开,为研究中心各项工作的推进明确了方向。会议指出,全市理论社科界要深入做研究,把伟大建党精神研究与上海传承弘扬伟大建党精神的当代实践结合起来,形成更多有特色、高质量的研究成果。要创新做宣传,进一步拓展传播载体、创新传播形式,综合运用好新闻宣传、理论宣传、社会宣传、文艺宣传等多种手段,推动伟大建党精神进培训、进课堂、进基层,引导形成人人起而行之的浓厚氛围。要开门建平台,始终秉持开放视野、全国胸怀,做到开门做研究、开门做宣传,不断扩大研究中心的影响力。要齐心建高地,

图3-3 上海市中国共产党伟大建党精神研究中心年度工作总结会

制定好发展规划、完善好体制机制、明确好职责分工,推动研究中心进一步实起来、活起来、强起来,努力打造与党的诞生地崇高地位相匹配的研究高地。

(二)积极开展课题研究

以大力弘扬伟大建党精神为目标,上海理论社科界以科研项目为引领,着力提升研究的宽度和深度。2016年7月,受中宣部委托,上海市委宣传部组织本市专家学者依托"开天辟地——党的诞生地发掘宣传工程"开展了伟大建党精神前期研究,提交的最终研究报告得到好评。2019年12月,中宣部向上海市委宣传部委托"马克思主义研究和建设工程"重大实践经验总结课题"建党精神与中国共产党在上海的创党实践"。上海市委宣传部在组织市委党校、市中共党史学会、复旦大学、华东师范大学、上海师范大学、上海社科院等单位的专家学者开展研究的基础上,重点由市委党校专家团队修改完善课题报告,于2020年9月向中宣部提交了最终报告。2021年7月前后,上海学者陈挥、曾峻、忻平领衔的三支研究团队又分别获得了三项国家重大课题:2021年度国家社会科学基金重大项目立项"伟大建党精神及其同中国共产党精神谱系关系研究"、研究阐释党的十九届六中全会精神国家社会科学基金重大项目立项"伟大建党精神与党的精神建设规律研究"、2021年度教育部哲学社会科学重大攻关项目立项"伟大建党精神研究",反映出党和国家对在上海开展伟大建党精神研究所给予的高度重视与大力支持。此外,上海学者的研究课题多次在省部级基金中成功立项,例如2021年上海市专项委托课题"伟大建党精神在上海形成与发扬研究"、2022年上海市社科规划年度课题"伟大建党精神的科学内涵与育人价值研究"、上海市哲学社会科学规划"研究阐释党的二十大精神"专项课题"党的诞生地传承弘扬伟大建党精神与用好红色资源实践研究"等。

(三)广泛组织学术会议

着眼于党中央和上海市委关于弘扬伟大建党精神的部署要求,上海党史学界切实组织好各类学术研讨,进一步扩展上海在伟大建党精神研究领域的学术影响。2021—2022年间,上海各机构组织的大小会议不下数十次,主要有三种形式:其一,阶段性的小范围工作会议,探讨和总结实际研究过程中遇到的重点难点问题,如中国共产党伟大建党精神研究中心工作会议等;其二,主题针对性较强的专家论坛,深挖特定对象的伟大建党精神内涵,如"伟大建党精神与中国共产党领导力"理论研讨会等;其三,学者云集的大型会议,多维度探讨阐释伟大建党精神,为后续工作的推进明确方向,如"弘扬伟大建党精神,奋进新时代新征程"学术研讨会等。此外,学界一直积极开拓新经验,如着眼于发掘青年研究力量的"弘扬伟大建党精神青年论坛",打造多样化的研讨情境,激发多群体的科研活力,为进一步推进伟大建党精神研究、推动理论创新创造条件。

图 3-4 弘扬伟大建党精神青年论坛

(四) 持续发表学术成果

数据显示,2021—2022年间,上海陆续有43家机构加入弘扬伟大建党精神的研究队伍中,所产出的众多研究成果中,有89篇研究论文被中国知网(CNKI)数据库收录,不少高质量的理论文章相继发表在《人民日报》《中国社会科学报》《马克思主义理论学科研究》《毛泽东邓小平理论研究》《理论月刊》等全国重点刊物上。其中,华东师范大学、上海大学、上海师范大学、中共上海市委党校、上海交通大学等机构发文数量较多,为推动伟大建党精神的研究作出了重要的理论贡献。

(五) 多面推进研究成果转化

如何将研究成果进行转化,打造伟大建党精神研究阐释与宣传教育的新引擎,2021—2022年间,上海进行了立体化的多面探索和推进。各党校、高校第一时间将最新研究成果融入各类宣讲和主题党课、思政课教学中。红色纪念场馆充分发挥红色资源优势,运用专题展览、"文物进校园进课堂"、系列专题课程等形式,加强与党校、高校、中小学、红色场馆等的合作,面向广大党员干部群众、党校学员和广大青少年学生,把革命精神和红色文化作为鲜活教材,推动伟大建党精神进课堂、进教材、进头脑。2022年1月,中共一大纪念馆精心打造了全国第一个以伟大建党精神为主题的大型特展"伟大精神铸就伟大时代——中国共产党伟大建党精神专题展"。展览开幕后,在全市范围掀起观展热潮,引发热烈反响。中共一大纪念馆还联动全国红色纪念场馆、博物馆、图书馆和上海对口援建的省区等,将伟大建党精神展览送到全国各地。2021年10月中旬推出的馆校合作教育项目"百物进百校,百讲证百年——一大纪念馆百件革命文物进课堂",将课堂转化为革命文物的展示现场。2022年下半年,中共一大纪念馆又组建了党课讲师团,精心打造了"党性教育系列专题课"向社会公开推出。党课将学习宣传贯彻二十大精神与宣讲伟大建党精神结合起来,注重向广大党员干部群众讲清楚伟大建党精神的历史渊源、精神实质、丰富内涵,讲清楚传承弘扬伟大建党精神的重要意义、方法途径、实践要求等。

二、专题研究成果

(一) 伟大建党精神解析研究

相关研究集中于对伟大建党精神的形成背景、生成逻辑、科学内涵、基本特征等层面进行深度挖掘,将伟大建党精神置于整体视野中进行探讨。

1. 关于伟大建党精神的形成背景及生成逻辑研究

任何一种精神的产生与发展都离不开特定的条件,学者们在探讨伟大建党精神的形成背景及生成逻辑的过程中,充分运用了马克思主义唯物史观的分析方法,将伟大建党精神置于特定的历史环境之中,充分考虑了国内国际的客观环境。

形成背景研究方面,上海学者全方位整理了近现代上海社会的特殊性,从地理环境、政治格局、经济发展、思想文化、社会环境、阶级基础等方面展开研讨,重点就知识分子在上海的集聚、上海"一市三治"的独特政治格局、马克思主义学说在上海的广泛传播等主题进行深入剖析。

生成逻辑研究方面,学界认为,伟大建党精神是在中国共产党先驱们的早期建党伟大实践中碰撞、融合和升华的产物,是理论逻辑、历史逻辑和实践逻辑共同作用的结果。马克思主义在中国的广泛传播为其提供了直接的理论来源,中国革命运动的历史进程为其诞生书写了历史逻辑,我党先驱们积极投身建党活动是其生成的实践逻辑。伟大建党精神不是凭空产生,亦非偶然形成,而是在近代中国救亡图存、不懈探索的历史背景下,中国共产党立足于建党、建国、兴国、强国的全部实践。三重逻辑互为结合统一,共同熔铸成为中国共产党的精神源头。

2. 关于伟大建党精神的科学内涵及基本特征研究

这方面研究多侧重于采用唯物史观、大历史观的叙事方法,聚焦于从"微观"层面逐句解读伟大建党精神的内涵,同时从"宏观"的"整体性"视角来研究伟大建党精神在其酝酿、形成和发展的历史进程中所显现出的典型特征。

"微观"研究层面,众多学者基于对伟大建党精神32字的逐字解读、细致解构,揭示伟大建党精神的内涵和价值功能,形成了系列研究成果。伟大建党精神在真理性与价值性、理论性与实践性、革命性与政治性以及党性与人民性的辩证互动中不断衍生新内容。其中,"坚持真理、坚守理想"体现了中国共产党的理想信念和价值追求,"践行初心、担当使命"体现了中国共产党的责任和担当,"不怕牺牲、英勇斗争"体现了中国共产党的风骨和品质,"对党忠诚、不负人民"体现了中国共产党的实践品格。

"宏观"研究层面，多位学者围绕"从整体上理解和把握伟大建党精神的基本特征"这一问题，从本质、体系和方法等角度提出许多重要观点，高度提炼伟大建党精神的鲜明特性，并总结为：科学性、实践性、斗争性、人民性。

(二) 伟大建党精神多维视角分析研究

学界将伟大建党精神置于伟大建党实践、中国共产党百年发展历程与党的建设及中华民族伟大复兴史等多个层次进行多角度的深入分析。主要产生了两方面的研究成果：伟大建党精神的价值意蕴与弘扬路径。

针对价值意蕴的研究，学者提出伟大建党精神体现了中华优秀传统文化的深厚内涵，必须以更宽广的视野、更深邃的历史纵深感来把握伟大建党精神产生的实践基础、思想渊源。针对弘扬路径的研究，伟大建党精神所表现出的强大的价值引领、行动导向、精神激励和情感凝聚等育人功能成为学者开展研究的关注要点。相关研究成果集中于探索思政教育的模式，提出以伟大建党精神为"主引擎"，充分发挥教师队伍的"主力军"作用、课堂教学的"主渠道"作用和日常思想政治教育"主阵地"的作用。

(三) 伟大建党精神与中国共产党人精神谱系研究

2021年中央宣传部梳理并发布了第一批纳入中国共产党人精神谱系的伟大精神。从纵向来看，这些精神贯穿中国共产党百年发展历程，在革命、建设、改革、新时代的不同历史时期都形成了独具特色而又一脉相承的伟大精神。从横向来看，百年来中国共产党形成的伟大精神包含人物、事件、会议、地域等多个方面，内容涉及政治、经济、文化、军事、外交、科技、生态等领域，形成完整的谱系链条。鉴于此，学界尝试从百年党史的整体性逻辑出发，一方面辩证理解伟大建党精神是中国共产党人精神谱系的"源头"的历史定位，另一方面对二者的关系作了较为深入的剖析。

1. 论证伟大建党精神的源头地位

伟大建党精神孕育于伟大建党实践，与20世纪初的五四运动、中国早期马克思主义传播、中国共产党从孕育到正式成立等重大事件紧密相关，是中国革命精神的源头。学界通过理论分析厘定了伟大建党精神与中国共产党人精神谱系的源与流的关系,从三个方面论证了伟大建党精神支撑着党的精神谱系这一观点:第一,先有伟大建党精神,后有党的精神谱系,而且党的精神谱系的构建是一个长期的过程;第二,党的精神谱系是因为弘扬伟大建党精神才构建起来的,伟大建党精神与党的精神谱系之间存在着渊源关系;第三,伟大建党精神是党的精神谱系的组成部分,为党的精神谱系的丰富和发展提供滋养。

2. 梳理伟大建党精神与其他精神的联系

研究成果重在把握伟大建党精神与其他精神如苏区精神等的关系,并进行深入分析。百年精神谱系体现了共性与个性的统一、历史与现实的统一,精神谱系中的各种具体精神,表现形态各异,都与时代背景和历史任务相匹配,但都具有伟大建党精神这一共同的本源,形成了精神谱系的共性特征;然而即便是身处同一个历史时期,面临不同的现实环境,中国共产党人的精神谱系也各有特色。随着革命实践的深化和对国情认识的加深,中国共产党在汲取经验的基础上,从伟大建党精神中孕育出井冈山精神、苏区精神、古田会议精神等伟大精神,中国共产党人精神谱系逐步形成并不断完善。

三、未来展望

(一) 持续深化伟大建党精神的理论维度研究

一是澄清伟大建党精神的概念使用。伟大建党精神是一个具有概括性和中国特色的概念和话语,是中国共产党独立自主构建话语体系、掌握话语权的重要体现。明晰概念使用,避免一些理论误区和偏差,有益于伟大建党精神的整体性研究。

二是挖掘伟大建党精神的理论渊源。伟大建党精神如何从马克思主义经典作家所提供的理论中汲取营养,如何将马克思主义的血脉与基因深深根植其中;伟大建党精神从中华优秀传统文化中获得了哪些丰厚的精神与文化滋养,又如何根植中华优秀传统文化土壤并不断去粗取精、推动其实现与时俱进;伟大建党精神如何吸收人类文明的成果,伟大建党精神又会为世界文明贡献怎样的智慧,这些问题值得深入挖掘。

三是在探讨伟大建党精神与中国共产党人的精神谱系中其他伟大精神的关系时,要注意整体研究和个体研究相结合。中国共产党人的精神谱系是一个完整的体系,不同历史时期形成的不同伟大精神各有其独特内涵与鲜明特质,如何将伟大建党精神与其他精神贯通起来,探寻伟大建党精神与不同时期中国共产党人精神谱系的内在逻辑,能够为深刻说明"伟大建党精神是中国共产党精神之源"提供有力的事实支撑和学理根据。

(二)不断强化伟大建党精神的历史维度研究

一是进一步加强与中共党史,尤其是中共创建史的结合,深挖伟大建党精神产生的历史背景与实践历程。伟大建党精神的形成与马克思主义的早期传播、先驱积极投身建党活动等因素密切相关。目前中共创建史的研究已经有了丰硕成果,在建党历程方面有相当扎实的成果。如何将二者结合,深入探寻建党历程,从微观处展现伟大建党精神所形成的历史背景、生成过程,是值得关注的内容。

二是以大历史观视角,结合党的百年历史,进一步开拓伟大建党精神的研究视域。伟大建党精神本身不是一个静态的理论概念,而是一个随着党的发展而延伸的动态过程,外延丰富。伟大建党精神是中国共产党的精神之源,源头具有从无到有、从小到大的时空色彩。从中国共产党的百年奋斗历程来看,伟大建党精神从何时何处开始派生发散,都需要结合具体历史条件、时空场景进行具体分析,用节点思维对伟大建党精神进行全方位、大视角的研究。

(三)继续拓展伟大建党精神的当代价值研究

一是以宏观视角,归纳伟大建党精神的时代价值。伟大建党精神是一百年来中国共产党带领中国人民取得辉煌成就的重要思想武器,也必然是建设社会主义现代化国家,实现第二个百年奋斗目标的强大力量源泉。伟大建党精神的时代价值,要从中国特色社会主义新时代党领导国家进行社会主义建设的各个层面来突出表现。

二是以微观视角,探索伟大建党精神在各细分领域的应用研究。目前对伟大建党精神的具体应用大多集中在思政教育上。在其他层面上,伟大建党精神对不同行业的具体推动作用,学界尚未见有翔实的阐述。对伟大建党精神在微观领域的应用,学界可以具体分析、深入研究并进行突破。

总体而言,2021—2022年上海党史、理论学界聚焦习近平总书记关于伟大建党精神的重要论述,紧锣密鼓地组织开展各项研究活动,建立健全运转机制,加强统筹协调推进,力促各项工作扎实有效开展,已取得较为良好的成效,但仍然存在一些亟待完善的地方。显然,学界对伟大建党精神的研究还存在许多研究空间和潜力。

在伟大建党精神的引领下,上海党史学界将持续发力传承红色基因,全力建设伟大建党精神研究高地,争取产出更多高质量、有分量的研究成果,不断推动学习宣传和研究阐释,取得新成效,以实际行动助新时代中国特色社会主义事业再创辉煌。

B.4 "永远跟党走""强国复兴有我"

——上海开展群众性主题宣传教育活动

上海市思想政治工作研究会

执笔人：范嵘

根据中央、市委的部署安排，上海于2021年和2022年，先后以"永远跟党走"和"强国复兴有我"为主题，组织开展群众性主题宣传教育活动。上海市思想政治工作研究会（以下简称"政研会"）组织各区、各系统政研会力量，通过资料收集、座谈研讨、实地走访等方式，梳理情况、分析成效、总结经验，提炼群众性主题宣传教育活动的做法成效和有益经验。

一、上海开展群众性主题宣传教育活动概况

（一）2021年"永远跟党走"主题宣传教育活动

"永远跟党走"群众性主题宣传教育活动分两个阶段推进。2021年5月前，主要围绕深入学习宣传贯彻党的十九届五中全会、全国"两会"和全国脱贫攻坚总结表彰大会精神，学习贯彻习近平总书记在党史学习教育动员大会上的重要讲话精神，展示"十三五"时期发展的辉煌成就，宣传"十四五"时期发展的美好前景。2021年5月至2021年底，主要围绕学习宣传贯彻习近平总书记在庆祝中国共产党成立100周年大会上的重要讲话精神、党中央正式宣布我国全面建成小康社会以及上海市庆祝中国共产党成立100周年大会精神等，全面展示上海各级党组织和党员坚守初心、勇担使命，团结带领全市人民取得举世瞩目的辉煌成就，演绎中国特色社会主义的生动实践。

(二) 2022年"强国复兴有我"主题宣传教育活动

"强国复兴有我"群众性主题宣传教育活动贯穿全年,围绕迎接和学习宣传贯彻党的二十大主线,在全市范围广泛组织开展包括主题宣讲、学习体验、先进模范学习宣传、红色基因传承教育、青少年主题教育、网上主题教育、群众性文化活动共七大类主题活动。全市各地区、各部门、各单位将开展群众性主题宣传教育活动,作为宣传思想文化工作重要项目,纳入年度重点工作安排落实推进。

二、上海开展群众性主题宣传教育活动的做法成效

(一) 加强组织领导,重点项目示范,搭建干部群众广泛参与的活动平台

上海市委宣传部发挥指导引领作用,鼓励基层积极申报市级重点项目,按照主题鲜明、形式丰富、便于参与等原则,分别发布136项"永远跟党走"市级重点活动项目和100项"强国复兴有我"市级重点活动项目。在市级重点项目的示范带动下,全市各地区、各部门、各单位结合实际,分领域、分层级、分对象,制定本地区、本部门、本单位主题活动方案,形成区域联动工作机制,组织广大干部群众共同唱响共产党好、社会主义好、改革开放好、伟大祖国好、各族人民好的时代主旋律。特别是2022年,依托互联网举办丰富线上活动,开展"人人都是软实力·发现上海"随手拍、"新时代 新奇迹·2017—2022"上海发展成就展网上主题党课、"中国梦 劳动美"上海职工(市民)文化网络大赛、"晒晒校园软实力"短视频接龙等主题活动。团市委举办百万青少年红色大寻访线下接

图4-1 "新时代 新奇迹·2017—2022"上海发展成就展线上展

力活动,并同步在B站、微信、微博、抖音等网络平台直播,超过300万青少年通过线上线下参与党史知识学习。2021—2022年,群众性主题宣传教育活动累计举办线上活动2.3万场,参与11.2亿人次;线下活动3.3万场,吸引1800万人次市民参与。

(二)贯通党史学习,突出学思践悟,把主题活动与为群众办实事充分结合起来

习近平总书记强调,巩固拓展党史学习教育成果,建立常态化长效化制度机制,教育引导广大党员、干部把学党史、用党史作为终身必修课。2021年,"永远跟党走"群众性主题宣传教育活动与党史学习教育同步推进,群众性主题宣教活动为党史学习教育的生动开展,提供了丰富的实践渠道。2022年,"强国复兴有我"群众性主题宣传教育活动结合党史学习教育常态化长效化开展,策划反映新时代上海发展成就和红色记忆的主题学习体验线路,引导市民走进各级爱国主义教育基地、党史教育基地、国防教育基地、红色旅游景点等。宣传部门积极统筹各级各类媒体,重点聚焦党员干部的收获体会,充分发挥新时代文明实践中心、区级融媒体中心、"学习强国"学习平台等作用,引导广大干部群众带着信仰、带着感情、带着责任开展学习教育、参与群众性主题宣教活动。各地区、各部门、各单位注重方式方法创新,推动主题活动深入群众、深入基层、深入人心。如市委组织部牵头的"我为群众办实事"实践活动,确定"我与群众面对面""我是基层宣讲员""我是党员做先锋""我是党员志愿者""我为群众送温暖""我为群众解难题""我为发展献一计"七方面主题,开展"党旗在基层一线高高飘扬——上海百万党员先锋行动"等十项先锋行动,全市2.2万余个机关、企事业单位党支部与居村党支部结对共建,9.6万余个基层党支部扎实开展"一个支部一件实事",如期完成11.3万项重点实事项目。

(三)传承红色基因,用好红色资源,让红色文化传承弘扬深入民心

上海是中国共产党的诞生地和初心始发地,拥有丰富的红色资源。上海在开展群众性主题宣传教育活动中,以建设守护好共产党人精神家园为使命,加强条块联动、区域合作,为讲好"党的诞生地"光荣历史、重要事件和生动故事提供支撑和保障,推动红色文化深度融入国民教育和市民生活。市委、市政府将传承弘扬红色文化列为16项民心工程之一,系统整合弘扬城市精神、推动发掘保护、提升展陈服务、深化理论研究、加强新闻宣传、繁荣文艺创作、丰富社会宣传、完善教育培训、开发红色旅游等方面的活动内容,明确实施范围、主要目标和时间节点。结合上海全市"八五"普法规划的实施,人大、司法、宣传部门合作,积极开展《上海市红色资源传承弘扬和保护利用条例》的全市性法治宣传活动,让红色法治文化浸润人心。紧密围绕红色旧址、遗址和纪念设施的保护利用,依托全国首创的红色文化资源信息应用平台——上海"红途"平台,覆盖526处市、区两级爱国主义教育基地和红色资源,开通66家重点场馆线上预约、线下一码核验的全流程便捷服务,为市民提供可看、可听、可游的学习资源超过5500项,截至2023年6月,平台注册用户数超611万,总点击量超5亿次。打造城市红色文化地标,中共一大纪念馆、中共二大会址纪念馆、中共四大纪念馆于2021年6月联创成为国家5A级景区,同步开通红色旅游专线,建设红色经典人行步道,开发红色旅游精品线路。

(四)发挥区域特色,联动共享资源,积极融入长三角一体化发展大局

依托长江三角洲区域一体化大背景,群众性主题宣传教育活动走出一市,联动三省,在理论研究、馆际交流、文艺创作、红色旅游等方面产生叠加效应,进一步提升各项主题活动的影响力。如2022年8月"初心启航地 奋进新时代"首届长三角党史论坛在上海举办。由上海市档案(局)馆会同江苏、浙江、安徽档案部门共同举办的长三角红色档案珍品展,展品汇集三省一市档案部门、文博部门珍藏的500件革命历史档案文献和影像资料,巡展足迹遍布上海市内临港新片区、张江科学城、虹桥商务区等核心区域,以及江苏、浙江、安徽省内22个地级市,吸引四地60万人次市民踊跃观展。全市各区纷纷利用区域红色资源,开展党史学习教育、爱国主义教育、理想信念教育等不同主题的现场教学、红色寻访、社会实践等群众性活动。如上海市杨浦区联合江苏淮安、浙江嘉兴、安徽六安,发起成立党史云宣讲联盟,以线上直播方式在四地同时开展"三市一区"党史云宣讲,四地党员群

众齐聚"云"上,四地青少年同唱红歌。位于长三角生态示范区内的上海市青浦区,开展"童心向党 青春启航"——长三角青少年风采展示主题活动,累计征集三省一市青少年作品3.8万余件,网络投票数超2000万。

(五) 打造活动品牌,覆盖重点人群,以主题活动助推理想信念教育深入开展

对照《上海市贯彻落实〈新时代爱国主义教育实施纲要〉工作方案》明确聚焦青少年开展爱国主义教育、发挥党员干部示范引领作用、在广大知识分子中弘扬爱国奋斗精神、激发社会各界人士的爱国热情、调动广大市民群众的积极性和主动性等17项具体举措要求,上海在组织开展群众性主题宣传教育活动过程中,涌现出一批宣传教育品牌,引导广大干部群众牢固树立爱党爱国信念。如上海市委组织部、市委宣传部共同打造"初心讲堂"理想信念教育品牌,将中共一大纪念馆、中共二大会址纪念馆、中共四大纪念馆作为核心阵地,覆盖文艺演出、情景模拟、沉浸表演等不同形式,2021—2022年间线上线下参与党员群众已达600余万人次。各类电影党课、文艺党课、情景党课、行走党课等极大丰富党员学习教育内容和形式,上影集团"我的电影党课"放映1.2万场,参与影院超过130家,观影人次近60万;黄浦区开展演艺党课观演,邀请全区基层党员、群众1.1万人次观看演艺大世界创作推出的优秀红色演艺作品;浦东新区开行"红色巴士课堂",把中共一大纪念馆、浦东开发开放30年展等上海浦江两岸20多处红色地标串点成线,打造100分钟的精品流动党课;崇明区抓住举办第十届中国花卉博览会的契机,策划"花博园里的党建游线——行走的党课",组织开展"百万职工看花博""百万学生看花博""百万居民看花博"学习体验。市政研会依托"学用新思想·智库论坛"品牌,举办"何建明系列党史课",依托B站、上观新闻等平台进行线上直播,4场直播在线浏览量近50万。

(六) 建设人民城市,唱响时代赞歌,让人民享有更加充实、更为丰富、更高质量的精神文化生活

为深入践行"人民城市人民建,人民城市为人民"重要理念,上海把群众性主题宣传教育活动融入打响"上海文化"品牌行动,不断汲取历史与现实养分,为主题宣传教育活动打上不负时代的文化艺术光影。如上海市庆祝中国共产党成立100周年主题文艺晚会,浓墨重彩地展示习近平新时代中国特色社会主义思想在上海的生动实践。上海市文联、市委党史研究室、杨浦区委区政府共同主办"曙光——红色上海·庆祝中国共产党成立100周年主题艺术作品展",展出沪上252位老中青艺术家的388件原创作品,线下累计观众超过2万人次,线上"直播"观众近200万人次。市国资委举办"红色文化进国企"系列活动,2021—2022年间坚持将个性化红色主题展览送进工业园区、工厂车间,线下线上20余万人次参与。市演出行业协会举办上海市优秀民营院团展演活动200场,12万人次市民观演。各文化场馆举办不同主题展览,吸引大批市民。如中华艺术宫举办"日出东方——庆祝中国共产党成立100周年美术作品展",累计接待观众约20万人次。上海革命历史博物馆先后举办"初心之地 美好生活——庆祝建党100周年文物史料展""光明摇篮 精神之源——迎二十大上海红色文物史料展",吸引市民近30万人次观看。市工人文化宫举办"致敬!红色工运"主题图片展,呈现工人运动中上海工人阶级的历史地位和价值。静安区在中共二大会址纪念馆举办"薪火相传"红色文化专题展览。

(七)紧扣重要节点,设计丰富活动,结合"我们的节日"厚植爱党爱国情怀

上海抓住传统民俗节庆和重大节庆纪念日的涵养教育功能,深化拓展群众性主题实践,开展入党入团入队宣誓、烈士公祭、升国旗唱国歌等仪式活动,发展了一批红色文化传播志愿服务基地和团队。2022年新春前夕,市委宣传部举办留沪观影活动,面向留沪务工人员发放近1.3万张免费观影券,面向留校大学生发放1.5万张低价观影券,覆盖沪上近20所高校。"3·5"学雷锋纪念日,市委宣传部组织各媒体对新当选全国学雷锋活动示范点和全国岗位学雷锋标兵的单位和个人开展宣传报道。市总工会组织劳模工匠志愿服务队开展志愿服务活动。清明节时,组织全市"清明祭英烈"实践活动,上海科技党建网面向全市科技系统干部职工,开展"网上祭英烈"

活动,累计点击量达90万人次。宝山区、金山区、崇明区等组织区内单位,向烈士敬献花篮花束、聆听烈士生平事迹、重温入党誓词,组织中小学以"缅怀革命先烈 传承红色基因"为主题,开展烈士祭扫、主题升旗仪式、主题班队会、红色故事讲座等活动。"七一"建党日,市精神文明办、市妇联、市市级机关工作党委联合主办"颂党恩 传家风"寻找传家宝暨"党的生日·我们的节日"市民修身系列活动,遴选100篇优秀作品在《现代家庭》杂志和"申音嘹亮"、文明上海修身云、上海机关党建微平台、"上海女性"等微信公众号连载,阅读量超500万人次。

三、上海开展群众性主题宣传教育活动的经验启示

开展群众性主题宣传教育活动,必须赋予社会主义核心价值观的主题价值引领,通过深培厚植广泛践行,最大限度激发全体人民投身民族复兴伟大事业的信念和热情,汇聚起团结奋进的磅礴力量。

(一)做好融通的文章

内容上把"党的声音"、基层需求和群众心声紧密结合。把开展主题活动与思想政治工作紧密结合起来,运用形势政策宣讲、主题宣传教育、身边典型示范等形式,在市民群体中广泛开展主题鲜明、贴近基层、群众欢迎的主题活动。把开展主题活动与社区管理服务、企业生产经营、学校教学教育等紧密结合起来,把广大社区居民、企业员工、青少年学生凝聚在共同价值追求中,增强归属感和认同感。把开展主题活动与营造有形环境与无形氛围结合起来。有形的环境就是各类宣传思想文化阵地、设施、载体、平台等,无形的氛围就是城市精神、价值取向、社会风尚、人文环境等,要通过主题宣传教育活动,将两者有机整合,满足群众多方面、多层次、多样化的精神和心理需求。

(二)做好创新的文章

牢固树立以人民为中心的发展思想,把人民群众的满意度视为事业发展最根本的目的、最核心的要素、最基本的动力,把以人为本贯穿育人工作

始终，千方百计满足人民群众的发展需求，为人民群众提供发展机会，让人民群众共享发展成果。研究不同群体的接受习惯、心理特点和成长需求，设置分众化的培育引导内容、激励方法和成长舞台。树立互联网思维，主动适应"互联网""大数据"等传播特点，通过微电影、微视频、微访谈、微故事等，讲接地气、有生气、聚人气的"网言网语"，在网络育人上开疆拓土。同时，大力推动社区文化、企业文化、校园文化、乡土文化建设，培育特色主题宣教品牌。

（三）做好引领的文章

根据党中央的新部署新要求，在市委领导下，培育弘扬社会主义核心价值观和城市精神，夯实城市进步发展的压舱石，凸现以文化人的新内涵，展现凝心聚力的新作为，汇聚创先争优的新动力。进一步发掘、整合利用上海丰富的红色资源，充分发挥各级各类教育文化等基础设施、基本阵地的作用，服务主题宣教活动的开展。市级层面要根据中央及上海市委要求，把群众性主题宣教活动纳入全市党建和思想政治工作总盘子，每年确定一个主题，常态化坚持开展。做好各区各系统计划开展项目的征集，做好全过程指导和督促。发布全市重点项目，引领全市基层更好借鉴、学习各区各系统的好思路好做法，形成全市"大策划""大联动"格局。

B.5 促进干部教育与红色资源的双向奔赴

——上海党校系统积极挖掘红色资源

中共上海市委党校

执笔人：陆正东

党校是干部教育培训的主阵地，教育引导干部传承红色血脉、继承红色基因是党校义不容辞的职责使命。上海党校系统以习近平总书记关于中共党史问题的重要论述精神为指导，贯彻落实《上海市红色资源传承弘扬和保护利用条例》关于"党校、干部教育培训机构应当将红色主题教育纳入教学必修课程"的要求，坚持将党的诞生地丰富红色资源作为生动教材，开展党性教育，弘扬红色文化。在2021—2022年，上海党校系统深入挖掘上海红色资源，弘扬伟大建党精神，不断创新教学方式，拓宽教育渠道，从课程设置和内容上做到全覆盖、全融入，引导党员干部学史明理、学史增信、学史崇德、学史力行，取得了较好的效果。

一、工作成果

（一）把红色资源转化为干部教育培训的重要内容，红色主题教育有力度

上海市委党校在所有学制在一个月以上主体班次专门设置党史学习单元或教育模块。如在领导干部进修班设置"中国共产党百年奋斗历程与革命精神的时代传承"单元，在中青年干部培训班设置"中共党史与马克思主义中国化进程"单元，在中青年干部培训二班设置"百年光辉党史与红色基因传承"单元，做到红色主题课程在各个主体班次的全覆盖。

把课程建设摆在重要地位。鼓励教师开发相关课程,在全面系统梳理本市红色资源的基础上,构建系统化模块化课程,形成"1+2+4+X"红色主题教育课程体系:"1"是以弘扬伟大建党精神为核心,讲清伟大建党精神的实践基础和思想来源,着力阐释中国共产党精神谱系的"源"与"流";"2"是以"红色上海""上海改革开放"两大主题教室为载体,开发一批优质课程;"4"是四大特色现场教学课程,主题为"初心印记""伟人风范""先烈英魂""改革担当",全面展现党在革命、建设、改革不同时期的精神品格;"X"是指实时定制更新的若干个专题系列,如"文化名人"系列、"抗战英烈"系列专题等,形成红色主题教育系列课程。

(二)"请进来"与"走出去"相结合,红色资源发掘有深度

充分利用上海丰富的红色资源,组织学员前往中共一大纪念馆、中共二大会址纪念馆、中共四大纪念馆、陈云纪念馆、龙华烈士陵园等本市革命旧址遗迹、纪念场馆开展现场教学,让旧址遗迹成为党史"教室",让文物史料成为党史"教材",让英烈模范成为党史"教师"。

新冠疫情暴发以来,外出现场教学无法正常开展的情况也时有发生,上海市委党校主动把红色资源引入校内,开展"党史百年:馆长学者三人谈"系列党史学习教育活动。该活动通过纪念馆馆长、党史专家和党校教师的对话、交流和阐释,从不同层面、不同视角深入剖析中共党史中的重要事件、重要会议和重要人物,增强党史学习教育的吸引力、参与度和感染力。2021—2022年,该活动围绕中共一大、二大、四大等重要会议和宋庆龄、陈云等重要人物开展了八次访谈活动。截止到2022年底,该活动得到新华社、人民网、《学习时报》、上观新闻、《文汇报》等各类媒体的关注,累计有31篇相关新闻报道。

(三)组织丰富的教学活动,红色文化营造有温度

上海市委党校与解放日报社、上海人民出版社合作开展"同读一本书"读书交流活动,遴选《火种:寻找中国复兴之路》《文献中的百年党史》《光明的摇篮》等红色主题类书籍,特邀作者出席读书交流活动并发表演

讲。在校主体班全体学员参加读书交流活动,形成领导干部读党史的浓厚氛围。

在中青年干部培训班、中青年干部培训二班、青年干部培训班等培养类班次的学员中排练红色主题情景剧。情景剧全程由学员自编自演,学员们做到人人参与,倾情出演。每部情景剧都有各自的主题演绎。力求以新颖的表现方式,点燃学员学习热情,通过亲身演绎产生情感共鸣,增强价值认同。

(四) 打造全媒体党课,红色故事传播有热度

2021年,上海市委党校与上海人民广播电台合作谋划制作"百年大党正青春"全媒体党课,为建党百年献礼。该全媒体党课共12讲,从12个方面深度解码我们党永葆青春年轻、永葆生机活力的内在机理。该系列党课通过电视、广播、网络等全媒体渠道进行全域推送播出,触达听众以千万计。制作团队在2021年11月获得中宣部颁发的"基层理论宣讲先进集体"称号。

(五) 着力开拓对外培训,红色资源宣传有广度

上海市委党校依托上海的开放优势,为许多国家公务员提供培训服务。上海市委党校在对外培训中,注重立足上海红色资源,用英、法等多种语言向海外友人讲述中国共产党成立发展的故事,促使外国政要对中国道路、中国制度产生认同感。2021年的首期阿拉伯国家驻华外交官研修班就是典型例子。据《人民日报》2021年5月26日《"感受到中国共产党的精神特质"(阿拉伯国家驻华外交官上海行)》报道,阿拉伯外交官在上海市委党校聆听了中共党史等方面的专题讲座后,有学员表示:"今天在党校的参访和深入交流,让我们理解了中国共产党为什么'能',也让我们对接下来的交流愈加期待。"

同时,上海市委党校着力在全市党校系统培育优秀的红色主题英文课程。两年来,已有徐汇区委党校"追寻国歌诞生的历史印记"、长宁区委党校"愚园路的红色记忆——中共地下党人的伟大斗争"、虹口区委党校"多伦路

图 5-1　阿拉伯外交官学员正在"红色上海"主题教室学习

上的红色故事：中国共产党在上海的早期活动"等多门红色主题课程纳入中联部网络交流课程库，用于外国政党干部培训。

（六）展现特色服务地区社会，红色资源利用有亮度

上海各区委党校也根据本地区红色资源禀赋，开发出了各具特色的红色主题课程。如青浦区委党校深入挖掘陈云同志的丰富思想内涵，开发出系列课程。嘉定区委党校开发了"红色嘉定——中国共产党人在嘉定的奋斗历程"专题课程。奉贤区委党校谋划了"英雄·奉贤"主题线路，将"英雄的奉贤从这里走来"现场教学课作为主体班次的入学第一课。

不少区委党校还把红色资源开发利用与服务本地区党建相融合，为党员提供优质学习资源。如黄浦区委党校重点打造"黄浦首发首创"系列14个微党课，供党员干部线上选学。静安区委党校制作了党章系列微党课20讲，在二大会址纪念馆党章厅的视频里常态播放。崇明区委党校开展基层红色优秀党课评选活动，评选出一批可宣讲可派送的优质红色党课，有效推动各乡镇利用本地红色资源开发加强红色文化宣传。

二、经验特色

（一）政治性与精品化的价值引领

上海党校系统始终把政治标准放在第一位，坚持以习近平总书记关于中共党史及红色资源利用的重要论述为指导，来开发利用红色资源。党校大力倡导"用学术讲政治"的理念，所有教师都要严守政治纪律、政治规矩，以科学严谨的学风深入研究党史与上海红色资源，准确把握党的历史发展的主题主线、主流本质，坚决杜绝历史虚无主义，做到用史实说话，保证传递给学员正确的党史观，确保党校讲台的权威性、纯洁性。

同时，上海市委党校大力推动精品课建设，把崇尚精品的理念内化为党校教师的思想自觉与行动自觉。近年来，上海市委党校推选的"学习中共党史的基本方法""'老三篇'与共产党人精神世界的建构"等专题课荣获全国党校（行政学院）系统精品课奖，"使命、担当、睿智——上海改革开放的精神品质""红色起点，光明摇篮——中国共产党与上海"入选中组部好课程。区委党校也有多门优秀红色主题教育课程入选上海市党校（行政学院）系统精品课。

（二）平台、载体、课程、师资、教材的一体整合

党性教育中心集聚资源。2015年上海市委党校成立党性教育中心，作为校级资源整合平台，以加强党性教育理论研究、课程建设、评估考核等方面的整体联动。借助该平台，统筹全校资源，促进红色主题课程体系创新与现场教学基地的开发、建设和评估，举办相关研讨会，促进干部教育机构开发利用红色资源的经验交流。对于形成党校系统整体合力，提高红色主题教育理论研究、师资队伍建设和教学水平，起到了重要促进作用。

主题教室提供载体。从2016年开始，上海市委党校在市档案局的支持下，先后建成"上海改革开放"、"初心教育"（后与"红色上海"合并）、"红色上海"三个主题教室作为展示红色资源重要载体、开展党史党性教育的专用场所。这些主题教室集展馆与教室功能为一体，陈列历史书信、文件、照片、报

纸等丰富翔实的档案资料,实现红色资源的集成。与主题教室相配套的是红色主题系列课程,课程与教室建设同时推进,两者紧密结合,为学员提供沉浸式的学习体验。相关项目组负责教室的设计、课程的开发及授课,多名青年教师借此站稳党校讲台。

图5-2 "红色上海"主题教室

创新团队创造动力。上海市委党校正在承担的马克思主义创新工程也把红色资源开发利用作为重要的着力方向,其中"中国共产党的历史与经验""新时代党性教育""中国共产党人精神与价值观研究"三个创新团队都与红色资源相关。每个创新团队都是教研咨一体化团队,既出教学成果也出科研咨询成果,为党校开展红色主题教育提供了有力支撑。

教材建设稳步推进。持续推动红色教育系列自编教材建设。近年来,已先后出版《改革开放成就上海》等自编教材。《百年大党正青春》入选"2022年度丝路书香工程立项项目名单"。2022年,上海市委党校还将全市各区委党校在扎实推进党史学习教育中开发的优秀红色主题课程进行整合优选,收录80多门微课讲稿,结集出版《印迹》一书。

（三）学校、社会、学员资源的统筹运用

党校坚持开门办学，发挥自身干部教育平台的优势，努力做到整合全市红色资源与师资力量，统筹运用学校、社会、学员资源，深入挖掘红色资源的教育价值。

上海市委党校把将本市红色资源开发为党性教育现场基地作为一项重要基础性工作。对于成熟的党性教育现场教学基地采取挂牌制度，授予"上海市委党校党性教育现场教学基地"称号。目前，已有一大纪念馆、二大会址纪念馆、四大纪念馆、陈云纪念馆、龙华烈士陵园、张闻天故居、国歌展示馆等红色场馆成为挂牌单位。为更好提升红色文化的宣教水平和效果，2018年上海市委党校联合陈云纪念馆发起成立"上海红色文化宣传教育联盟"，全市22家红色场馆共同参与，推动上海红色文化宣传教育协作机制和合作平台的建立，密切党校与各红色场馆的联系与合作。

上海丰富的党史专业研究力量也是重要的教学资源。依托上海市中国共产党伟大建党精神研究中心这一重要平台，集聚全市各路社科理论研究力量对伟大建党精神开展深入研究。广泛联系邀请来自市委党史研究室、市档案局、上海党史学会、市社科院、高校等职能部门、科研机构的知名研究专家，或是来校为学员授课，或是担当评审，为课程教材建设等把关献策，促进党校教学质量不断提升。

学员是干部教育的主体、主角，也是学习的重要资源。通过红色定向越野、党史学习分享、红色情景剧、读书交流等活动，不断激发学员学习的内生动力，调动他们学习的主动性，引导他们主动探寻、体验、感悟红色资源中的精神内核，实现教学相长，学学相长。如为第六十一期中青班学员"行走党课"定制"信仰之光""忠诚之心""奋斗之路"三条红色线路。"信仰之光"线路强调理想信仰的忠贞不渝，具体包括中共一大、二大会址，中国社会主义青年团中央机关旧址等；"忠诚之心"线路聚焦忠诚担当的精神品格，包括中共中央政治局机关旧址、中共中央特科机关旧址、龙华烈士陵园等；"奋斗之路"线路凸显英勇斗争的革命气概，具体包括中国劳动组合书记部旧址、顾正红纪念馆、中国左翼作家联盟成立大会会址纪念馆等。做到人人都是发现者、人人都是分享者、人人都是参与者、人人都是获益者、人人都是践行者。

(四) 效果要实与形式要活的内在统一

上海党校系统在利用红色资源开展干部教育时，始终坚持把效果要实与形式要活统一起来，不断增强教学的针对性实效性，使学员学有所得、学有所获。

习近平总书记在2021年6月25日主持中央政治局第三十一次集体学习时指出，充分用好红色资源，教育引导广大党员、干部赓续红色血脉，关键是教育引导全党始终坚持科学理论指导，教育引导全党始终坚持理想信念，教育引导全党始终坚持初心使命，教育引导全党始终坚持光荣革命传统，教育引导全党始终坚持推进自我革命。这为党校在干部教育中用好红色资源提供了根本遵循。上海市委党校精心挖掘上海红色资源蕴含的丰富精神内涵，深化主题凝练，做到"见人见史见精神"，将其转化为干部教育的素材。教学中始终强调历史和现实相贯通、理论和实践相结合、汲取经验和把握规律相联系、传承精神和提升本领相促进、锤炼党性和坚守人民性相统一。教育引导干部牢记初心使命，不断提高政治判断力、政治领悟力、政治执行力，厚植城市精神、彰显城市品格，增强传承上海红色基因的主动性积极性，在新征程上继续当好新时代全国改革开放排头兵、创新发展先行者。

要让教学目标真正入脑入心，就必须讲活历史故事、用活红色资源、搞活教育形式。上海各级党校努力在"活"字上下功夫，主要体现在：教育形式充满活力，除了党校内的教育，还制作全媒体党课，为网络空间注入充沛的正能量；课程形态灵活多样，把显性课程与隐性课程相结合，在课堂教学外，还通过举办展览、学员支部活动、红色主题文艺沙龙、"百年光辉荣耀征程"健步走等各种形式，让红色文化得到全方位传播，贯穿于党校学习始终；教学方法活泼生动，综合运用专题讲授、情景模拟、案例教学、访谈式教学等教学方法，讲好红色故事，做到以事感人、以情动人，帮助学员拉近与革命历史之间的时空距离，跨越历史与现实、主体与客体之间的鸿沟，达到知情意行的统一。

三、未来展望

(一) 努力构筑干部红色主题教育新高地

上海是党的诞生地、初心始发地、伟大建党精神孕育地，在党史上具有开天辟地无与伦比的历史地位,也留下了极为丰富的红色资源。根据2022年公布的《上海市红色资源名录(第一批)》,重点旧址、遗址、纪念设施或者场所就达612处,其中不少旧址遗址在党的历史上具有重要地位。上海有能力有条件打造出干部红色教育的上海样本,构筑干部红色主题教育高地。要一体推进红色主题课程、教学基地与师资建设,精心打造以弘扬伟大建党精神为核心课程、龙头课程的上海干部教育红色主题系列品牌课程,把影响力辐射全国,打响上海红色文化品牌。上海应发挥好社会主义现代化国际大都市的开放优势,推动红色资源国际传播,建设双语课程,充分利用境外公务员培训这个渠道,把上海红色资源推广到海外,讲好中国故事、中国共产党故事,展现可信、可爱、可敬的中国形象,体现上海在红色资源传播上的独有优势。

(二) 大力开发现场教学新基地

进一步加大红色主题现场教学基地建设,对新民主主义革命时期、社会主义革命和建设时期、改革开放和社会主义现代化建设新时期、中国特色社会主义新时代各个时期的红色资源,加强丰富多元的统筹开发。尤其要对习近平总书记曾经在上海考察过的地点进行整体建设利用,以此作为上海重要的红色资源进行统一谋划和前瞻性布局。稳步推进党性教育现场教学基地挂牌工作,做到成熟一个挂牌一个。对于条件尚不成熟的现场教学点,采取梯度管理,渐进式安排各类班次使用,并从硬件、内容、形式、路线、教学基本要素等方面予以规范指导。进一步加强与全市各有关部门及各区委党校的联系联动,共同推进全市红色主题现场教学基地的建设。

(三) 奋力跑出红色资源利用新赛道

近年来,元宇宙概念引发各界广泛关注与讨论,虚拟现实、数字孪生等新数字技术正在运用到文博行业。这些技术能够实时渲染3D虚拟世界,让无限数量的用户体验实时同步和持续有效的在场感,将深刻影响文博行业的展陈形态。可以想见,未来红色资源的展示方式会发生革命性变化,展陈体量也将有极大拓展。对于干部教育机构来说,可以足不出教室,通过特定设备带领学员对红色场馆进行漫游参观,教师的讲课互动在元宇宙的世界中开展,这将是更有现场感沉浸感的学习体验。虽然这还不能马上实现,但是上海正在元宇宙、数字化转型的新赛道上加速布局,干部教育机构必须对这一发展趋势有所预判,加强技术上的对接,顺利进入红色资源活化利用的新纪元。

上海丰富而多样化的红色资源是上海干部教育取之不尽用之不竭的珍贵宝库。上海党校系统在过去的两年中,踔厉奋发、砥砺前行,在红色资源的赋能助力下,圆满完成党史学习教育,迎接党的百年华诞。接下来,将进一步坚守初心,协同联动各方力量,推动干部教育与红色资源的高质量融合,大力弘扬伟大建党精神,为上海赓续红色血脉、传承红色基因,提升城市软实力,加快建设具有世界影响力的社会主义现代化国际大都市贡献一份自己的力量。

B.6 上海市不可移动革命文物的现状调研和发展方向

上海市文化和旅游局　上海市文物局

执笔人：汪思翔

革命文物凝结着中国共产党的光荣历史,展现了近代以来中国人民英勇奋斗的壮丽篇章,是革命文化的物质载体,是激发爱国热情、振奋民族精神的深厚滋养,是中国共产党团结带领中国人民不忘初心、继续前进的力量源泉。加强革命文物工作,对培育社会主义核心价值观、实现中华民族伟大复兴的中国梦具有重要意义。近年来,全国从上到下,都高度重视革命文物的保护工作。习近平总书记就革命文物工作专门作出重要指示,在主持十九届中央政治局第三十一次集体学习时就用好红色资源、赓续红色血脉发表重要讲话,要求切实把革命文物保护好、管理好、运用好,加强科学保护、开展系统研究、打造精品展陈、强化教育功能,对革命历史、文物价值评价要实事求是、恰如其分。在庆祝中国共产党成立100周年大会上的重要讲话中,习近平总书记又首次提出"伟大建党精神"的重要概念,并深刻揭示其丰富内涵,在全党全社会产生了广泛影响。为切实加强革命文物工作,《中共中央办公厅　国务院办公厅印发〈关于加强革命历史类纪念设施、遗址和全国爱国主义教育示范基地工作的意见〉的通知》(中办发〔2016〕28号)和国家文物局《关于加强革命文物工作的通知》(文物政发〔2016〕13号)两个文件相继出台,开启了革命文物保护工作的新阶段。2018年,中共中央办公厅、国务院办公厅印发《关于实施革命文物保护利用工程(2018—2022年)的意见》,进一步明确革命文物工作的主要任务和重点项目。2019年,国家文物局增设革命文物司,体现了党中央对革命文物工作的高度重视和殷切期望。全国20多个省级文物行政部门相继设立革命文物处,是地方党委和政府树牢"四个意识"、加强革命文物工作的实质举措。2021年3月,全国革命文物工作会议在京召开,推动革命文物工作开创新局面。据国家文物局统计发布,全国共有不可移动革命文物3.6万多处,国有馆藏可移动革命文物超过100万件/套,革命博物馆、纪念馆超过1600家。

上海是党的诞生地、初心始发地,也是伟大建党精神的孕育地。同时,上海又是近代中国光明的摇篮,是中国工人阶级的大本营。上海的革命文物资源数量众多、内涵丰富,在中国革命历史上有着举足轻重的地位。新时代以来,上海市委、市政府先后通过实施三大工程,进行红色资源立法,设立党委牵头的红色资源联席会议机制,增强革命文物工作力量,有力推动上海革命文物工作迈上新台阶。革命文物保护基础不断夯实,展览展示水平和铸魂育人功能明显增强,革命文物传承弘扬和保护利用体系初步形成。上海共有不可移动革命文物250处,国有馆藏可移动革命文物8.1万件/套,革命博物馆、纪念馆(以下简称"革命场馆")41家,其中依托不可移动革命文物设立的有30家。这些革命旧址、革命遗址、革命场馆星罗棋布,形成了一个系统的革命史的时空网络。

为全面摸清本市已公布的250处不可移动革命文物(以下简称"革命文物")的基本信息和保护利用状况,进一步促进本市革命文物的保护管理运用,由上海市文化和旅游局、上海市文物局联合华东建筑设计研究院有限公司,于2021年8月启动上海市革命文物保护利用调研工作。市文化和旅游局革命文物处、市文物保护研究中心、各区文物行政主管部门及文物属地街道(镇)工作人员全程参加调研。调查研究团队克服疫情带来的困难,于2022年9月底顺利完成全市16个区革命文物的现场调查工作。通过实地调研、问卷调研等方式,全面搜集整理革命文物的基本信息,悉心听取基层产权方、管理者、使用人反馈的意见和建议,挖掘提炼上海市革命文物保护利用的特色经验,梳理存在问题,明确未来发展方向,形成《上海市不可移动革命文物保护利用报告》。

B.6　上海市不可移动革命文物的现状调研和发展方向 / 71

一、调研方式与分类

(一) 调研方式

1. 实地调研：对全市 225 处革命文物进行实地调研，了解文物本体的基本信息、四有情况、保护利用情况，以及近期修缮计划。其中，对 158 处革命旧址进行了重点调研，聚焦活化利用方式、总结长效保护成果。

2. 问卷调研：对未能实地调研的 25 处革命文物，采用问卷调研的方式，进行基础数据收集和资料整理。

上述调查内容，均采用统一的基础信息调查表单。在此基础上，汇总形成上海市革命文物数据库，为掌握全市革命文物活化利用现状与发展动向提供数据支撑。

本次调查以文物部门普查档案资料和党史部门既有的研究成果为基础，根据实地踏勘的第一手资料，在现场调查和基础数据分类统计的基础上，采用图表文字结合的方式，概述现场调查的整体情况，总结本市革命文物的基本特点和保护利用情况，为新格局下的革命文物保护利用，提供数据分析、夯实工作基础。

(二) 革命文物分类

根据 250 处革命文物的现状和特征，结合后续保护利用方式，提出本调研的分类方法，将本市革命文物分为以下四类。

1. 革命旧址：包含与重要事件和活动有关的会址旧址，与重要人物有关的故居旧居，各类军政、文教机构旧址。此类在上海存量最多，共 158 处。

2. 革命遗址：包含重大事件、重要机构和重要人物等相关革命活动的遗址、遗迹，共 51 处。

3. 墓地陵园：包含重要人物墓地，以及具有重要影响的烈士墓地和陵园，共 15 处。

4. 纪念地：包含近代以来兴建的各类纪念碑 (塔、堂) 等纪念建筑，共 26 处。

二、革命文物整体情况

(一) 保护级别全

250处革命文物遵循全面保护原则,涵盖4个保护等级,其中全国重点文物保护单位11处,市级文物保护单位85处,区级文物保护单位72处,文物保护点82处。

全市不可移动文物总量3462处,保护级别自高至低呈金字塔型分布。全市革命文物保护级别分布特征略有不同,相对而言,革命文物在全国重点文物保护单位和市级文物保护单位中占比更高,区级文物保护单位和文物保护点占比略低。一方面可见上海长期以来高度重视革命文物的发掘与保护,革命文物价值得到充分彰显,革命文物保护级别普遍提升;另一方面,革命文物在全市文物中的占比为7.22%,仍有一定发掘空间。

表6-1　　　上海市各级文物与革命文物保护级别分类统计表

保护级别	不可移动文物(处)	革命文物(处)	革命文物占比(%)
全国重点文物保护单位	40	11	27.50
上海市文物保护单位	227	85	37.44
区级文物保护单位	451	72	15.96
文物保护点	2744	82	2.99
合计	3462	250	7.22

(二) 分布区域广

250处革命文物覆盖全市16个行政区域。其中,黄浦区54处,静安区42处,虹口区41处,徐汇区23处,浦东新区14处,宝山区12处,金山区11处,普陀区9处,青浦区9处,杨浦区8处,长宁区6处,松江区5处,奉贤区5处,崇明区5处,嘉定区4处,闵行区2处。

从分布密度来看,总体呈中心城区密集、郊区散布的特征。黄浦、静安、虹口、徐汇等中心城区革命文物分布密度高、数量多,这与党早期革命活动密切相关,也与20世纪初上海独特的政治、经济、人口、交通等因素相关。

(三) 时间跨度长

250处革命文物中,最早至鸦片战争时期的吴淞炮台遗址(陈化成抗英牺牲处)(1842年),最晚至改革开放和社会主义现代化建设时期的福寿园人文纪念公园(1994年),历时150余年,延续时间较长,跨越多个历史阶段,彰显了近代以来上海波澜壮阔的革命历史画卷。

这些革命文物所涉及的历史时期,主要集中于新民主主义革命时期,占82%,旧民主主义革命时期次之,占13%,基本符合上海革命活动的特点。自中国共产党创建至1933年中共中央撤离前,上海长期作为中国革命运动的指导中心,大量革命活动均在这里开展。这一时期,党的革命活动开始时间早、活动多、史迹较集中,彰显上海作为马克思主义传播地、中国共产党的诞生地、早期中共中央所在地的特征。

(四) 建筑类型多

250处革命文物中,涉及文物建筑的涵盖里弄住宅、传统民居、联排住宅、花园别墅、公寓大楼、公共建筑等建筑类型。在使用属性上,除居住外,涉及商业、文化、行政、办公、交通、工业、医疗、教育等社会领域,既体现出上海建筑遗产的典型风格与类型特征,也显现革命活动的广泛性、深入性。

三、保护利用情况

(一) 保护成效显著

从调研情况来看,全市革命文物保护情况总体良好,遵循整体保护、兼顾利用的原则,采用最小干预的保护修复技术、合理植入活化功能,进行保护利用。调查评估中,综合外观、重点保护部位和周边环境因素,依据《中华人民共和国文物保护法》《上海市文物保护条例》《上海市红色资源传承弘扬和保护利用条例》以及文物保护利用相关规范,采用实地调研为主、问卷调研为辅的方式,对革命文物进行总体评估。其中,评估等级为完好的113处;基本完好的85处,后续还需注重保养维护与环境整治;一般的有44处,还需进一步修缮消除潜在隐患;还有3处评定等级为较差,需采取措施推进修缮、加强管理;另有5处目前处于城市更新或修缮之中暂缓评估。

据统计,近5年内由政府牵头主导、社会积极参与,先后对62处(占比24.8%)革命文物进行了各类保护修缮。其中,对41处进行了综合性的保护修缮,全面恢复文物历史原貌,彰显革命文物价值;对16处进行了保养维护,延长文物使用周期;对3处文物进行了抢修,消除安全隐患;还有2处文物配合城市更新进行了平移,经过修缮和布展开放,提升了革命文物的利用展示水平。

(二)利用方式多样

调研显示,各级政府和相关企事业单位根据实际情况,充分调动资源,一点一策,以有效利用、加大开放力度为原则,探索革命文物的灵活性使用、创新性展示,丰富革命文物展示利用的形式,更好地发挥革命文物的价值。从功能使用情况来看,有114处革命文物进行了各类活化利用:利用29处革命旧址,改建为革命类博物馆、纪念馆,壮大了革命场馆队伍;有31处革命旧址经过修缮、史料研究,在内部增设主题展览,成为红色文化展示阵地;为24处遗址设立纪念碑,开展寻访、祭扫活动;有30处革命文物修缮后变身为办公、商业、文化空间,将红色文化融入工作生活的方方面面。此外,全市在革命文物周边的公园、绿地、广场等处设置42尊革命主题雕塑,成为上海红色文化的重要标识。

(三)开放参观便捷

据统计,250处革命文物中,共有146处对外开放:已开放的革命旧址一般具备较成熟的展陈功能,展陈参观体验好;墓地陵园和纪念地的开放程度普遍较高;一些革命遗址拓展邻近空间设置相关展览,或以树碑、挂牌等方式发挥宣传作用。

表6-2　　　　　　　　上海市革命文物开放情况分类统计表

类　别	分类统计数量（处）	已开放数量（处）	同类占比（%）
革命旧址	158	74	46.84
革命遗址	51	34	66.67
墓地陵园	15	14	93.33
纪念地	26	24	92.31
合计	250	146	58.40

（四）宣传讲解多元

在宣传方面，上海对全市革命文物积极开展各类社会宣传，其中利用微信小程序、公众号、网站以及虚拟现实技术等开展线上宣传的有225处。讲解方面，在对外开放的146处革命文物中有82处提供现场讲解，其中56处有专职讲解，15处有志愿者讲解，11处兼有专职与志愿者讲解。讲解员涵盖展馆的全职讲解员，也有社区工作者、学生、居民志愿者以及企事业单位中的兼职讲解员，还有社会研究者作为主讲人开展"街头党课"等形式的讲解，充分体现了社会各界的积极性和能动性，多元化弘扬革命文物价值。

（五）融入城市更新

在上海城市有机更新和精细化城市治理的进程中，革命文物被纳入区域城市规划之中，遵循整体保护、风貌协调原则，注重打造外部空间环境的纪念性与开放性，与街区绿地、步行街道、小区广场等活力公共空间的更新激活相结合，既发挥公共空间的文体休闲等功能，也增强了广大市民对革命文物的认知和对革命历史的共情。如融于公共绿地的仓桥烈士纪念塔，位于居民区内部的十九路军抗日临时军部遗址，与社区"邻聚荟"结合的路易·艾黎微展厅，以及紧邻居民区住宅楼新建展馆兼顾社区共建的上海总工会遗址等。

(六) 资源整合联动

调查发现,在革命文物分布相对集中的区域,革命活动与相关史迹相互交错的不同地区,已经逐步开展资源整合、共享联动。如黄浦区以中共一大会址为中心,串联中国共产党发起组成立地(《新青年》编辑部)、又新印刷所等革命旧址,推出"红色一平方公里"行走线路,打造初心之旅。虹口区串联鲁迅墓、鲁迅故居、内山书店、中国左翼作家联盟成立大会会址,形成红色文化主题线路"鲁迅小道",通过寻访鲁迅足迹、品读鲁迅作品、纪念鲁迅先生、弘扬鲁迅文化,让鲁迅精神在当代更生动、更立体、更鲜活。静安区率先建成"博物馆城区",将党史资源与文化旅游相结合。青浦区以新四军宣传标语为原点,就近设立党群服务站,面向长三角一体化城镇圈、市区及邻近地区党组织和党员开放,开展沉浸式主题教育、体验式互动学习。革命文物资源整合与互动,有利于串点成线讲好革命故事、开展红色旅游,进一步促进深挖历史价值、拓展文化内涵,提升红色文化影响力、辐射力。

图 6-1 龙华烈士陵园内的泰山石

四、存在不足与发展方向

(一) 存在不足

结合实地调研情况,目前上海市在革命文物保护利用方面还存在一些问题和不足。

1. 保护管理还有弱项。相对于国有和集体所有产权性质的革命文物大多得到较好的保护利用,私有产权的旧址类革命文物总体仍处于零星保护的状态;各区革命文物尚有正在修缮中、已修缮未开放、处于旧改地块中或暂时闲置等多种情况的存量,有待进一步开发使用;部分低级别革命文物日常养护管理和安全防范仍需进一步加强。

2. 研究展示有待加强。目前,革命文物研究依然存在研究力量不足、深度挖掘不够、系统研究尚未形成规模、部分史迹仍需考证等问题。革命题材陈列展览呈现一定程度上的同质化现象,存在精神内涵挖掘不深、文物藏品较为有限、展陈形式比较趋同、办展水平参差不齐等问题。

3. 教育功能仍需拓展。着眼培养社会主义建设者和接班人、培养担当民族复兴大任的时代新人,革命文物的教育功能仍需进一步强化、内涵仍需进一步挖掘、方式仍需进一步创新,要吸引更多人特别是青少年走进旧址遗址和革命场馆。

4. 运用方式有待创新。新时代革命文物在与文艺创作、旅游文创等的跨界融合方面仍需进一步拓展,在融入城市更新、社会发展和百姓生活方面仍需进一步深化。

(二) 发展方向

上海市革命文物工作正处于乘势而上、大有可为的重要战略机遇期,要深入学习贯彻党的二十大精神,以习近平新时代中国特色社会主义思想为指导,贯彻落实习近平总书记关于革命文物工作重要论述精神,立足新发展阶段、贯彻新发展理念、构建新发展格局,用心用情用力切实把革命文物保护好、管理好、运用好,生动展现党的百年奋斗的重大成就、历史意义和历史经验,大力弘扬以伟大建党精神为源头的中国共产党人精神谱系,传承红色基因,赓续红色血脉,增强精神力量,为全面建设社会主义现代化国家、实现中华民族伟大复兴中国梦作出更大贡献。

1. 在加强保护管理方面主动作为。一是加强科学系统保护。进一步完善革命文物定期排查、日常养护管理和安全防范制度,统筹推进抢救性与预防性保护、文物本体与周边环境保护、单点和集群保护,确保革命文物的历史真实性、风貌完整性和文化延续性。二是持续改善低级别文物保存状况。贯彻落实国家文物局《关于鼓励和支持社会力量参与文物建筑保护利用的意见》,鼓励和支持社会力量参与区级文物保护单位及尚未核定公布为文物保护单位的文物建筑的保护利用,推动文物建筑"有人管、在利用、出效益"。三是关注存量文物后续利用。关注跟进存量革命文物的后续保护利用,在城市有机更新中通过总体规划与风貌整治、功能策划,使革命文物继续融入城市生活,展现文物价值。着力破解产权制约难题,鼓励依法通过流转、征收等方式取得重要革命文物的使用权、所有权。

2. 在开展研究展示方面推陈出新。一是深化系统性研究。充分发挥红色资源保护利用专家委员会作用,搭建专业平台,整合多方资源,大力开展对建党、中共中央在上海、工人运动等革命主线的文物史料研究,深挖上海红色资源背后的思想内涵。支持更多文物博物馆机构与高等院校、科研机构合作开展革命文物领域课题研究,建设革命文物协同研究中心。突破革命文物主要集中在新民主主义革命时期的局限,围绕社会主义革命和建设时期最具代表性的工业遗产,改革开放时期的地标和重大事件发生地,加大革命文物挖掘、论证和公布力度。加强革命文物修缮和保护利用过程中的价值发掘、场景考证和技术创新,及时促进研究成果转化。二是打造精品类展览。坚持政治性、思想性、艺术性相统一,把好导向、聚焦主题,善用史实说话、用革命文物说话,把宏大叙事与细节呈现、场景再现结合起来,生动鲜活地讲好革命文物背后的故事,策划、打造、推介更多增强人民精神力量的革命文物陈列展览精品。三是加强多元化展示。积极参与国家文物局革命文物数字联展、红色文化数字传播工程,打造多元传播格局,切实提升展览传播效果和社会影响力。推动馆际之间开展联展巡展,支持有条件的革命纪念馆到境外办展,探索多种渠道扩大革命纪念馆国际影响力,以"中国立场、国际表达"向全世界讲好中国共产党的故事。

3. 在强化教育传承方面加大力度。一是作为干部培训重要基地。把革命文物场所作为培训党员干部、开展党性教育的重要基地，强化现场体验和教育内容的衔接，让人们身临其境受到思想洗礼、精神熏陶。二是作为青少年教育重要阵地。建设好"大思政课"实践教学基地，组织开展"纪念馆里的思政课"，让更多人特别是青少年走进纪念馆，深刻了解党的光辉历程，更加自觉地传承红色基因、赓续红色血脉。鼓励革命场馆和开放的革命旧址主动对接大中小学，根据不同年龄段观众的需求，定制和提供分类讲解服务。充分利用好国家文物局革命纪念馆红色基因传承云平台，研发系列革命文物数字资源包服务青少年教育。三是鼓励场馆抢抓元宇宙新赛道。持续推进场馆展陈和教育活动高水平数字化转型，积极探索实践开发元旅上海场景，鼓励有条件的场馆设置沉浸式体验设施设备，让优秀红色文化和革命文物资源借助虚拟现实技术"活起来"。

4. 在拓展运用方式方面深度融合。一是深化文化旅游融合。将革命文物作为"海派城市考古"的重要资源窗口，探索革命文物和红色文化更富创意的"打开方式"，带动市民群众对革命文物深入了解和探索学习。二是助力红色旅游发展。深度开展中共一大纪念馆、中共二大会址纪念馆、中共四大纪念馆的资源整合，会同嘉兴南湖等红色文化资源，开发红色主题旅游线路，打造"党的诞生地"为地标的红色文化旅游集群。以革命文物保护利用片区（苏南片区、浙东片区）和长三角文化旅游联盟为平台抓手，通过举办革命文物讲述传播、红色文创联合赛事、主题旅游建设等项目，推动革命文物工作融入长三角一体化发展国家战略。三是推动融入城市发展。鼓励革命旧址、纪念馆结合自身史迹主题，加强与周边学校、党政机关、企事业单位、社区、驻地部队、行业单位结对合作，让革命文物与时俱进、与民共享，充分彰显革命文物的时代价值和蓬勃活力。

B.7 深化红色文化教育，夯实铸魂育人之基

上海市教卫工作党委

执笔人：邹 竑 傅天奉

上海教育系统始终坚持党对教育工作的全面领导，将红色文化融入思想政治教育。始终坚持爱国和爱党、爱社会主义高度统一，立足上海红色文化底蕴，积极构建纵向衔接、螺旋上升、循序渐进的思政课程内容体系，创新课内课外、线上线下贯通，学校家庭社会协同的实施路径，将红色文化主题贯穿大中小学德育工作以及学校教育教学全过程，教育引导广大青少年树立正确的世界观、人生观、价值观，培养爱国之情、砥砺强国之志、实践报国之行，努力成长为担当民族复兴大任的时代新人，成为德智体美劳全面发展的社会主义建设者和接班人。

2021—2022年，上海教育系统深入学习贯彻习近平总书记在党史学习教育动员大会以及党的二十届一中全会上的重要讲话精神，认真贯彻落实党的二十大精神，聚焦切实抓好青少年党史学习教育，厚植爱党、爱国、爱社会主义的情感，让红色基因、革命薪火代代传承。

一、建机制，让红色文化教育"立"起来

上海教育系统切实加强党的全面领导，加强"四大机制"建设，推动红色文化教育持久、深入、生动、扎实地开展。

（一）加强组织领导机制建设

坚持从政治上看教育，把握教育的政治属性，牢牢守住"国之大者"，切实加强党的全面领导，要求各级教育部门及学校充分发挥党组织的领导作用，将充分发挥红色文化的教育作用摆上重要日程。着力加强高中学生政治启蒙教育和源头培养，形成高中和高校共青团一体化协同培养新机制，加强入党积极分子的思想政治教育，为党组织的政治吸纳奠定扎实的基础。同时，对标习近平总书记提出的"四有"好教师标准，着力以党建工作引领教师思政，发挥党员教师引领示范作用，使广大教师成为红色文化的坚定弘扬者和实践者。

（二）加强"三圈三全"联动机制建设

聚焦整合社会资源，根据中小学不同学段特点，分类梳理全市丰富的红色文化资源、爱国主义教育基地和文博场馆资源，形成10类主题130余条红色文化研学实践线路。构建大中小学教育内容纵向衔接，学校第一课堂、校内外第二课堂和网络第三课堂横向贯通，以及学校、家庭和社会协同联动的红色文化教育体系，形成全员、全过程、全方位育人大格局。

（三）加强评价督导机制建设

将培育和践行社会主义核心价值观、开展爱国主义教育纳入精神文明单位创建和考评体系，纳入教育综合督导的重要内容和责任督学的工作范畴，纳入上海教育现代化评价指标，使之常态化、制度化、规范化。

（四）加强条件保障机制建设

充分利用广播电视、报纸杂志等传统媒体，以及上海教育微博微信育人联盟等新媒体群，形成覆盖面广、影响力大的红色文化教育宣传氛围。研制发布《关于加强和改进新时代上海未成年人校外教育的意见》，以体制机制创新推进各学段衔接、家校社联动、校内外协作、线上线下融通，营造良好的弘扬和传承红色文化育人生态。

二、强课程，让红色文化教育"实"起来

上海教育系统坚持"开门办思政"育人理念，联动各方共同参与，共建共享，更好地把革命传统、红色基因融入红色教育之中。

（一）充分发挥思政课立德树人关键课程作用

推动全市本科高校全覆盖开设"习近平新时代中国特色社会主义思想概论"课、中小学（中职校）开设习近平新时代中国特色社会主义思想活动、导学、导读课程。持续推进上海大中小学思政课一体化建设，深化学科德育。聚焦"用好红色资源，赓续精神血脉"，组织开展党史学习教育主题教学观摩活动，上海中共一大纪念馆、江苏盐城新四军纪念馆、安徽凤阳大包干纪念馆、上海浦东展览馆、浙江安吉等地的特邀讲述人，与不同学段的教师联手同台讲述中国共产党人在百年党史中所构建的伟大精神谱系及赓续传承。

（二）丰富完善新时代思政内容体系

持续建好"中国系列"课程，支持建设"开天辟地""脱贫攻坚"等一批精品课程，组织开展"中国系列"党史学习教育活动课程、党史学习教育融入学科教学优秀课例征集活动，遴选出百门优秀党史学习教育活动课程。组织全体思政课教师、辅导员开展"七一"重要讲话学习会暨集体备课会，举办上海大中小学思政课一体化建设党史学习教育主题教学展示活动。组织开展"百年辉煌路·奋斗正当时"高校大学生讲思政课公开课展示、"我心中的思政课"高校大学生微电影展示遴选等活动，不断完善党史学习教育内容体系。

（三）聚力深化新时代思政育人体系

系统梳理高校各门课的党史资源，将党史教育内容有机融入培养方案、教学大纲。面向专业课程遴选 100 门党史学习教育与课程相融合示范课程，抓好大中小学党史学习教育课程开发建设。充分挖掘中小学各门学科的爱国主义教育、"四史"教育内涵，组织编写中小学 21 门学科的教学指导意见，积极推进"四史"教育内容要求有机融入语文、历史、地理等学科教学

之中。建设学科协同研究中心和学科德育实训基地,将红色文化教育融入学科教学全过程。

三、重日常,让红色文化教育"活"起来

组织开展主题鲜明、内容丰富、形式多样、感染力强的教育活动,是传承和弘扬红色文化的有效抓手和载体,使学生在潜移默化中长见识、砺精神、明志向。

(一)打造一批高质量德育品牌活动

依托党课、团课、少先队活动课、主题队会课等广泛开展党史教育,建设青年马克思主义者培养工程,将党史教育列入中学生共产主义学校课程,强化党建带团建、队建,发挥共青团、少先队组织政治启蒙和价值观塑造的育人作用。持续组织开展"从小学党史,永远跟党走""学习新思想,做好接班人""同心向党奋斗有我""新时代好少年"等党史教育系列主题活动,在行、习、赏、唱、礼等喜闻乐见的活动中培育和增强学生的国家意识和文化认同,激发学生爱党爱国之情。持续推进"文化根民族魂走红途"铸魂提质计划,培育和践行社会主义核心价值观,深化爱国主义、集体主义教育,引导广大青少年在亲身参与实践中学习弘扬伟大建党精神,坚定理想信念、树立文化自信。

(二)组织开展党史学习教育主题活动

围绕建党百年,持续深化"小我融入大我,青春献给祖国""青春告白祖国"等教育品牌建设。上海市教卫工作党委、市教委会同多部门共同指导中共一大纪念馆、上海市青少年学生校外活动联席会议办公室组织开展"百物进百校,百讲证百年"活动,把革命文物资源创造性转化为学校思想政治教育优质资源,推动党的创新理论和革命传统进校园进课堂,推进知校爱校荣校与知史爱党爱国爱社会主义相统一。组织开展"青春领航者,永远跟党走"上海高校辅导员党史学习教育主题班会展示活动,共有44所上海高校推选的71名辅导员参加,唱响百年正青春,推出上海高校辅导员之歌《青春领航者》MV和原创话剧。在全市中小学广泛开展"百年新起点,时代好少

年"2021年上海市未成年人修身励志讲堂活动。启动"从石库门再出发——学习党史国史、传承红色基因、争做时代新人"主题活动,组织开展"读懂百年历史""讲好百年故事""寻访百年印迹""回首百年历程""传承百年薪火""盛赞百年辉煌"等系列活动。

(三) 结合重要时点组织开展系列活动

深入贯彻习近平总书记"七一"重要讲话精神,承办"光影百年致初心,伟大精神代代传"第四届全国中小学生电影周系列活动,提升学生党史学习教育成效,弘扬伟大建党精神、赓续红色血脉。组织开展"喜迎党的二十大,强国必有我"上海市中小学生党史学习教育主题系列活动,推进红色文化"实景课堂""行走课堂"的建设与实施,引导青少年传承红色基因,赓续红色血脉。组织开展"从小学党史,永远跟党走"暑期主题教育实践系列活动,整合公共文化设施、体育活动场所、青少年活动中心、学校少年宫、社区实践指导站等功能,发布10个系列130余条主题研学实践路线,覆盖全市近百万学生。加强升旗、入团、入队等仪式教育,建立中小学校升降国旗制度,广泛开展"同升国旗、同唱国歌"活动,持续举办"国旗下成长"上海青少年升国旗暨爱国宣讲主题活动。

四、聚资源,让红色文化教育"动"起来

上海教育系统架构实践体系,从千家校外活动场所中精选出500多家进行重点设计,持续更新覆盖全市的中小学生"德育版图"。充分发挥校外活动联席会议成员单位作用,为开展好红色文化教育,形成协同共育的新格局创造条件。

(一) 活用红色资源

用好全市600余处革命历史遗址遗迹和300余个市、区级爱国主义教育基地等红色资源,用活上海改革开放场景,重点梳理习近平总书记在上海工作期间以及担任总书记后对上海考察指导现场点,遴选党史学习教育"打卡点"、党史学习教育研学实践线路、党史学习教育实景课堂,引导学生抒发

爱党、爱国、爱社会主义的真情实感。持续推进馆校合作,建立包含爱国主义教育、民族精神教育等在内的学生社会实践基地联盟,聚焦学科与综合实践活动的深度开发,把学科中红色资源等内容与馆藏资源加以激活,让历史人文和科学精神成为学生开展探索的动力。如借助铁路博物馆、船舶博物馆资源,帮助学生增强对民族历史的了解与情感;依托一大纪念馆、二大会址纪念馆、四大纪念馆、龙华烈士陵园、上海档案馆、钱学森图书馆等开展"红色一课"探究,引导学生主动求知,激发爱国情感,培养志向与人格。

图7-1 钱学森图书馆组织开展"进馆有益"微课题探究活动

(二) 推进"实景课堂"传播高地建设

上海市教卫工作党委、市教委会同有关单位联合推出"寻访百年路,奋斗新征程"为主题的上海"红色一课馆校合作优秀课程征集及展示活动",以庆祝建党百年为契机,以上海红色资源与学科教学结合为抓手,以利用校外实景课堂开展学习探究活动为着眼点,以提升教师综合素养为出发点,以传承红色基因、厚植理想信念和爱国情怀、增强学生使命担当为立足点,倾力打造系列示范课程,让城市中红色场馆等思政育人资源融入课堂教学,践行

"大思政"理念,为不同学科、学段的教师搭建相互学习的平台,构建育人共同体,推动教师全员育人的无缝对接。2022年与一大纪念馆开展"百位红色讲师、百件文物进校园"活动30余场,线下惠及学生近万人次,通过多媒体、沉浸式、馆校合作的模式将馆藏藏品带进校园和课堂,让学生与文物、历史进行跨时空对话,发挥文物以文化人、培根铸魂的功能与价值。

(三) 厚植爱国主义情怀

深入推进中华优秀传统文化教育和传播,实施"文化根、民族魂、走红途"铸魂提质行动。组织开展"新征程·新奇迹"——2022年上海市红色故事大赛暨首届上海市校园红色文化传播志愿者(小学、初中、高中、大学、教师)"五个一百"展评活动。如在云南省澜沧拉祜族自治县第一中学援滇支教的敬业中学陆俊杰老师,通过讲述云南左联青年作家张天虚"一支钢笔的故事",让学生与左联五烈士进行一次"青春"对话,增强情感共鸣,推动形成"人人都是红色文化传播者"的生动局面。此外,大力借助信息化手段,深入开展"云上思政课",将理论课堂与红色资源有机结合。通过中共一大纪念馆、陈云纪念馆等馆长们的现身说法,将上海"四史"教育资源引入课堂,不出校门也能"身临其境"。

(四) 保障社会实践岗位

上海教育系统逐步构建起初、高中学生综合素质评价体系,并将社会实践纳入其中。动员社会各方提供充足资源保障,建立2000余个学生社会实践基地,提供近87万个实践岗位,让实践育人"有地可去、有岗可选",让学生在爱国主义教育基地等文博场馆里,精心做好讲解员、引导员、策展员、助理研究员等,在服务他人的过程中不断成长,充分践行"奉献、友爱、互助、进步"的志愿精神,培育起社会责任感、创新精神和实践能力,使之成为一笔珍贵恒久的精神财富。

在新的起点上,上海教育系统将深入贯彻习近平总书记关于教育的重要论述,全面落实党的教育方针,坚持为党育人、为国育才,更加用好红色资源,传承红色基因,践行初心使命。

B.8 发展无愧于党的诞生地的红色文化宣传

——智媒时代上海主流媒体赋能红色资源传承发展

上海广播电视台　解放日报

执笔人：陈　瑞　周丹旎

上海拥有丰富的红色文化资源。上海是近代中国工人阶级大本营，是马克思主义最早传播的地方，是中国共产党的诞生地。为了用好红色资源，上海提出了"党的诞生地发掘宣传专项行动"。根据工作部署，上海报刊、广播、电视等传统媒体以及伴随技术革新诞生的新媒体力量凭借各自的内容、渠道、技术优势，奋力打响上海"红色文化"品牌。

一、依托红色底蕴，讲活红色故事

依托全市612处重点旧址、遗址、纪念设施类红色资源，上海各主要媒体充分联动红色场馆、深入发掘红色文化、创新叙述方式和传播手段，运用先进智能技术实现红色文化立体式、全景式、可视化呈现，充分营造沉浸感、现场感，让旧址遗迹成为"教室"、让文物史料成为"教材"、让英烈模范成为"教师"，构建多维度、立体式的红色文化传播格局，让城市记忆更好延续。

（一）激活场馆资源，重温革命记忆

聚焦中共一大纪念馆开馆，解放日报·上观新闻特别策划《伟大的开端——中共一大纪念馆开馆特刊》，并推出"中共一大纪念馆新亮点"专题，集纳图文和短视频，展现新馆特色亮点。上海广播电视台东方卫视、新闻综

合频道、看看新闻Knews并机推出《伟大的开端——中共一大纪念馆开馆特别报道》,通过背景短片、直播连线、体验式报道、专家访谈等,生动讲述建党故事,全网总浏览量突破300万,相关微博话题登热搜要闻榜,阅读量突破4390万。澎湃新闻策划新媒体产品《H5|中共一大纪念馆开馆了》,推出"一大会址日记""中共一大纪念馆文物大赏"等专栏,通过可视化呈现、场景化演绎、互动式体验,带领读者身临其境一大纪念馆。文汇融媒体联合上海红色文化资源信息应用平台"红途",独家推出"红色故事·馆长说"纪实类系列短视频,带领观众走进红色革命旧址遗址,聆听馆长深情讲述红色故事,全网点击量超1000万。配合重大节点,上海广播电视台融媒体中心联合上海市龙华烈士陵园,深入挖掘馆藏史料,采用烈士后代诵读家书、口述先辈故事等形式,推出系列短视频《不能忘却的纪念》,并推出网络祭扫H5产品、网络直播、微博话题互动等配套活动。

(二) 串联红色脉络,追寻城市足迹

解放日报·上观新闻制作《寻踪上海·红色印迹》城市空间数据库系列产品,整合上海612处红色地标,通过视频、移动端互动页面等形式生动呈现红色地标的位置、图片、历史信息等。配合"红途"上线,文汇融媒体制作短片《手绘"红途"带你穿越百年征途》,通过"手绘水墨+创意动画"讲述上海红色记忆,并联合"红途"推出16条城市阅读推荐线路,带领市民用脚步丈量城市。新民晚报推出原创Vlog栏目《光荣之城·红馆新发现》,以第一视角带领观众"打卡"红色展馆,生动活泼地讲述党史故事,激发年轻人参与党史学习教育的兴趣与热情,同时以独特的手绘方式,集中推介100个红色展馆,浓缩上海百年发展历程,让党史"可观赏",让城市"可阅读"。东方明珠新媒体旗下文广互动乐游频道在中国共产党建党101周年之际推出《红色引擎,激扬城市活力》——"七一初心之旅"特别节目,带领观众云游一条由上海首批红色国家5A级旅游景区中共一大·二大·四大纪念馆以及多处红色资源串联起来的红色线路,共同开启一场感知城市荣光的"初心"之旅。东方网《红色一平方公里互动地图》系列产品,基于《"方寸之间见证百年沧桑——红色一平方公里"调查报告》,策划制作成线上多媒体互动产品,

展示一平方公里"红色之源"革命历史风貌区,用户可以通过电脑端或移动端进行参观学习活动。

(三)创新叙述方式,调动受众感官

解放日报推出数据交互产品《奋斗百年,中国共产党员是怎样的一群人》,基于数据分析剖析不同时期党员所肩负的使命,根据不同传播环境及用户阅读习惯,融入静态信息图、动态图及交互小游戏等元素。看看新闻Knews策划推出《诞生在上海》8集系列短视频,采用阿卡贝拉音乐串烧、逐格动画、穿越机"一镜到底"等表现手法,生动讲述中国共产党的诞生等一系列"诞生在上海"的传奇故事,风格酷炫,语态轻快,别具一格。新民晚报推出《红色弄堂》系列动画视频,引入"面塑定格动画＋实景拍摄"的融合报道新形式,由百年非遗面塑第三代传承人张书嘉捏出红色人物、场景和道具,结合实地探访和拍摄,生动再现红色弄堂的历史场景,并登上微博同城热搜。

二、立足重大节点,掀起红色热潮

重大红色节点是中国共产党重要关头、关键时期、重大事件的历史标记和伟大精神生动反映的纪念日,是全党全国人民不能忘却的红色记忆。在党的百年奋斗历程中,"党的生日""建军节""国庆节""中国人民抗日战争胜利纪念日""抗美援朝纪念日"等,都是中国共产党领导中国人民实现中华民族伟大复兴的征程上留下的红色节点。上海主流媒体立足红色节点,唤起共同记忆、凝聚统一认识、引发社会共鸣,在全市范围内掀起传承弘扬红色文化的热潮。

(一)精心策划系列宣传,通过受众热衷的形式,营造浓厚氛围

2022年,上海市委宣传部、市委外宣办与解放日报共同策划制作《百姓话思想·习近平新时代中国特色社会主义思想在上海的实践案例》系列,共推出2季30集短视频。作为上海市第十二次党代会与党的二十大主题报道,《百姓话思想》精选绿色发展、生态文明、创新、对外开放、奋斗、立志等话

题,通过展现不同领域、不同行业的普通人在上海的工作、生活,讲述鲜活朴实、生动具象的百姓故事,阐释习近平新时代中国特色社会主义思想在上海的生动实践。截至2022年10月底,《百姓话思想》系列总浏览量达2.53亿次,互动18.8万次,其中海外浏览量达3100万次,累计触达海内外3.3亿受众。2021年4月12日,上海广播电视台融媒体中心与版权资产中心紧密携手,共同策划推出的《影像中的百年党史》百集系列短视频,时间轴串起1921年后与我党发展息息相关的重大事件,特邀100位SMG党员主持人作为党史讲述人,在每一集的视频开头回望百年党史中的难忘瞬间。澎湃新闻上线"百年共产党人精神谱系"专题,邀请市委党校教授运用"关键词解读"的形式讲述百年党史中的伟大精神,引导受众深刻认识党的光荣历史。

(二) 发挥传统长项,针对红色节点提前策划、周密准备,让红色记忆深入人心

2021年6月3日,中共一大纪念馆正式开馆,新民晚报策划推出8版特刊《百年风云 再叩初心》,聚焦中共一大纪念馆开馆,多角度、全方位地深入挖掘场馆亮点。2021年,东方卫视承担制作建党100周年主题电视节目《时间的答卷》和《上海市庆祝中国共产党成立100周年文艺晚会》。《时间的答卷》聚焦红船精神、长征精神等一系列伟大精神,融合实景再现、场景讲述、跨时空对话等艺术手法,展现英雄人物的闪光片段。《上海市庆祝中国共产党成立100周年文艺晚会》采用文献短视频与讲述相结合的形式,邀请英雄模范和先进典型代表,同时在中共一大纪念馆前设立分会场隔空互动。为迎接新中国成立70周年、建党100周年,上海音像资料馆自2019年起采集到多部新中国成立初期中苏合拍电影纪录片及拍摄素材的样片700多分钟、版权资料约200分钟,并发现大量早期中共党员的珍贵活动影像。这些新中国彩色影像在采集和修复后,迅速通过红色节点的相关宣传进入观众视野。百视TV重点上线运营"学习进行时"红色专区,在建党、建军、国庆等不同档期,持续加强经典红色影视推荐。

(三)突破惯性思维,创新红色节点宣传报道,拉近受众距离

为纪念中国人民抗日战争暨世界反法西斯战争胜利75周年和抗美援朝70周年,解放日报·上观新闻分别推出长图《山河为证!手绘长图见证10个英雄瞬间》、特效视频产品《50秒特效视频回顾14年抗战伟大历程》和定格动画《超燃!纪念抗美援朝出国作战70年定格动画:用胜利,赢和平,赢尊重!》。结合中共一大纪念馆开馆,文汇融媒体推出手绘动画《手绘一大刻初心!30秒视频穿越奋斗百年路》和互动H5《打卡必看!点亮中共一大纪念馆红色文物,你想知道的都在这里了!》《中共一大纪念馆开馆!一起重温入党誓词》。为庆祝中国共产主义青年团成立100周年,青年报社发布"百年中国青年的100个关键词"征集活动,社会各界青年反响热烈。活动同时配合相关文创产品征集活动,推出文创联名产品,强化受众互动。

三、抓住关键群体,感召年轻一代

青少年是红色文化传播弘扬的关键群体。上海顺应互联网发展规律,创新运用年轻人喜闻乐见的流行元素、灵活多样的传播形式,增强传播针对性、互动性和实效性,把红色故事讲活讲深,让红色文化释放出更强大的感召力和凝聚力,引导新生代厚植爱党、爱国、爱社会主义的情感,使红色基因融进血液、沁入心扉。

(一)融合流行元素,实力圈粉青年

解放日报·上观新闻推出《百年之诗·志在为民》融媒体策划,邀请张颂文、白宇、时代少年团等演艺界人士担任诗歌朗读大使,融入手绘、说唱等潮流元素,与大众重温百年求索之路。系列视频全网总播放量近4亿,微博用户创作相关内容超140万条。上海市人民政府新闻办公室牵头青年创作团队聚变工作室和B站,策划创制的扶贫成就公益传播活动"一个都不能少——长卷寻宝"推出后,文汇融媒体刊发相关报道300余篇,报纸策划推出专辑6个整版,制作推出各类视频70多个、海报27幅、手绘长卷长图1幅;新民晚报推出3.2米长卷特刊,全面解读长卷寻宝活动,详解"绿水青山就是金山银山"新图景,点赞"脱贫路上一个也不能少"新征程。此次活动全

网吸引超 1.6 亿人次浏览关注,相关话题和文章阅读量达 8000 余万。东方广播中心与团市委合作"我们的青春偶像"系列融媒体产品,邀请歌手周深走进上海百代小楼,致敬作曲家聂耳。相关微博话题累计阅读量超 1.7 亿,话题讨论量突破 410 万。话匣子 FM 等微博直播累计观看人数达 100 万人次,B 站直播观看峰值近 200 万。

(二)面向"两新"组织,注入红色动能

解放日报报道上影集团团委创新探索的"我讲—我演—我是"青年讲师团培训模式,通过招募一批优秀青年参演《望道》,让当代青年人置身历史情境,实现跨越百年的"青春对话"。静安区融媒体中心报道本区白领驿家两新组织促进中心党总支发起"静安白领思政研修班",举办"最潮党课""最燃论坛""最 IN 组织生活会""我的青春是你的年轮"微宣讲等,引入红歌新唱、潮流短视频等形式,同时在"学习强国"学习平台上海频道创新推出"1 分钟思政课"系列短视频,让白领青年原汁原味学理论、学思辨。徐汇区融媒体中心策划推出"新思汇——群众身边的理论大课堂",课程突出时代特征、徐汇特色和青年元素,围绕推进城市治理现代化、建设美丽家园、让人民宜居安居等主题,以青年心声讲述城市发展实践,用生动语言阐释党的理论,通过青年群体感召青年群体。

(三)点亮红色火种,厚植红色基因

解放日报·上观新闻与相关高校策划推出"申城校园红色印记"专栏,发表上海高校党史校史与思政教育最新研究成果,挖掘校史红色资源,让红色校史故事成为"鲜活教材"。青年报·青春上海推出"初心如炬 使命如一"全媒体主题报道,其中"'90 后'讲党史"由 10 位上海"90 后"青年在 10 个经典红色地标讲述红色故事;"百年间的红色百宝箱"从学生身边可感知的小物件入手,讲述游击队歌、卖报包、钱钟仪家书手迹等上海高校珍藏红色文物背后的动人故事。崇明区融媒体中心推出《崇明童谣里的抗战故事》系列短视频,邀请中国民间文艺家协会会员讲述童谣创作背景、崇明小朋友用崇明方言演绎经典童谣,让革命薪火代代相传。

四、创新国际传播，传递中国声音

上海是世界观察中国的一个重要窗口。围绕国际传播，上海立足真实、整合资源、创新形式，依托外宣媒体平台，搭建立体、全面的对外传播媒体矩阵，推出一批国际传播现象级产品，推进中国故事和上海故事的全球化表达、区域化表达、分众化表达，不断增强城市软实力中的全球叙事能力、扩大国际"朋友圈"。

（一）借助"外眼"视角，讲好中国故事

上海市委外宣办联合新民晚报制作《百年大党——老外讲故事》(Shanghai Through Our Eyes)百集融媒体产品。遴选来自30多个国家的企业高管、科技精英、文体名人等100位具有"话语权""解释权"的在沪外籍人士积极发声，展现外国人视角下上海的经济社会发展和共产党员的人格魅力。在百集基础上，增推六集上海解放特辑(Witness a New Dawn)，从在沪西方人视角，正面、客观、独家讲述中国共产党管理上海、经受住执政大城市初考验的故事。这一系列短片向海外受众阐释了中国共产党为什么能、马克思主义为什么行、中国特色社会主义为什么好，引导国际社会形成正确的"中共观""中国观"。系列视频覆盖200多个国家和地区，同时登陆Youtube、Facebook等海外主流新媒体平台，在国内国际舆论场引发强烈关注，境内外总浏览量超16亿次，其中境外累计浏览量约1亿次，成为全球全网现象级国际传播精品。

（二）建强外宣矩阵，展示中国形象

围绕"永远跟党走"黄浦江主题光影秀，上海广播电视台融媒体中心通过"ShanghaiEye魔都眼"的Facebook、YouTube、Twitter等海外社交媒体账号，面向295万海外订阅用户，第一时间发布主题视频，展现上海城市之美和城市软实力。据统计，"永远跟党走"黄浦江主题光影秀通过"ShanghaiEye魔都眼"海外矩阵传播的海外覆盖总量达211.7万，海外播放总时长8826.5小时，互动评论8242条次。聚焦2021年6月在上海举办的"中国共产党的

故事——习近平新时代中国特色社会主义思想在上海的实践"特别对话会，上海各主流媒体用好外宣资源和渠道，广泛传播外宾在上海参访过程中的积极反响和表态。"ICS上海外语频道"视频号推出《特别对话会|外交官走进中共一大纪念馆》三集短视频，展现外交官为中国共产党百年成就点赞，全网浏览量达72万次。"东方卫视环球交叉点"YouTube账号播发《上海的奇迹："吃改革饭、走开放路、打创新牌"，这个国际大都市不红才怪》，海外覆盖量约4000次，网友们留言表示"上海太棒了"。"ShanghaiEye魔都眼"Facebook和Twitter账号播发《40多国驻华使节参观中共一大纪念馆》，新闻发布20小时推特脸书累计展示近6000次。一财全球在海外社交媒体平台发布会议相关图文报道及视频内容共计16篇，稿件浏览量超3万。

五、立体宣传，覆盖全民，打造红色文化聚合场

联动社会资源，发挥产业优势，在常态化党史学习教育的背景下，基于深厚的理论支持，上海主流媒体力求通过全过程、全渠道、全场景、全人群立体化传播的方式，激活红色资源价值和生命力，让红色文化活起来、动起来。

（一）全过程深度追踪红色资源、红色文化作品

2021—2022年，解放日报挖掘红色题材文艺力作台前幕后的创作修改过程及上映上演后的观众反响，关注舞剧《永不消逝的电波》、杂技剧《战上海》、戏剧《浪潮》《辅德里》、电影《1921》《望道》、纪录片《大上海》等红色文化作品的演出、修改提升，呈现《文献中的百年党史》《火种——寻找中国复兴之路》《伟大纪念日》《半小时漫画党史：1921—1949》等一批"党的诞生地"主题出版工程力作创编过程。2021年5月10日，上海广播电视台融媒体中心推出《我在"一大"修房子》新闻专题，独家记录并展现了中共一大会址开启最大规模保护性修缮后的全过程，近五个月时间里，用市民视角观察和感受这一重大保护工程。

（二）全渠道扩大红色选题的传播面、触达面

党的二十大召开前后，文汇报融媒体全平台推出《大家聊巨变》系列纪

录短片共 2 季 14 集，邀请上海 14 位知名专家学者边走边看，以学者视角阐释习近平新时代中国特色社会主义思想在上海的生动实践，推动党的二十大精神在浦江两岸落地生根、开花结果。据不完全统计，作品在上海主流媒体所属新媒体平台，抖音、微博、哔哩哔哩等商业网站以及海外社交平台全网总浏览量达 2.5 亿次，互动 13 万余次。2021 年 7 月 1 日，上海广播电视台融媒体中心在东方卫视、新闻综合、看看新闻 Knews 并机推出 8 小时《理想照耀中国——庆祝中国共产党成立 100 周年全媒体直播特别报道》，第一时间宣传阐释习近平总书记"七一"重要讲话精神，40 多路记者连线，集中呈现"浓缩版"的新时代中国特色社会主义现代化建设的时代长卷，大小屏总浏览量突破 400 万，海外用户覆盖数 35 万。

（三）全场景满足用户体验，推出与受众共情的红色文化产品

2021 年 6 月 3 日起，上海广播电视台融媒体中心与中共一大纪念馆联合打造"初心亭——心里有话对党说"视频留言互动项目，邀请参观者进入"初心亭"互动装置内，录制"心里有话对党说"短视频，实现线下参与、线上分享、线上线下联动的效果。录制视频后，用户能获得带有唯一编号的电子"初心卡"。主办方还定期推送精选视频，让初心找到共鸣、形成共振。2021 年 3 月 30 日，澎湃新闻启动"建党百年 初心之路"大型全媒体报道和综合传播项目全国巡展部分。该活动通过两辆高科技专用展示大巴，采用交互式、沉浸式的用户观赏体验方式，历时 100 天，重走 50 多个见证中国共产党成立一百周年历程的重要城市。

图 8-1 澎湃新闻"建党百年 初心之路"红色大巴

(四) 全人群覆盖,让红色资源在交互体验中形成扩散传播

在2020年成功运营"四史巴士课堂"的基础上,上海广播电视台东方财经·浦东频道携手浦东公交共同开发崭新的红色巴士路线。该巴士课堂用100分钟40多个党史故事、近2万字讲解,途径20多处红色地标,用一个个生动故事讲述"四史"。巴士课堂针对城市白领、科创人才、基层党员等不同人群,量身定制多样化、轻松化的党课内容,边行车、边参观、边讲课、边互动。东方网和中共一大纪念馆联合打造"一大文创"网红IP。店铺开业后,人气火爆,顾客排队抢购"带得走的红色文化符号",也带走了红色故事;市民游客在打卡、分享红色伴手礼后,也进一步扩散传播了红色文化。

图8-2 "一大文创"产品(解放日报记者 孟雨涵 摄)

六、协同联通,辐射全国,打造红色文化品牌样本

上海是中国红色文化的源头、新时代新征程上的排头兵与先行者,全市各主要媒体立足长三角、辐射全中国,与各地市红色文化资源加强协同联动,使红色资源串点成线、以线化面,形成资源聚集效应,在做强"码头"、激活"源头"、勇立"潮头"中打响上海红色文化品牌。

（一）踏访红色热土，赓续精神血脉

解放日报策划推出"信仰之路"大型寻访活动，召集近百名年轻记者组建融媒体报道组，分赴上海一大会址、嘉兴南湖及南昌、井冈山、遵义、延安、西柏坡等地，重访百年党史上的重要地标、重要事件，生动展示党领导人民取得的巨大成就和共产党人的精神风貌。活动共计推出50万字文字报道，融合数据库、视频、动漫、rap、小游戏等形式，新媒体阅读量逾2亿。上海广播电视台东方广播中心精心策划《那些照亮未来的灯塔》全媒体新闻行动，先后完成延安、井冈山、汶川、遵义、西柏坡等十站的采访，勾勒共产党人精神谱系，追寻中国共产党宝贵精神的时代传承，推出一批音视频报道、特别节目。同时，特邀延安专家带来跨越千里的"延安新闻纪念馆微党课"，让上海听众在云端接受"初心洗礼"。

（二）加强协同联动，壮大宣传声势

上海广播电视台牵头全国66家电视机构共同推出《理想照耀中国——庆祝建党百年"双100"系列融媒报道》，全国66家电视机构共同探访全国87个市县的100个红色地标和重要纪念地，联合打造100场新媒体直播和100条短视频，全方位、多维度、立体化呈现中国共产党的百年奋斗历程，全网传播量突破3亿。由东方卫视中心负责牵头创作，江苏卫视、浙江卫视、安徽卫视等三家兄弟卫视协同创作的《潮涌长三角——长三角三省一市庆祝中国共产党成立100周年特别节目》，以"饮水思源""乘风破浪""勇立潮头"为三大叙事结构，展示百年大党波澜壮阔的非凡历程。文汇报社联合中华世纪坛艺术馆、中国艺术研究院篆刻院以及复旦大学等高校、企业和单位共同举办"印记初心——庆祝中国共产党成立100周年大众篆刻作品展"京沪双城同展，用300多枚篆刻印章作品记录并串联起重大历史事件和时代变迁。文汇App和"学习强国"同步配套推出"每日红印"专栏，总阅读量超3亿，总点赞量超1300万。

（三）擦亮红色文化"金字招牌"，着力打造"上海样本"

解放日报与上海市社联合作推出红色文化原创产品《为什么是上海》四

季系列短视频,突出权威性与思想性、生动性与真实性,以建党百年为时间基线,走访多个红色地标和相关纪念场馆,邀请沪上知名党史、社科专家点评,串联一部贯穿百年党史的上海故事。上海人民广播电台联合中共上海市委党校、上海人民出版社、人民网上海频道等共同策划制作《百年大党正青春》全媒体党课,邀请12位"80后""90后"优秀青年教师担纲主讲,多维度阐述党的百年辉煌历程,全方位"解码"中国共产党不断从胜利走向胜利的原因。每期党课及相应新媒体产品通过互联网各大平台及调频广播等进行全网、全场景分发,同时上线学习强国、阿基米德、话匣子FM、人民网上海频道、看看新闻Knews、今日头条等平台。相关话题微博平台阅读量超5320万,讨论达1.1万条。"百年大党正青春"全媒体党课团队获中宣部"基层理论宣讲先进集体"称号。

七、谋求高质量发展,抢占智媒先机

智媒时代,大数据、云计算、人工智能、虚拟现实已经被大量应用到媒体的日常生产和宣传报道中。红色资源的运用、挖掘、传播也日趋贴合媒介迭代趋势,上海持续出现了创新样式的宣传和产品,为红色文化烙上时代印迹,注入时代活力。为抢占智媒时代的发展先机,在硬件上,上海加快研究部署未来虚拟世界与现实社会交互平台,加快从底层到应用全链条布局;超前布局高效泛在、天地一体、集成互联、安全高效的网络基础设施。以此为契机,上海主流媒体尝试开发,让红色资源和5G、VR、AR、AI等新媒体全息技术,乃至元宇宙深度结合,增强受众互动感、沉浸体验感。

2022年3月,上海广播电视台融媒体中心转正了首位具有新闻属性的虚拟主播申䒕雅,并多次尝试"跨次元",将虚实场景多元化应用在新闻报道和直播中。䒕雅"穿越看上海"系列参与了上海电视台"迎接党的二十大"大型融媒体联合特别报道;该虚拟主播还探班了电视节目《时间的答卷》、电影《1921》、杂技剧《战上海》,并出现在中共一大纪念馆的出镜场景中。2022年6月1日,"一大文创"首发中共一大纪念馆虚拟形象"库宝""德妹",并于7月1日推出"库宝德妹亮相篇"微信表情包;7月29日,首次上线数字化产品——"树德里"系列数字文创,上线三日,共有12240人预约,迅速"出圈"。

2022年9月,百视通助力上海移动电视打造的"智慧大屏"正式亮相上海20路复古公交车,通过技术实现了互联网全数字生活场景。在内容上,移动电视全面加强了实用性、娱乐性、互动性,基于LBS技术的定点内容上线"建筑可阅读"板块,解读沿途地标和历史建筑。该板块助推"建筑可阅读"十二时辰全媒体大直播成为上海旅游节的最新"爆款"IP。同时,百视通充分延续"建筑可阅读"系列节目的长尾效应,通过梳理整合,在大屏端展示推荐红色旅游线路,让市民游客通过游览一大会址等红色景点,铭记历史,深入了解初心之地。

红色资源是全党全国人民的宝贵财富,在智媒时代,主流媒体仍然是红色资源宣传的重要途径和核心力量。基于规范的管理体制和专业的理论人才积累,报刊、广播、电视目前仍然是传播红色文化的主渠道和主阵地。红色资源的运用、挖掘、宣传仍大有可为。另一方面,随着媒体发展,从融媒体时代步入智媒体时代,红色文化宣传的受众同样体现出向移动端倾斜的趋势。怎样利用大数据,精准了解受众需求,并为红色资源传播的深度报道提供数据、智能支持;怎样"破圈""破壁",精准做好青少年群体乐于转发、交互的红色文化宣传及相关产品,实现红色基因的传承;如何解决新媒体传播手段不够多、不够深、沉浸式体验不够生动,红色资源宣传受时空限制、传播周期短限制受众数量裂变的问题——凡此种种,都是我们面临的挑战和考验,更将是上海主流媒体在智媒时代寻求突破,赋能红色资源,发展红色文化的重大机遇。

B.9 红色血脉与城市文脉结合，
推动红色文艺精品创作

上海社会科学院文学研究所

执笔人：杜　梁

2021—2022年，上海文艺工作者深入学习贯彻习近平总书记关于文化文艺工作的重要讲话和指示批示精神，坚定文化自信，坚持以人民为中心的创作导向，自觉担当培根铸魂的文化使命，大力弘扬以伟大建党精神为源头的中国共产党人精神谱系，努力用思想精深、艺术精湛、制作精良的文艺作品和高质量文化活动讲好红色故事、赓续红色血脉。

一、红色文艺的创作成果

（一）红色文艺创作形式多样、内容丰富

习近平总书记强调，"中国精神是社会主义文艺的灵魂""反映时代是文艺工作者的使命"。在中国共产党成立一百周年和中国共产党第二十次全国代表大会召开的重要时间节点上，上海文艺界积极践行初心使命，在文学、影视、舞台艺术、广播剧、美术等领域用活红色资源、弘扬革命精神、鼓舞人民士气。

文学方面，长篇小说《千里江山图》、"红色起点"文学系列作品、"红色足迹——党的诞生地·上海革命遗址系列故事"记叙了中国共产党筚路蓝缕的创业之路和优秀共产党人在上海的奋斗历程。影视方面，电影《1921》、电视剧《光荣与梦想》《功勋》《破晓东方》、纪录片《诞生地》等书写了马克思主义进入中国、中共一大召开、上海解放、新中国成立等重大革命历史事件。

舞剧《永不消逝的电波》在尊重历史的基础上融入红色记忆、青春色彩、谍战氛围等元素，通过舞蹈再现了为新中国民族解放事业而壮烈牺牲、可歌可泣的英雄形象。杂技剧《战上海》以"新难奇美绝"的海派杂技再现了城市攻坚战的紧张艰难，以无声的表演回顾了人民军队解放上海的历史；话剧《英雄儿女》坚持历史真实、原作剧情与艺术创造相统一，以激光、音响等现代舞美手段，还原战火纷飞的抗美援朝前线战场，让观众仿佛身临其境，切身体会到志愿军战士保家卫国、不畏牺牲的英雄气概。广播

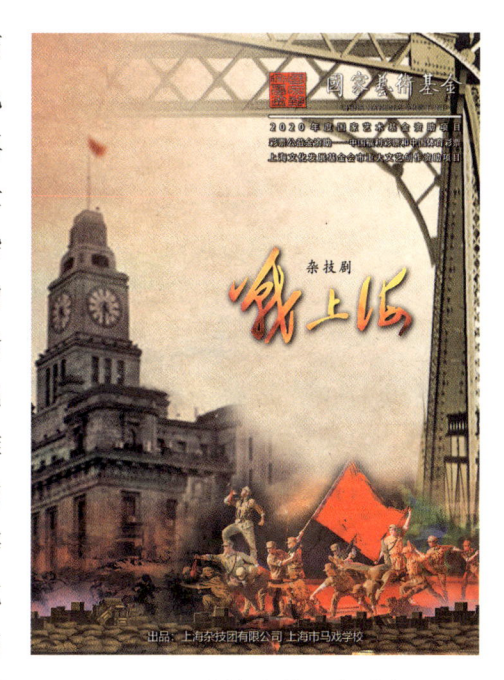

图 9-1 杂技剧《战上海》海报

剧方面，《龙华·血红花白》讲述了 1931 年龙华二十四烈士被捕入狱至英勇就义的感人故事。美术方面，"日出东方——上海市庆祝建党百年青年美术创作项目"完成 100 件作品，涵盖建党伟业、经济建设、生态保护等多个方面。这些镌刻着红色基因的作品描绘了党领导全国人民站起来、富起来、强起来的百年奋斗历程，传递了"坚定理想信念，不负初心使命"的精神力量。

（二）红色文艺宣传形成系统性与规模化效应

上海文艺宣传突出红色文化的主流地位，力求形成规模化效应。以文学为例，2016—2020 年，上海作协发起、上海人民出版社推出"红色起点"文学系列第一季六部纪实文学作品，包括《白纸红字》《巾帼的黎明》《新渔阳里六号》《铿锵序曲》《起来》《上海早晨》。2021—2022 年，"红色起点"第二季四部作品《伟大纪念日》《钟英：中共中央在上海（1921—1933）》《不可忘却的纪念——上海工人三次武装起义》《七月热风：上海 1921》先后出版，讴歌了二十世纪二三十年代中国共产党在上海的光辉历程。孙颙、叶辛等领衔

"红色足迹"作家团队,共同创作"红色足迹——党的诞生地·上海革命遗址系列故事",目前已完成《石库门里的红色秘密》《暗夜里的星星之火》《黎明前的胜利曙光》三辑,收录超过 200 个革命遗址相关故事,描绘出上海的"红色文化地图"。

2021—2022 年,上海通过线上线下红色主题展播展演展览,不断强化社会大众关于红色文化的集体记忆。影视方面,排播《山海情》《光荣与梦想》《我们的新时代》《功勋》等首播剧目,以及《彭德怀元帅》《大江大河》等优秀重播剧目。在"庆祝中国共产党成立 100 周年百部电影、百集电视剧"展播活动中,集中播出《上甘岭》《觉醒年代》《绝密使命》等一批优秀作品。舞台艺术方面,上海国有文艺院团积极发挥主力军作用,以经典作品、新创作品讴歌党、讴歌祖国、讴歌人民、讴歌新时代、讴歌英雄。"庆祝中国共产党成立 100 周年红色经典剧目展演季"推出 12 台 23 场演出;"庆祝中国共产党成立 100 周年新创舞台艺术作品展演季"重点献演上海"建党百年""全面小康"主题两批新创舞台艺术作品,包括 15 台 31 场演出;"礼赞新时代,奋进新征程"——演艺大世界·全国优秀舞台艺术作品展演推出全国 28 家院团的 33 部作品,累计演出 111 场。美术方面,"日出东方——上海市庆祝中国共产党成立 100 周年美术作品展"展出上海老中青三代艺术家创作的 140余件(组)作品,讲好党的百年故事;《上海早晨》《鲁迅之二》《义勇军进行曲的诞生》《支部建在楼上》《南京路上好八连》等五件美术作品入选"向中国共产党成立 100 周年献礼重点工程",并在中国共产党历史展览馆展出。

(三) 红色文艺精品取得口碑与市场双丰收

2022 年,上海共有 10 部申报作品获中宣部第十六届精神文明建设"五个一工程"奖,其中红色题材电视剧《功勋》获特别奖,电影《攀登者》、杂技剧《战上海》、图书《千里江山图》获优秀作品奖。此外,电影《1921》获第三十四届中国电影金鸡奖最佳编剧奖,京剧《红色特工》获第十七届中国文化艺术政府奖文华编剧奖,电视剧《功勋》获第三十三届电视剧"飞天奖"优秀电视剧奖和第三十一届中国电视"金鹰奖"优秀电视剧奖,中篇评弹《战·无硝烟》获第十二届中国曲艺牡丹奖节目奖(榜首)等。

上海红色文艺精品在喜获国家级奖项的同时,也取得口碑与市场双丰收。电影《攀登者》《1921》分别收获11.04亿元、5.05亿元票房。电视剧《功勋》播出期间观众口碑强劲,首轮最高收视率达2.616%,豆瓣评分超9.0,回看用户规模长期位居黄金时段电视剧第一。舞剧《永不消逝的电波》在全国演出总场次达518场,在美琪大戏院驻演超百场。

二、红色文艺的重点布局

(一)融合红色血脉与城市文脉

上海是党的诞生地、初心始发地、伟大建党精神孕育地,是一座红色之城、光荣之城、革命之城。共产党人的早期活动与上海城市发展史紧密联系,留下了大量红色历史事迹和旧址,更将红色文化的种子深埋于此,深刻影响了上海的文脉传承和文化发展,为红色文艺创作积聚了丰富资源。

经过一批批文艺工作者的倾情奉献,上海红色文艺创作基本实现了对本市重大革命事件的全方位覆盖。聚焦共产党组织和革命先驱在沪社会活动,电影《望道》讲述陈望道翻译《共产党宣言》的过程;交响曲《百年颂》讲述中国共产党从石库门到天安门,带领人民砥砺前行,谱写民族复兴史诗的伟大历程;纪实文学《钟英:中共中央在上海(1921—1933)》宏观表现这一时期中共中央在上海的组织运作、重要决策和重大事件,《不可忘却的纪念——上海工人三次武装起义》全景式记述1926—1927年上海工人三次武装起义的时代背景、艰苦筹备与发生过程。上海文艺界推出话剧《浪潮》《前哨》、沪剧《早春》、纪录片《青春龙华》和广播剧《龙华·血红花白》,纪念在沪牺牲的龙华二十四烈士等革命英烈;以中共地下党在上海艰苦卓绝的革命斗争为线索,创作舞剧《永不消逝的电波》、沪剧《一号机密》、京剧《红色特工》、长篇小说《千里江山图》等作品。

(二)推动经典红色资源再创作

上海文艺创作积极顺应媒体融合发展的趋势,以多种文艺形式、多种媒介平台对具有较高知名度的经典革命事件重新发掘和二度创作,推动重大革命历史题材与不同艺术形式碰撞出新的火花,立足新时代弘扬红色精神。

如围绕1949年上海解放这段历史,形成了电影、文学、杂技剧、电视剧等艺术形式的联动。1959年,王冰执导的电影《战上海》讲述了上海解放的故事。如今,"战上海"以崭新的面目焕发生机。作家刘统所著的纪实文学《战上海》不仅记录了1949年上海战役,还将更多笔触放在这座城市如何恢复运转上,获第十五届精神文明建设"五个一工程"特别奖。上海杂技团与上海市马戏学校根据文学《战上海》联合打造了同名杂技剧,被业界专家誉为"当代中国杂技剧具有里程碑意义的作品"。2022年12月23日,高希希导演的电视剧《破晓东方》在央视一套黄金档播出,该剧从"战上海"到"建上海",全景式记录了中国共产党解放上海、接管上海、建设上海的一系列标志性事件,全剧平均收视率达1.625%。此外,沪剧《陈毅在上海》和评弹《战·无硝烟》也围绕上海解放战役与新上海建设开展创作。

"上海出品"实现红色经典IP转化的作品还包括:上海歌舞团根据电影《永不消逝的电波》排演同名舞剧;近期上海昆剧团根据电影《自有后来人》创作同名昆剧;上海淮剧团以电影《党的女儿》为蓝本,创排淮剧《寒梅》;上海话剧艺术中心依托巴金小说《团圆》及电影《英雄儿女》、电视剧《觉醒年代》,分别创作了话剧《英雄儿女》和舞台剧《觉醒年代》;上海芭蕾舞团的芭蕾舞剧《闪闪的红星》奏响了同名电影中经典音乐《红星歌》《映山红》《红星照我去战斗》。这类由红色文艺经典衍生出的新创作品,一方面借助红色文艺经典的精良叙事结构与良好观众基础,成功唤起关于革命岁月的集体记忆;另一方面充分发挥创作团队的主观能动性,创新表演方式,为经典红色故事进行符合时代内涵的全新解读。

(三) 打造"文艺党课"党员教育品牌

近年来,上海市委宣传部指导各级文艺单位在坚持正确政治方向、尊重历史事实的原则下,深挖文艺作品的理论价值、精神内涵,提炼出与党史学习教育、主题教育相契合的学习内容,推出了一批品质好、教育意义强的文艺党课,使文艺作品成为引领观众砥砺政治品格、感悟思想伟力、牢记初心使命的生动教材。

文艺党课坚持小切口、多角度,融合主题演说、创作分享、现场访谈、互动体验等方式,鼓励主创团队、演职人员、专家学者和身边榜样登上舞台,讲述历史背景、奋斗故事、亲身经历和学习体会,如文艺党课"红旗下的使命"专场音乐会,"七一勋章"获得者吕其明、黄宝妹亲临现场,以朴实的语言、真挚的情感,讲述了他们以赤子之心为党工作、为人民服务的体会,用满腔的爱国情怀和坚定的理想信念激励在场每位党员永葆政治本色。同时,文艺党课引入导览、导读、导赏,突出沉浸式、现场式、互动式体验,促进讲演内容相辅相成、内在逻辑互为印证、教育形式有机统一。经过系统集成,文艺党课矩阵已涵盖电影、音乐、歌剧、舞剧、话剧、杂技、京剧、沪剧、评弹等多种艺术形式,以艺术的情感张力和思想穿透力,让演员与角色之间不断产生情感共振,引领观众真切感受先辈们的崇高理想和坚定信念。

三、上海红色文艺的发展方向

(一) 加大创作组织化力度

习近平总书记指出,"要打造精品展陈,坚持政治性、思想性、艺术性相统一,用史实说话,增强表现力、传播力、影响力,生动传播红色文化。"当前,通过红色文化与海派文化、江南文化互融,红色历史与城市发展史互通,上海红色文艺作品已具有独特的文化历史积淀与品格特征。下一步将继续加大系统化、组织化力度,总结好"谋划一批、创作一批、推出一批、储备一批"的经验,发挥"选题前置"工作主动性,深入发掘城市记忆中的日常生活与史实细节,丰富红色历史叙事资源,积极推进经典IP转化,多角度多形式开展红色文艺创作。

(二) 丰富宣传途径

一是融合新兴文化业态。实景体验剧《思南路上的枪声》、沉浸式话剧《那年桃花》、户外沉浸剧《武康路19号》、愚园路刘长胜故居剧本杀《无声的捍卫者》等作品已陆续面世,带领观众探寻革命先辈浴血奋斗的足迹。在大量红色资源的支持下,尝试把红色元素融入更多实体空间,以人民群众喜闻乐见的方式拓展红色主题教育方式。二是做好红色经典剧目的录制播出工作。通过中国戏曲像音像工程和红色经典剧目4K超高清录制两个项目,运用现代科技手段,精心加工提高,将更多红色剧目的影像资料完整保存下来,目前已录制并播出京剧《智取威虎山》、沪剧《红灯记》、歌剧《江姐》等15部红色文艺作品。三是探索应用新兴技术。科技发展为文艺创作带来了新的可能,将虚拟现实、人工智能、全息影像等前沿技术融入虚拟剧场、节目制作等场景,呈现全新的审美体验。

(三) 当好"红色文艺轻骑兵"

深入践行"人民城市"重要理念,坚持以文化人、以史育人,把广阔的舞台给予人民,用优质的供给服务人民。充分发挥国有文艺院团文艺轻骑兵作用,积极开展"文化进万家"活动,以文艺小分队的形式,将京剧《沙家浜》、越剧《家》、沪剧《芦荡火种》等有内涵、接地气、带情感的红色文艺作品以演出、导赏、教学的形式送到学校、送到社区、送到乡村,唱响主旋律,传播正能量,激发广大群众热爱党、热爱祖国、热爱社会主义的热情,凝聚团结进取、奋发图强的强大精神力量。

B.10 促进"红色+"多元业态融合 创新红色文化传播路径

上海社会科学院文学研究所

执笔人：张　昱

　　以红色文化资源为载体传承红色基因，守正是基础，创新是关键。自2016年启动实施"开天辟地——党的诞生地发掘宣传工程"以来，上海对红色文化资源的内涵挖掘、保护修缮、社会利用等各方面工作聚力齐发，以"党的诞生地"为核心红色文化IP，打造红色文化品牌。针对公众日益多元化的文化需求，积极拓展与相关领域的跨界融合，利用影视、演艺、体育、网游手游、动漫等产业，更好地发挥红色文化资源在传承红色基因、带动地方发展、丰富大众精神文化生活等方面的积极作用。根据中国旅游研究院的相关统计，"红色+影视""红色+体育项目""红色+动漫游戏"等融合业态是当下公众最喜爱的创新发展方式，其中"红色+影视"位列首位。上海充分挖掘红色文化资源社会利用的可及程度和效益潜力，在依托资源本体的基础上，积极探索跨界演绎方式，向公众阐释红色文化故事。

一、"红色+演艺"推动红色文化故事生动化再现

　　以文学、电影、电视、舞台、美术、群文、网络文艺等文艺门类表达革命题材、历史题材、现实题材，展现红色文化故事，打造上海红色文艺扛鼎之作，是近年来上海持续探索红色文化"活起来"的重要尝试。首先，在内容创作方面打造了一批精品原创作品，激发市场的创作活力。内容创作既依据真实史料和充分的学术研究支撑以求最大限度地满足准确性要求，也根据不

同艺术样式的表现特点进行演绎。如电影《1921》(2021)、电视剧《功勋》(2021)、舞剧《永不消逝的电波》(2019)、杂技剧《战上海》(2019)、视听节目《时间的答卷》(2021)和《理想照耀中国》(2021)等。其次，许多红色文艺作品的演出场地除依托不可移动革命文物的既有空间外，也融合了传统专业剧场、演艺新空间和户外演出空间等不同场所，尝试沉浸式演出等方式。2021年5月，中国左翼作家联盟成立大会会址纪念馆推出了上海首部红色沉浸互动式红色文化情景剧《青春为祭》，在中国共产党成立100周年和左联五烈士牺牲90周年之际，为公众生动讲述了左翼作家联盟的故事。情景剧串联了中国左翼作家联盟成立大会会址纪念馆、景云里、公啡咖啡馆、老电影咖啡馆等多个多伦路上的现实场景。又如，2021年上海宁利文化传播有限公司在上海四行仓库抗战纪念馆五楼开设运营了"特别红剧场"，打造了集戏剧、红色文化、消费、休闲娱乐、艺术、教育等要素于一体的戏剧体验空间。这些剧目通过沉浸式演出方式，拉近了观众与演员、场景的距离，引发强烈的情感共鸣。再次，在演出剧种方面囊括了传统戏曲和新演艺样态等载体。上海沪剧院推出原创沪剧《一号机密》(2020)，上海越剧院推出龙华系列题材微电影《自古英雄出少年》《她！》《渔光曲》《新生》(2021)等，上海昆剧团推出现代昆剧《自有后来人》(2021)，上海评弹团推出中篇评弹新作《战·无硝烟》(2021)，新东苑沪剧团推出原创沪剧《飞越七号桥》(2021)等。红色剧目的创编为传统戏曲注入了新的活力，传统戏曲艺术也为红色文化的传播吸引到了不同年龄段的群体。而像芭蕾舞剧、音乐剧等国外舶来的艺术样式也在探索红色剧目的创作，例如"演艺大世界·上海音乐剧艺术中心"陆续推出音乐剧《伪装者》三部曲——《愿得此身长报国》《亦敌亦友故人来》《风萧萧兮易水寒》(2021—2023)，上海芭蕾舞团推出的原创民族芭蕾舞剧《宝塔山》(2021)等。

二、"红色+体育"推动红色文化与全民健身相结合

在"健康中国"等目标的引领下，当前上海参与体育运动的人群越来越广泛。近年来，上海充分利用市民群众运动与健康意识不断增强的契机，积极探索将红色文化资源融入全民运动活动中，以"红色+体育"的方式开展

红色文化寻访活动,"红色体育"正逐渐成为公众喜闻乐见的一种全民健身新潮流。2021年,虹口区举办城市定向挑战赛,开放12条线路,包括"觉醒时代""精神家园""走向辉煌""红色之源""砥砺前行"等主题,覆盖近80个红色地标。参赛者通过徒步结合任务打卡的方式,走访虹口区主要红色文化资源。此外,上海与嘉兴、井冈山和遵义等地联合举办城市定向跑等活动,将不同城市的红色文化资源通过运动的方式实现信息共享。例如,2021年上海体育学院与井冈山大学、遵义师范学院在各自的校园内以党的历史足迹为线索开展"体育+红色文化定向寻访活动,以"同一时间、同步起跑、同时发声、同屏互动、同频共振"的形式实现联动。在体育活动中融入红色文化资源,有力提升了相关资源在公众日常生活中的"参与度",推动新时代文明实践深入群众、深入基层、深入人心。

三、"红色+文娱"推动红色文化资源实现有效的分众化对象化传播

"红色+文娱"是近年来上海推动红色文化资源公众传播的又一种重要的融合业态创新发展模式。目前"红色文娱"涵盖的主要产业类型包括游戏、动漫、剧本杀等,进一步强化了红色文化在青年群体中的传播实效。

2022年,国家新闻出版署开始实施"网络游戏正能量引领计划"。上海已陆续推出数个广受市场好评的红色手游或网游。例如,2018年上海红砖文化制作了《发现之旅·风起四大》游戏,通过剧情解密的形式,讲述中国共产党第四次全国代表大会的相关信息。2021年,《发现之旅》还推出了线下版本,名为《中共四大·力量之源》。游戏整体架构在上海中共四大纪念馆的展陈内容基础上,结合线上任务发布和展厅答案搜寻的模式,帮助玩家更准确地把握展陈所及中共四大相关的重要信息。同样采用线上游戏与线下展馆实体互动的还有2020年由上海龙华烈士纪念馆开发的AR游戏《龙潭英雄》等。观众可以通过移动终端的摄像设备识别出自身所处的纪念馆场景,即可获得场景对应的展示特效,并接受任务,促使观众从观察者向参与者的身份转变,了解龙华烈士陵园的故事。

动漫是在青少年群体中广受欢迎和最为普遍的文化传播载体之一。在

近几年的国产动漫市场上已出现了一批"红色＋动漫"的优秀作品。2021年7月,第十七届中国国际动漫游戏博览会专辟了庆祝建党100周年动漫主题展——"恰少年筑未来",并发布《动漫传承红色基因倡议书》,探索在创作红色动漫的过程中融入近年来广受欢迎的"国漫"风格。同年,上海美术电影制片厂在学习强国App、腾讯视频、爱奇艺、优酷、哔哩哔哩等平台上集中展映了数十年间出品的优秀红色动画影片,如《红军桥》《草原英雄小姐妹》《小八路》《芦荡小英雄》《山伢仔》等。此外,也推出了新的红色动画影片,如讲述周恩来总理成长经历的二维动画《大鸾》(2020)、以中共一大纪念馆馆藏文物为依托的二维系列动画《红影一脉之一大文物背后的故事》(2021)等。

上海还利用红色文化资源陆续推出了内容设计精良、角色体验感强的红色剧本杀,将红色文化故事与原真场景结合,强化参与者的具身体验。2021年,在庆祝中国共产党建党百年之际,黄浦区推出了13条红色经典步道,串联起14个革命历史遗址遗迹。在此基础上,由"新青年"青年讲师团编导的主题剧本杀《寻找〈共产党宣言〉》携手推理剧本杀App"我是谜"向公众开放报名体验。剧本展现了20世纪初,中华民族的有志青年面对民族危难,奋起反抗,艰难探索救国图强之路的故事。可扮演的角色包括"有志青

图10-1　1925书局红色剧本杀活动

年""觉悟工人""觉醒记者""进步学者""爱国商人"等。同年,1925书局在完成新一轮修缮工作后,也推出了《追寻·前行》和《黎明计划》等红色剧本杀活动,前者以李大钊生平经历为剧本内容,后者讲述了六位老友在中国共产党成立100周年重聚,回忆革命往事的故事。

四、"红色+科技"推动红色文化资源的多元广泛传播和个性化体验

"红色+科技"的融合主要分为两个维度,一个是在不可移动革命文物的物理空间范围中利用新媒体技术为公众提供更清晰有效的传播体验,一个是在虚拟空间和互联网中提供线上传播资源,实现数字化网络化传播。在物理空间中,越来越多的相关展陈会运用不同的交互手段和沉浸式设计,帮助公众置身红色文化传播语境,将红色文化故事中呈现的客观社会历史背景和事件结构用特定的表达方式建构起"话语"体系。2021年,黄浦区"复兴·颂"红色文化创意展示空间正式对外开放,展览各个环节都附以科技交互元素,充分鼓励观众参与到展览设置的内容传播体系之中,通过沉浸式体验带动观众学习红色文化知识。中共一大纪念馆也积极进行数字化探索,2022年起与联想集团携手研发了"数字一大"元宇宙建设项目,其中开发的"一大屏"是智慧教育大屏,整合了从中共一大开始至今的党史重大事件和近期红色热点事件,观众可以获得流畅的操作体验,了解丰富的党史资料。此外,龙华烈士纪念馆、国歌展示馆等革命历史场馆也先后推出虚拟展览进行"云"推广。

在虚拟空间和互联网中,对红色文化资源的传播就显得更具多元性和跨界性了。这不仅会提升红色文化资源公众传播的覆盖面和实际效果,也推动形成了红色文化传播载体的制作、推广和消费一体化的产业链结构。部分红色文化资源依托"学习强国"和"随申办"平台,通过全国首创红色文化资源信息应用平台"红途",实现上海红色文化资源"一网统管"、红色文化应用"一网通办"、红色文化载体"一站服务"、红色文化资源信息"一站共享"。此外,沪上多家红色场馆多次以单体或联合的方式举办直播活动,如15家红色场馆在2020年7月联合推出"红色起点再出发,初心使命永不忘"

系列 5G 直播活动，包括展厅导览和主题活动等内容。2021 年，上海档案馆与上海广播电视台看看新闻 Knews 联手举办新媒体直播，先后推出了《城市记忆　时光珍藏》《江山就是人民　人民就是江山》的展览直播，同时借助短视频和话题互动等方式形成在青年群体中的传播矩阵。

五、"红色＋"融合业态创新发展趋势

除上述发展模式外，"红色＋文创""红色＋旅游"等业态融合方式也得到快速发展，不断发挥"核心竞争力＋产业链"的新模式，打通资源主体、创意设计、生产制作、营销传播等各个环节。总体上，上海在落实推进"红色＋"融合业态创新过程中体现出的主要发展趋势涉及以下几个方面：

（一）以内容为核心，不断强化红色文化产品与服务的文化承载力

在"红色＋"融合业态创新发展的起步阶段，往往以形式呈现的多样化、创新化作为评价红色文化产品与服务质量的主要衡量标准。但面对公众日益增长的物质文化和精神文化需求，仅凭外部表现的"热闹感"已难持续性地获得公众对产品与服务的青睐。近年来，上海一方面积极推进红色文化与不同产业和领域的跨界合作，优化红色文化资源的公众传播教育水平，以多元方式讲好上海作为"中国共产党的诞生地"的故事，利用与时俱进的叙事方式，帮助观众建立相应的"历史想象"；另一方面，通过学术支撑和智力支撑，不断打磨红色文化产品与服务内容，强化对相关历史文化和社会背景信息的包含度。因此，许多文化产品与服务在策划设计时就组成了学术顾问团队，并搜集了大量文献、实物、影像和口述史等资料，严格把控内容设计的准确性、生动性和探索性，尤其对于青年群体而言更注重引导他们将宏观脉络与历史细节结合审视，达到在"玩中学"的目的。在内容开发上，上海也越来越注重对不同红色文化资源主体特色的挖掘，借助跨界融合的方式避免资源开发的同质化问题。

（二）以受众为中心，不断强化在红色文化语境中的具身体验感

许多红色文化资源所含历史文化信息对于当下的公众而言已涉及代际

传播,是"遥远记忆"。为提升传播效果,上海不可移动革命文物和相关主题场馆始终将"人"的要素置于公共文化服务的重心。其一,推出分众化对象化互动化的红色文化产品与服务。例如,充分结合"Z世代"青年群体的特点主动设置主流话题、转换表达方式、创新叙事方式和加强内容供给,构建与"后浪"有益互动的红色基因育人场域。其二,尊重不同受众的个体体验和个性表达,鼓励受众从被动的信息接收者转变为主动的传播参与者。依托丰富的红色文化资源和数字化技术,为受众建立个人学习和实践档案,也记录保存不同个体对内容信息的偏好,作为总结性评估的依据,提出红色文化产品与服务的优化方案。此外,组织引导观众参与红色文化产品与服务的内容开发、宣传教育和经营传播。其三,加强内容的公众可及性,在场景化的叙事中带动受众的多感官体验。彰显情节串联的叙事价值,并由代入性角色扮演增加受众行为的自主选择性。创建丰富的历史还原场景,而非单一路径的情节延伸,以提升真实感和探索性。探索虚拟场景与现实场景的融合,于沉浸式环境中达到普通参观所不可及的体验,突出一系列红色文化符号在公众中的识别度和记忆点,也加强了实体环境在审美、情感等层面的拉动效应。

(三)以科技为引领,消弭时空差异、需求差异和领域差异导致的传播壁垒

革命文物通过科技手段,实现资源数字化开发。文献档案、实物资料、遗址遗迹、影像资料等逐批完成全景拍摄、扫描、录像、录音等,被转化为数字化档案信息。一些革命文物通过数字化技术完成保护修复。在红色文化资源社会利用方面,科技手段扮演了更重要的角色。科技打破了红色文化资源原本要依托于室内场馆或网络平台的限制,可以覆盖到学校、商业中心、交通、文化机构等更多的社会公共生活空间之中。许多红色文化资源在社会利用开发时都大量利用了虚拟现实、定位服务和雷达感应等智能技术,为公众提供个性化定制化服务,也为资源主体和研究主体提供有关受众行为和内容偏好等方面的分析数据。随着"十四五"期间上海对文化大数据体系建设的推进,上海红色文化资源的数字化、智慧化发展也会更趋于深度化和广泛化。

B.11 加强上海红色主题读物的编写出版

中共上海市委宣传部出版处

执笔人：蓝克林

上海是中国共产党的诞生地，也是党的出版事业的诞生地，一直以来，上海出版界把红色主题读物的编写和出版作为极其重要的出版事业来加以组织和推动。特别是2021年和2022年，上海出版界更是紧紧牢记"党的诞生地"的崇高使命和责任意识，围绕大力弘扬伟大建党精神，组织开发红色资源、精心策划红色选题，出版了一批红色主题出版读物，传承红色基因，打造红色精品，对深厚丰赡的红色文化资源进行整理、开掘、解读和阐释，为用好红色资源、大力弘扬伟大建党精神发挥了不可替代的重要作用。

一、上海红色主题读物出版概况

2021年是中国共产党成立100周年，2022年又逢党的二十大胜利召开。两个重要的历史节点，为上海出版界红色主题读物的编写和出版带来了重要的推动，也提供了难得的历史机遇。上海出版人以高度的历史使命感和传承红色基因、打造红色精品的责任意识，抢抓机遇，提前策划，精心组织、编写和出版了一批红色精品读物，内容涉及"阐释伟大建党精神""中共中央在上海期间(1921—1933)开展革命工作情况""党在抗战时期和解放战争时期在上海的斗争历史""党在新中国成立后上海社会主义建设全面展开和建设中国特色社会主义时期(1949—2012)开展工作情况""党在中国特色社会主义进入新时代(2012年至今)后在上海开展工作情况""中国共产党在上海的通史""红色场馆(旧址、遗址、纪念馆)"等七个方面，凸显了上海出版界对伟大建党精神和百年大党在各个历史时期所取得的伟大成就所做的生动诠释和精彩呈现。

为了全面展现上海出版界红色主题出版读物编写出版的实际,我们对上海22家出版社做了红色主题出版读物编写出版状况的调查,统计显示,上海出版界在"伟大建党精神"等7个方面编写出版的112部著作,呈现出以下几方面特点:

(一) 覆盖面广,亮点突出

2021年和2022年上海红色主题读物的编写和出版,紧扣对伟大建党精神和党在各个历史时期的伟大成就加以整理、开掘、解读和阐释,内容基本覆盖了中国共产党百年史、中华人民共和国史、新中国成立后社会主义建设史、改革开放史、中国特色社会主义进入新时代后的发展史等各个历史阶段,对艰苦卓绝的建党伟业和百年来党带领人民所创造的丰功伟绩做了全面的讴歌,可谓覆盖面广,主题突出。

上海是中国共产党的诞生地,解读和阐释伟大建党精神理所当然成为这批红色主题读物中的重点。在此次调研所涉及的112种红色主题图书中,阐释伟大建党精神的图书共31种,占比达到27.68%。这些图书涉及中国共产党在上海创建的史前史(如《点亮中国:马克思主义在中国早期传播》《日出东方:近代上海与中国共产党的创建》《伟大觉醒:五四新文化运动与中国共产党的创建》),涉及毛泽东(如《毛泽东诗词鉴赏辞典》)、陈独秀(如《陈独秀"说"》)、宋庆龄(如《宋庆龄与路易·艾黎》)、陈望道(如《追望大道:陈望道画传》)、聂耳(如《聂耳·上海记忆》)等人物,也涉及树德里、辅德里、新渔阳里等红色文化地标,可以说既考虑到了时间和空间的维度,也考虑到了历史事件和历史人物的维度。只有通过多维度的解读和阐释,才能够立体化地呈现中国共产党在上海诞生的历史逻辑、非凡历程和丰富细节。就此而言,上海出版界做出了不少努力和尝试。

上海红色主题出版物编写和出版的一个显著特色是亮点突出。著名党史和军事史专家刘统教授撰写的《火种——寻找中国复兴之路》,就是此次调研所涉及的112种红色主题出版物中的扛鼎之作。该书是作者继他的党史系列著作之后又一部为庆祝中国共产党成立 100 周年精心打磨多年的原创力作。该书采用大量的第一手资料,通过真实的历史细节描写真正把党史写活,将百年前寻找中国复兴之路的伟大历程通过鲜活的表述呈现在读者面前,销量近 30 万册,成为上海红色主题出版物的优秀代表,几乎荣获了国内出版界的所有重要奖项,包括第五届中国出版政府奖、2020 年度"中国好书"、第十六届文津图书奖等众多殊荣,版权输出中文繁体、英文、俄文、韩文和越南文版,可谓实至名归,为上海红色主题出版赢得了荣誉、增添了分量。

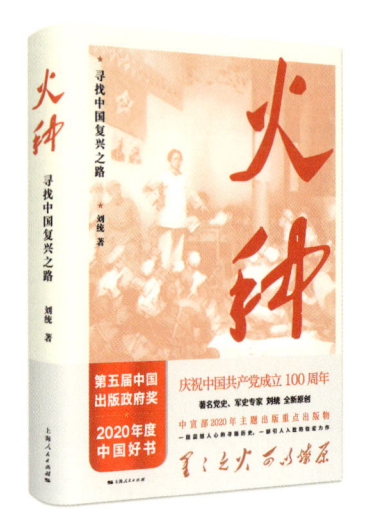

图 11-1 《火种——寻找中国复兴之路》封面

(二) 学术性与普及性兼备

在调研问卷涉及的 112 种红色主题出版物中,不同的图书类型差不多都有各自的呈现,其中既有严肃的学术著作,又有通俗易懂的普及读物;既有纪实文学,又有精美画册,甚至还有连环画。根据统计,在第一类"阐释伟大建党精神"的 31 种红色主题出版物中,学术著作和普及读物占比都比较突出,其中学术著作 10 种(如《初心之地——上海红色革命纪念地全纪录》),占比为 32.26%;普及读物共 14 种(如《我的第一本红色立体书:从石库门到天安门》),占比为 45.16%。在第七类"红色场馆(旧址、遗址、纪念馆)"相关 10 种图书中,学术类图书 3 种,占比 30%;普及读物 7 种,占比 70%。总体而言,学术性与普及性兼备成为此次调研所涉及的 112 种红色主题读物的一个显著特色。

红色主题连环画出版业曾经是上海出版界的一抹亮色,包括程十发、刘旦宅、贺友直等著名画家都曾创作过我们今天所说的"主题出版"连环画读物。连环画以其形神兼备、生动通俗的样式赋能红色经典,更好地触达广大读者,为各层次的读者所喜闻乐见。在此次调研所涉及的 112 种红色主题出版物中,我们也欣喜地看到了多种连环画红色出版物,包括《日出东方——庆祝中国共产党成立100周年连环画专辑》《画说新渔阳里6号》《半小时漫画党史(1921—1949)》《嘉定第一位共产党员陈君起》《51号兵站"小老大"盛慕莱》等,尽管占比不高,却获得了比较高的关注。具有悠久连环画创作和出版历史的上海出版界,理应发掘和培养更多更好的连环画作者加入红色主题连环画的编绘和出版活动,为上海的红色主题出版作出更大贡献。

(三) 上海人民出版社和党史研究室成为主力军

在此次调研涉及的112种红色主题出版物中,上海人民出版社所编写和出版的图书占据了相当大的比重。调查数据显示,在第一类"阐释伟大建党精神"的31种图书中,上海人民出版社出版了11种,占比35.48%;在第二类"中共中央在上海期间(1921—1933)开展革命工作情况"的相关14种图书中,上海人民出版社出版了6种,占比42.86%。上海人民出版社的红色主题出版物数量远超其他出版社,主力军的作用十分显著,尤其是《火种——寻找中国复兴之路》一书,就是上海人民出版社经过提前谋划、精心策划、精心打磨、精美编辑制作而成,体现了传统大社的功力和优势,也堪称近年上海红色主题出版的一个经典案例。从作者的构成来源看,中共上海市委党史研究室和中共一大会址纪念馆作为直接作者的图书占有明显的比重。这些机构对党的红色历史和红色资源有着长期深入的研究积累,恰逢建党100周年这一重要历史节点,可谓厚积而薄发。

(四) 媒体融合的出版新形态逐渐形成

媒体融合的新形势,对单纯囿于传统纸质图书的出版形态带来系列挑战。红色主题出版物的编写和出版,同样面临这样的挑战。此次上海红色主题出版物的调研数据表明,不少出版社在推出自身的红色主题出版物过程中,有意识采用了形式多样的媒体融合出版新手段,包括电子书、有声书、链接到互联网平台的音频和视频体验等,以多维度、全媒体的方式丰富了读者的阅读体验。比如上海音乐出版社2021年6月出版的《百年赞歌——庆祝中国共产党成立100周年优秀歌曲集》,围绕"百年赞歌"主题,以历史为轴线，遴选了中国共产党成立百年来具有经典性、代表性和艺术性的优秀歌曲300首，按时间顺序编排，有独唱、齐唱和多声部合唱等演唱形式。上海音乐出版社还充分运用音频与文字相结合的手段，使得书中的大部分作品都配有相应的二维码，读者只要扫码就可以听到相应作品的范唱或伴奏音频，每首歌曲后面还都附上了作品赏析。媒体融合的出版新形态，顺应了当下大众阅读的新习惯，完全可能生发出传统纸质图书不断拓展的全新空间。

（五）宣传推广手段多样

从红色主题出版物的宣传推广来看，不少出版社都在积极主动地采用复合营销手段，除了在出版社自己的官网和微信公众号上以图文结合的方式加以宣传推广，还同时通过官方互联网媒体矩阵（包括抖音号、微信视频号、小红书号等）、在线直播以及其他第三方新媒体平台如樊登读书（如今已改名为"帆书"）、当当、京东等进行辅助营销推广。比如上海人民出版社《七月热风：上海1921》，是作者吴海勇（上海市委党史研究室研究员）对翔实的报刊史料加以精心选择，对1921年7月上海发生的时事作了系统梳理，逐日描写了上海这座城市在那个炎夏发生的故事。图书出版后，出版社和作者联袂举办了多场作者签售、见面会，借助图文新闻稿、微信公众号图文推送、音视频活动推送、抖音和樊登读书等第三方多媒体渠道，有效助推了图书的宣传推广和销售。

二、上海红色主题读物出版存在的问题

（一）通俗普及有余，亮点精品有待加强

学术性和普及性兼备是上海红色主题出版的一个特色。不过，提到上海红色主题出版物，人们自然而然会首先想到刘统的《火种——寻找中国复兴之路》，以及同一作者于2018年出版的《战上海》和2022年出版的孙甘露的小说《千里江山图》。这些作品无疑是上海红色主题出版物中"最亮的那几颗星"。毋庸讳言的是，这些读物在调研统计的112种红色主题出版物中只占据较小的份额。与之形成反差的是，还是有相当一批红色主题出版物基本没有找到市场和读者。此次调研的112种红色主题出版物中，截至调

研时销量在1000本以下（含1000本）的有32种，占比达28.57%，其中不乏内容急就章、临时拼凑、选题老套的一些作品，难以承载起传承红色基因、传播革命文化的历史重任。

（二）中共中央机关在上海期间的革命工作这一"富矿"开发不够

上海是中国共产党的诞生地，从1921年7月中国共产党正式成立，到1933年1月中共临时中央政治局被迫迁往中央革命根据地瑞金，除了几次为时短暂迁离上海外，其余绝大部分时间，中共中央机关都设在上海，中国共产党在民主革命时期召开的七次全国代表大会，有三次在上海召开。可以说，中共中央机关在上海期间（1921—1933）的革命工作，是上海红色主题出版的"富矿"，其中包括马克思主义在上海的早期传播，党的一大、二大、四大，中共中央机关在上海领导的工人运动，"中央特科"在上海等重要事件和重大活动，涉及树德里、辅德里、新渔阳里等众多重要历史场所和空间。深入开掘中共中央机关在上海期间革命工作的重要人物、重大事件、重点场所等历史文化资源，能够为上海红色主题出版带来诸多不可替代的好选题、好内容。从这次调研涉及的112种红色主题出版物来看，"中共中央在上海期间（1921—1933）开展革命工作情况"的相关读物只有14种，占比12.5%，没能充分展现中共中央机关在上海期间革命工作波澜壮阔的历史进程，诚然相当可惜。

（三）"刘统式作者"有待更大力度培养

刘统是国内著名的党史和军事史专家，有着扎实的历史功底，曾经出版了《大审判：国民政府处置日本战犯实录》《北上——党中央与张国焘斗争始末》《中国的1948年——两种命运的决战》《决战：华东解放战争1945—1949》《决战：东北解放战争1945—1948》《决战：中原西南解放战争1945—1951》《亲历长征：来自红军长征者的原始记录》等10多部党史和革命战争史著作，他的《战上海》《火种——寻找中国复兴之路》屡获大奖，源于其扎实的历史功底、对新史料的不断积累和运用、对历史细节的生动重现、对历史场景的细致复原。上海出版界应当把眼光投向市委党史研究室和中共一大会址纪念馆之外的更广阔领域,投向党校、高校、社科院、部队院校和其他党政研究机构"五路大军",立足当下,着眼长远,努力培养出更多红色主题出版物的优秀作者。

(四) 红色主题出版既要专业分工又要相互协作

红色主题读物出版不是上海人民出版社一家的责任,而是整个上海出版界的共同使命所在。各出版主体在坚守专业分工的前提下,能够积极有为、主动协作、共同努力,才能形成万紫千红春满园的红色主题出版大好局面。红色主题读物是对广大青少年进行革命英雄主义和爱国主义教育的营养剂,近年来,少儿图书中的红色主题出版物比重不断提升,少儿出版社应该在此方面有更大的作为。红色主题读物多年来也一直被用来加以 IP 开发和产业链衍生,不少影视作品都是根据红色主题经典作品改编摄制而成。据报道,孙甘露的《千里江山图》也将被拍摄成影视作品,这一案例值得上海出版界加以总结,我们也完全有理由对相关影视作品充满期待。

图 11-2 《千里江山图》封面

三、加强上海红色主题读物出版的建议与思考

迈上实现中国式现代化的新征程,更需要用中国共产党的红色基因和精神谱系凝聚起全体人民共同团结奋斗的磅礴伟力,红色主题读物的编写和出版愈发重要,红色主题读物出版可谓只有进行时、没有完成时。上海出版界同人进一步强化上海红色主题资源开发和红色读物编写出版的责任感,一定能够推出更多经得起历史检验的红色主题出版物。

(一) 红色主题读物出版要有新材料

红色主题读物出版是伴随我们党对文化领导权的争夺而得以发展起来的文化事业,本身已经走过了很长的历史进程,在此进程中,诸多红色文化资源和革命历史资料已经得到深度挖掘。有鉴于此,任何红色文化资源新材料的发现,对于红色主题读物出版来说都是天赐良机。就上海出版界而言,重点是要深入挖掘开发党的机关在上海那段特殊时期的红色文化资源,充分利用挖掘过程中发现的新材料并加以生动呈现。事实上,《火种——寻找中国复兴之路》一书之所以叫好又叫座,很大程度上就得益于刘统能够围绕建党百年主题,充分采用丰富的原始档案,尤其是采用了近年来上海市委党史研究室、中共一大会址纪念馆等单位赴海外采集的新史料,比如从日文和俄文档案翻译出版的《中共首次亮相国际政治舞台》《中共建党前后革命活动留日档案选编》等资料集,大大增加了作品的可读性。

(二) 红色主题读物出版要有新表达

在红色经典出版史上,小说、纪实文学、回忆录、散文、传记等体裁曾经是红色主题读物的主要表达形式,"三红一创,青山保林"八部长篇小说(包括《红旗谱》《红日》《红岩》《创业史》《青春之歌》《山乡巨变》《保卫延安》《林海雪原》)是红色主题读物的经典,成为共和国的记忆。文学作品(包括小说、纪实文学)应该仍然是红色主题读物的主要表达手段。只有推动更多作家加入红色主题读物的创作,才能期待更多的《千里江山图》出现,才能期盼新时代的"三红一创,青山保林"在上海出版界孵化、成品。与此同时,历史类作品和场馆空间的呈现越来越为当今的人们所追捧。红色主题读物的编写和出版,应该紧紧把握新时代读者的情感诉求、审美取向和阅读趣味,让更多的真实历史进程和历史细节在红色主题读物中生动呈现,让更多的革命遗址、红色空间的再现能够与红色主题读物结合在一起。

(三) 红色主题读物出版要有新呈现

图书发行的主渠道逐渐从传统的新华书店和发行销售商转到互联网新媒体乃至网络直播间,促使我们不得不深刻认识媒体融合的出版新生态。与市场化程度高的民营出版机构相比,上海不少出版社在打造媒体融合的出版新生态上依然存在一定差距。上海的出版社都差不多形成了各自的互联网新媒体宣传推广矩阵,下一步,上海的出版社要解决如何提升各自互联网新媒体宣传推广矩阵质量和效能这一关键问题。上海的红色主题读物的呈现,今后也需要更充分地利用互联网新媒体矩阵,以传统纸质出版物为源头,结合音频、视频、直播等互联网新媒体的多种手段,形成红色主题读物出版产业链。无论是机构还是个人,一旦能够打造成为互联网新媒体矩阵中的大号或者"大咖",无疑都会对上海的红色主题读物起巨大的助推作用。上海出版界还要紧盯全球技术不断迭代的趋势,在技术迭代中抢机遇下先手,以此推动整个出版生态的转型发展。

B.12　上海红色资源网络关注度研究

上海开放大学

执笔人：褚劲风　邓　喜

　　红色资源源于中国共产党领导中国人民百年奋斗的光荣实践，蕴含着革命先辈的崇高理想和坚定信念，凝聚着党的优良革命传统和集体智慧，是中华民族的历史财富、时代宝藏、前进动力。习近平总书记多次强调，要把红色资源利用好、把红色传统发扬好、把红色基因传承好。党的二十大报告提出"弘扬以伟大建党精神为源头的中国共产党人精神谱系，用好红色资源，深入开展社会主义核心价值观宣传教育，深化爱国主义、集体主义、社会主义教育，着力培养担当民族复兴大任的时代新人"。

　　上海是中国共产党的诞生地、初心始发地、伟大建党精神孕育地，也是社会主义建设重要基地、改革开放前沿阵地，拥有丰富的红色文化资源。利用好红色资源、发扬好红色传统、传承好红色基因，是上海光荣而神圣的使命和责任，也是人民城市理念实践的重要组成部分，更是亟须深入研究的重大时代课题。

　　随着互联网的发展，红色资源成为人们在网络上搜索和关注的热点。红色资源网络关注度反映了人们对红色资源利用的现况特点与发展态势。本文的研究对象是《上海市红色资源名录（第一批）》公布的612处重点旧址、遗址、纪念设施或者场所类红色资源，利用百度指数和新浪微博、马蜂窝等社交点评网络数据表征网络关注度，运用地理空间分析方法和社会网络分析方法，对2018—2021年上海红色资源网络关注度时空演变特征及其影响因素进行研究，揭示其一般规律，以期提出进一步增强红色资源表现力、影响力与传播力的对策建议。

一、上海红色资源网络关注度的研究意义

习近平总书记在浦东开发开放30周年庆祝大会上的讲话指出,上海是中国共产党的诞生地,是名副其实的光荣之城。2021年在十九届中共中央政治局第三十一次集体学习时强调,要用心用情用力保护好、管理好、运用好红色资源。要坚持政治性、思想性、艺术性相统一,用史实说话,增强表现力、传播力、影响力,生动传播红色文化。互联网引领了社会生产新变革,创造了人类生活新空间,拓展了国家治理新领域,同时也带来诸多新挑战。习近平总书记反复强调,过不了互联网这一关,就过不了长期执政这一关。网络关注度研究提供了进一步利用红色资源的新视角。

(一) 有利于顺应弘扬红色文化的时代要求

2016年,上海全面启动"党的诞生地"发掘宣传工程;2018年,上海发布《全力打响"上海文化"品牌 加快建成国际文化大都市三年行动计划(2018—2020年)》,推动"红色文化品牌"建设;2021年,上海发布的《上海红色资源传承弘扬和保护利用条例》是全国第一个在名称中体现红色资源传承弘扬的地方立法,同年7月公布第二个"上海文化"品牌建设三年行动计划(2021—2023年)。上海正逐渐成为红色文化研究、宣传高地和红色旅游胜地。网络关注度研究顺应了互联网时代红色资源运用的时代要求,为进一步弘扬红色文化提供新载体。

(二) 有利于契合提升城市软实力的现实需求

上海红色资源根植于上海革命史和城市发展史,红色基因遍及上海全市,融入城市文脉,承载着上海城市精神与城市品格,是城市软实力和竞争力的坚实根基。网络关注度研究对延续上海历史文脉、提升上海城市文化软实力、传承红色基因具有独特作用,也契合加快建设具有世界影响力的社会主义现代化国际大都市的现实需求。

(三) 有利于挖掘运用红色资源内涵价值的目标追求

根据2021红色旅游大数据显示,新晋国家5A级旅游景区的上海中共一大·二大·四大纪念馆景区热度持续攀升。通过网络关注度研究,不仅可以追踪人们的关注热点,还可以根据地理位置识别热点区域,分析人们对上海红色资源的关注兴趣、时空偏好和到访情况。审视其时空演变、内容识别、网络传播及其规律,可以进一步挖掘红色资源内涵价值,进一步提升其表现力、传播力和影响力。

二、上海红色资源网络关注度的特征规律

本文运用2018—2021年百度指数收录的上海红色资源关键词,分析上海红色资源网络关注度的时空演变,进行观点挖掘。

(一) 上海红色资源网络关注度时序变化规律

上海红色资源网络关注度的年际和月际变化明显。

1. 年际变化显示建党百年呈最高峰值。2018—2021年上海红色资源网络关注度呈逐年增高的趋势(见图12-1)。2018年关键词搜索量最小,年增长速度较慢,2021年网络关注度攀升快,达到最高峰。上海16个区的网络关注度总体呈上升趋势,但存在明显的区际分异。其中,黄浦区的网络关注度总体居高,静安区次之,虹口区位列第三,前三位的网络关注度明显高于徐汇区、杨浦区、普陀区和长宁区等其他中心城区,构成上海红色资源网络关注度的头部。静安区在2020年网络关注度高于黄浦区,或与二大会址等一批红色资源的推介力度有关。近郊和远郊各区关注度低且年际变化

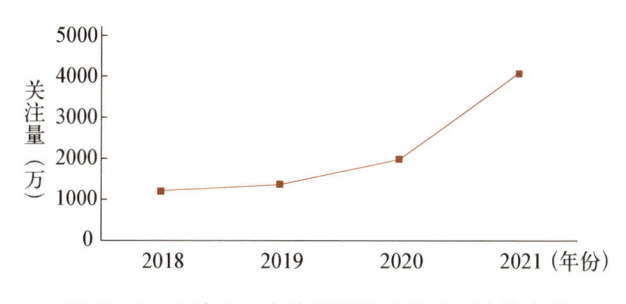

图 12-1 上海市红色资源网络关注度时序演变图

不明显,青浦区网络关注度相对较高(见图 12-2),或与陈云纪念馆等知名红色场馆相关。

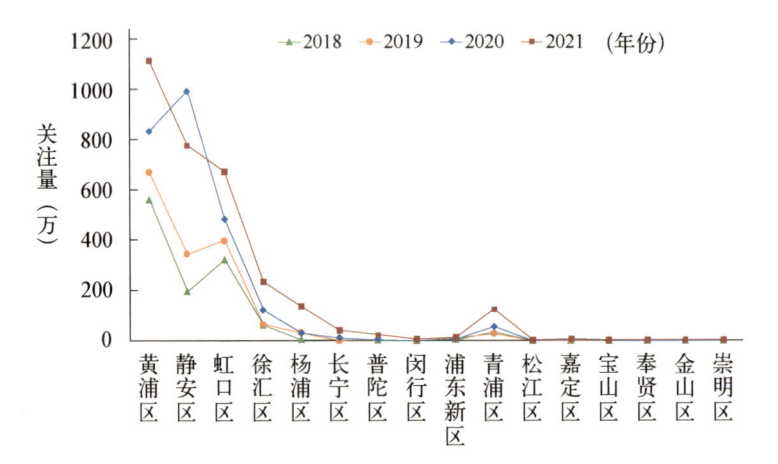

图 12-2　上海 16 个区红色资源网络关注度时序演变图

2. 月际变化峰值与重大节事活动关联。计算 2018—2021 年上海红色资源各月网络关注度的季节集中度指数(见图 12-3)发现,每年 6、7、10 月份的网络关注度呈现三个波峰。这既与"七一""十一"等重要纪念日、重大节事活动、学校暑假实践、暑期旅游旺季等规律性的活动相关,也受《觉醒年代》《八佰》等影视剧热播等偶发性"现象级"活动叠加影响,激发人们前往龙

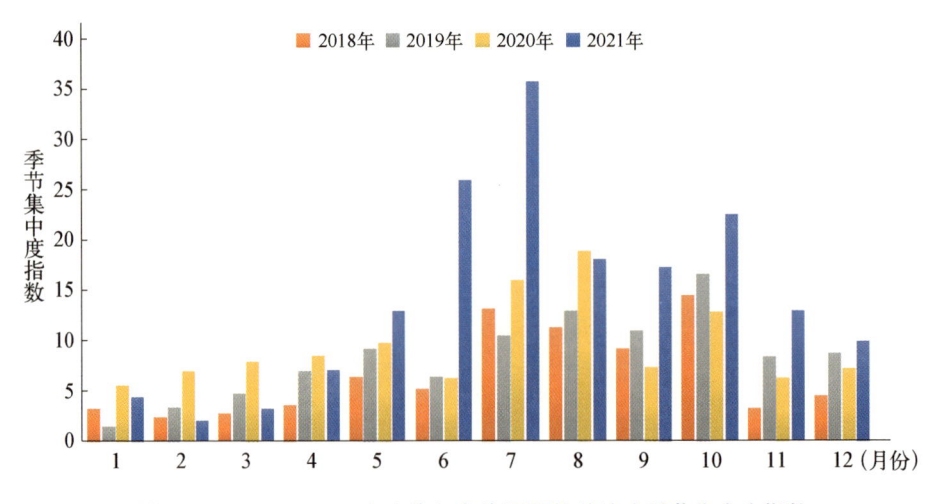

图 12-3　2018—2021 年上海红色资源网络关注度季节集中度指数

华烈士陵园、四行仓库缅怀先烈、致敬历史。

(二) 上海红色资源网络关注度空间分异明显

上海红色资源网络关注度在空间上呈现明显的集聚与分异的演变特征。

1. 上海红色资源网络关注度全域空间尺度集聚效应先攀升后趋缓。计算2018—2021年上海红色资源网络关注度的全局空间自相关值得出,网络关注度具有显著的空间正相关性,全域空间呈现集聚效应,2018—2019年16个区集聚效应攀升快。2020—2021年集聚效应趋缓。除中心城区外,其他各区挖掘开发的红色资源也受到关注,网络关注度空间差异缩小。

2. 上海红色资源网络关注度局域热点强度呈现中心城区向外围逐步递减。本文计算局部空间自相关值,将其由高到低划分为高集聚区(即热点区)、次高集聚区(即次热点区)、次低集聚区(即次冷点区)、低集聚区(即冷点区)。其中,热点区主要集中在黄浦区、虹口区、静安区、徐汇区,次热点区包括杨浦区、长宁区、宝山区和浦东新区,次冷点区和冷点区多集中在闵行区、普陀区、青浦区、嘉定区、松江区、金山区、奉贤区和崇明区。网络关注度空间演变不均衡,热点区和冷点区在2018—2021年变化不明显,而次热点区和次冷点区变化明显。比如,普陀区2018年和2019年计算得出为次冷点区,2020年演变成次热点区,或与普陀区挖掘开发苏州河沿岸半日工人学校等一批红色资源有关。

(三) 上海红色资源网络关注度观点集中

本文利用Gephi软件生成上海红色资源点评文本数据的共词网络,从网络密度、中心性、凝聚子群方面进行观点挖掘分析(见表12-1)。

表12-1　　　　　上海红色资源关注语义节点中心性(部分)

关键词	度中心度	接近中心性	中介中心性
纪念馆	151	1.000	45.113
上海	147	0.975	39.066

续 表

关键词	度中心度	接近中心性	中介中心性
一大会址	150	1.000	43.113
历史	147	0.975	38.561
中国	145	0.963	37.419
爱国	138	0.929	32.312
石库门	137	0.927	31.668
革命	134	0.906	28.141
红色	134	0.903	30.678
记忆	106	0.917	30.416
致敬	130	0.963	37.226
教育	125	0.865	27.231
百年	124	0.865	26.684
纪念	128	0.865	30.970
弄堂	117	0.913	21.736
海派	122	0.946	23.089
新天地	118	0.937	19.977
故居	114	0.819	18.555
租界	125	0.965	17.011
外滩	90	0.919	17.793
繁华	113	0.911	16.032
精神	120	0.828	18.179
烈士	110	0.819	19.242
伟大	116	0.819	22.717
文化	106	0.778	12.532
科技	101	0.762	13.823

续　表

关键词	度中心度	接近中心性	中介中心性
讲解员	105	0.770	11.493
陈列	99	0.762	11.024
四大	92	0.726	8.387

根据共词矩阵计算得出上海红色资源关注度词汇网络具有不同主题子群(见图 12-4),不同子群包含不同属性的高频词。

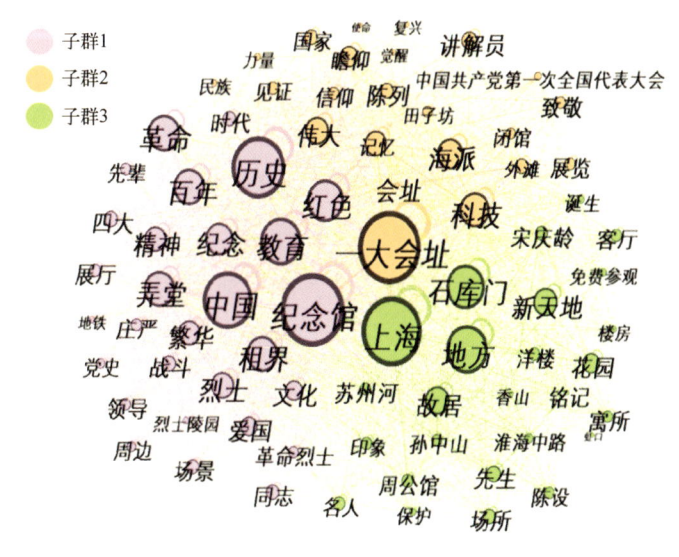

图 12-4　上海红色资源网络关注度词义凝聚子群

1. 对红色教育的关注(见图 12-4,子群 1)。29 个高频词包括纪念馆、教育、红色、中国、爱国、精神、烈士、庄严等,表明红色资源具有的政治教育和价值观教育是人们普遍关注的内容,反映出建党百年的到来把人们对上海红色资源的网络关注推到高潮。

2. 对场馆体验的关注(见图 12-4,子群 2)。23 个高频词包括一大会址、科技、陈列、展览、讲解员、瞻仰、致敬等。以中共一大会址为代表,对红色场馆的陈列布局、环境氛围和服务方式进行点评,科技感等高频词反映了人们对昔日肃穆的红色场馆的全新体验。此外,伟大、致敬、信仰、瞻仰、见证、民族、觉醒、力量、国家、复兴等高频词反映出红色故事的讲述引发人们情感共鸣和情绪起伏,表明红色场馆有限空间能够极大唤起人们的国家意识和民族认同。

3. 对地方文化的关注(见图12-4,子群3)。26个高频词包括上海、地方、石库门、新天地、苏州河、洋楼、淮海中路等,勾勒出上海文化印记及景观。由于地理空间的邻近性,比如,新天地邻近中共一大会址、淮海中路及周边集聚一批名人故居,上海旅游地标也成为人们参观和关注的对象,其中并不能完全分清两者之间的关注方向,有可能是单向关注,也可能是双向甚至多向关注。

三、上海红色资源网络关注度的影响因素

本文从新浪微博、大众点评、马蜂窝的点评数据列出排名靠前的高频词,将其分为表征人们对上海红色资源功能性价值(见表12-2)和文化性价值(见表12-3)两部分。通过社会网络分析方法提取词频特征,综合已有研究,提炼影响因子,建立分析框架,运用实证模型,评价其合理性和有效性,得出以下结论:

(一) 红色资源赋能的吸引作用

综合词频文本分析和计量模型验证得出,红色资源自身功能建设的品质和等级直接决定了到访人流的规模水平,是红色资源网络关注的焦点,其影响力占据网络关注度的头部。高频词可以分为创意演绎、布局氛围两个方面:

1. 创意演绎。"场景""科技""数字""屏幕""技术"和"多媒体"等高频词反映出人们对红色资源新颖的传播方式和叙事形式的肯定、惊喜。创意演绎能够把红色景观背后的文化意义表征出来,加深人们对党史故事更深层次的理解和感知。"一大"会址是上海红色资源网络关注度的高频热词、占据头部。代表性词条有"一大纪念馆的重建,颠覆了我对纪念馆的印象,丰富多彩的新媒体技术改变了我们观看枯燥乏味的历史内容的方法""各种黑科技,全息影院,魔幻屏幕,智力游戏,玻璃刻画,口述历史屏幕……听着

是不是很带感?""听上去像是密室逃脱一样酷炫""听起来又红又正能量,这次来上海旅游最吃惊的地方,照片墙竟然活动,可以把一些历史事件呈现出来,还有桌游,这个桌游原来是个历史情景剧,不可置信,太有趣了吧!"等。

2. 布局氛围。"环境""面积""氛围""陈列""布局""布置"等高频词,反映出红色场馆的布局氛围是影响人们感官体验的重要因素,独特的布局和相宜的氛围可以强化关注程度。代表性词条有"中共四大纪念馆场馆不大,但环境幽雅、布局极好""整个文物馆虽然面积不大,但是整个布局还是非常鲜明""室内的摆放都是根据对宋庆龄生前回忆放置的,布局合理,室内氛围很不错,而且十分雅致"。

(二) 红色旅游配套的拉动作用

综合词频文本分析和计量模型验证得出,一个地区的旅游资源可以通过搭配红色旅游资源以满足人们的多样化需求,增强旅游吸引力,显著提升关注度,旅游客流量相应地具有较高的响应度。

提取的高频词可分为地域文化、建筑景观、历史印记三个方面:

1. 地域文化。由于样本选取的是上海红色资源,因此"上海""一大""二大""四大""诞生地"的高频次出现,表明人们对上海红色资源的识别度和认可度高。"中共""一大""纪念馆""会址""红色""海派""石库门""地方""租界""新天地"等高频词是人们对上海红色资源形象的高度概括,表明这些有形的物象表征要素对人们的文化感知具有关键性作用。红色文化、海派文化、江南文化相得益彰,代表性词条"它是中共一大会址的所在地,也是共青团的发源地,国歌的唱响地。它还是解放上海第一面红旗的升起地,民族工业的发祥地,红色和海派文化的发源地,大家对红色文化了解更多了",进一步说明人们对"红色"的关注与上海地域文化相连接。

2. 建筑景观。"建筑""石库门""弄堂""里弄""洋房""住宅"等高频词反映了人们对具有上海特质的建筑景观的关注。上海分布广泛的弄堂,讲述红色文化与海派文化双重故事,加强了人们对具有上海特质的建筑景观的偏好,也由此引发高度关注。代表性词条有"黄陂南路374号,中国共产党诞生的地方,值得瞻仰一下,比较典型的上海石库门建筑""原来这里面是一个红色弄堂,外面是石库门建筑,看起来历史很久了,没想到这里曾经发生如此惊天动地的光荣事件,好像上海很多名人以前都是住在这种石库门里"。

3. 历史印记。"电影""铭记""当年""年代""缅怀""岁月""勿忘""记忆""租界"等高频词表明人们对历史印记关注度较高。"电影"既有上海文化印记,也是引发情感共鸣和叙述历史记忆的重要载体。代表性词条"看完《觉醒年代》又来一大会址真的太有感觉了""我本是一个对历史很不感兴趣的人,真的真的很感谢《觉醒年代》让这些人物都生动地展现在眼前,仿佛亲眼见证他们重新活过来一样,也让我之前有点麻木的心对于我党对于革命先烈对于这些真实发生过的历史事件有了新的认识和情感上的共鸣"。电影、热剧等文艺作品影响人们地方感的构建,并以前所未有的速度得以生产、传递和交流,甚至担当着风向标的作用。

(三)交通便利可达的推拉作用

综合词频文本分析和计量模型验证得出,交通在功能性价值高频词中出现的频次最多,反映人们对上海红色资源地理区位、交通便利性和位置的关注。交通的便捷程度不仅对红色旅游资源产生吸引力,也直接影响人们出行决策。交通可达性是红色资源网络关注度的重要影响因素。

提取的"位于""交通""地铁""红色巴士""路线""淮海中路""时间"等高频词,本质上关注的是空间距离和出行便利。代表性词条"发现新天地地铁站的名字改成了'一大会址·新天地',挺有意思的改名,还有了因果关系""今天坐地铁的时候发现新天站已经该(改)成了一大会址·新天地站了,逛完街顺带去逛了一下一大会址""逛南京路的时候看见有超好看的红色双层巴士,立马决定用这种又酷又复古的方式重游红色经典景点"。表明多元化的交通方式对激发参观动机起到正向的影响。

(四)新型媒体传播的导引作用

综合词频文本分析和计量模型验证得出,区域媒体关注度是影响红色旅游宣传的主要因素之一。词频分析发现,新闻媒体渠道发布的数量越多、宣传力度越强、越广,越能提升人们对红色资源的网络关注强度。本文以上海市文化和旅游局公布的红色场馆为关键词,检索百度新闻网站,获取16个区的红色资源媒体报道数量,并根据高频词提取,归纳为以下三个方面:

1. 情感表达。"致敬""感受""感动""幸福""震撼"等高频词显示,人们对上海红色资源表现出正向情感并强化了关注度。代表性词条"今天站在这感觉很震撼,敬佩!""其实,真切看到这些遗物时所获得的冲击力比电视剧强烈多了""实地带给我的震撼比想象中强烈太多""看个纪念馆居然泪目~我这发达的泪腺""沐浴在繁荣昌盛、温暖宁静的新中国阳光下的四行仓库!回想过往,不由热泪盈眶!"等。

2. 人物符号。历史名人对塑造城市文化符号和形象产生正向影响。"孙中山""宋庆龄""鲁迅""先生""总理""故居""名人"等高频词印证了这一规律。人们通过文学作品和网络文本构建地方形象,在参观和体验具有文化符号特性的名人故居等红色资源过程中,具化和强化文化感知,并融入城市红色文化符号系统中,实现红色文化的认同内化和传承发展。代表性词条"宋庆龄故居是一栋位于淮海中路的有百年历史的洋楼别墅,保留了很多民国建筑,随便走走都是风景,洋楼,满是梧桐树的街道,别有情调""参观张闻天故居,接受革命传承传统教育,树清风正气之榜样,扬信仰信念之力量"。名人与故居、建筑、环境等构成的符号反映出人们对上海红色资源关注的多元视角。

3. 价值观教育。"教育""人民""爱国主义""建党""民族""幸福""自强""爱国""复兴"等高频词反映了人们对上海红色资源蕴含的价值观的关注。对上海红色资源体验产生的强烈情绪表达,促进了人们对今天幸福生活的慎终追思和积极认可。革命遗址、旧址、烈士陵园以及历史纪念馆等所展示的正向内容、正向情感和正向价值观都强化了人们对其的认可,而历史事件和革命人物的悲壮则进一步影响和塑造了人们的价值观。代表性词条"我们是幸福的一代,没有成为历史前进的牺牲品,可我们一定要努力做一个对社会有用的人,定要成为国家的支柱和脊梁,为新中国的美好未来而努力奋斗""我们的幸福是用先人的血肉换来的,没有一代又一代为国家鞠躬尽瘁、前仆后继的伟大(先辈),就没有我们祖国的独立富强,新时代我们也应该用自己的微薄之力来报效祖国"。

(五) 社会经济发展的综合作用

综合词频文本分析和计量模型验证得出,社会经济综合发展水平是红色资源开发利用的基础,一个地区经济发展水平越高,对红色旅游产品开发力度和投资力度越大,区域品牌宣传和网络信息容量越多,就越能引起人们的关注。

词频分析显示,"免费""门票""预约""新天地""繁华""商场"等高频词涉及"吃、住、行、游、购、娱"旅游六要素相关配套设施;"科技""数字"等高频词与新经济发展水平相关。相关词条显示,周边配套设施完善吸引人们到访,红色旅游不仅是精神上的朝圣,也显示人们对其周边"食住行游购娱"的多样需求。代表性词条"出一大会址纪念馆就是新天地,不管是商场里还是街边,都有超级多的美食,都在步行距离""百年纪念,红色路线走一回,新天地里消费个甜品""景点出口处新开的文创商店很火,里面的纪念品都非常不错,值得采购囤货",说明红色资源周边的配套设施、多样组合的参观和消费等共同构成人们对红色资源的关注内容。

综上,红色资源赋能的吸引作用、红色旅游配套的拉动作用、交通便利可达的推拉作用、新型媒体传播的导引作用、社会经济发展的综合作用,多维综合影响上海红色资源网络关注度的强度和高低位势。

表12-2　　　　上海红色资源网络关注度功能性价值高频词

编号	词语	词频	权重	编号	词语	词频	权重
1	位于	278	0.0188	9	预约	164	0.0111
2	交通	218	0.0148	10	环境	153	0.0104
3	时间	209	0.0142	11	场景	126	0.0085
4	开放	198	0.0134	12	科技	119	0.0081
5	地铁	197	0.0133	13	新天地	103	0.0070
6	免费	184	0.0125	14	红色巴士	98	0.0066
7	门票	180	0.0122	15	路线	97	0.0066
8	拍照	171	0.0116	16	数字	97	0.0066

续 表

编号	词语	词频	权重	编号	词语	词频	权重
17	屏幕	95	0.0064	29	平方米	86	0.0058
18	面积	95	0.0064	30	展馆	84	0.0057
19	氛围	95	0.0064	31	繁华	83	0.0056
20	讲解	91	0.0062	32	讲解员	83	0.0056
21	排队	91	0.0062	33	详细	82	0.0056
22	技术	88	0.0060	34	多媒体	72	0.0049
23	陈列	87	0.0059	35	商场	70	0.0047
24	闭馆	87	0.0059	36	广场	66	0.0045
25	淮海中路	87	0.0059	37	楼房	66	0.0045
26	布局	87	0.0059	38	主楼	54	0.0037
27	房屋	86	0.0058	39	房间	53	0.0036
28	布置	86	0.0058				

表 12－3　　上海红色资源网络关注度文化性价值高频词

编号	词语	词频	权重	编号	词语	词频	权重
1	上海	500	0.1005	10	宋庆龄	208	0.0141
2	纪念馆	439	0.0297	11	孙中山	207	0.0140
3	一大	415	0.0281	12	红色	205	0.0139
4	中共	387	0.0262	13	鲁迅	187	0.0127
5	会址	381	0.0258	14	海派	165	0.0112
6	历史	323	0.0219	15	地方	156	0.0106
7	故居	309	0.0209	16	建筑	138	0.0093
8	参观	278	0.0188	17	革命	126	0.0085
9	共产党	243	0.0165	18	烈士	115	0.0078

续 表

编号	词语	词频	权重	编号	词语	词频	权重
19	石库门	114	0.0077	43	龙华	60	0.0041
20	教育	110	0.0075	44	先烈	59	0.0040
21	先生	106	0.0072	45	总理	58	0.0039
22	二大	105	0.0071	46	年代	58	0.0039
23	百年	105	0.0071	47	建党	58	0.0039
24	文物	101	0.0068	48	八佰	58	0.0039
25	英雄	92	0.0062	49	和平	55	0.0037
26	伟大	85	0.0058	50	故事	55	0.0037
27	觉醒	85	0.0058	51	壮士	54	0.0037
28	初心	85	0.0058	52	思南路	53	0.0036
29	旧址	85	0.0058	53	租界	52	0.0035
30	新天地	84	0.0057	54	泪目	51	0.0035
31	四大	81	0.0055	55	意义	50	0.0034
32	纪念	81	0.0055	56	弄堂	50	0.0034
33	电影	79	0.0054	57	奋斗	50	0.0034
34	人民	78	0.0053	58	值得	49	0.0033
35	致敬	76	0.0051	59	代表大会	48	0.0033
36	感受	75	0.0051	60	牢记	48	0.0033
37	铭记	65	0.0044	61	诞生地	47	0.0032
38	当年	64	0.0043	62	来之不易	47	0.0032
39	爱国主义	64	0.0043	63	弄堂	47	0.0032
40	周年	63	0.0043	64	感动	45	0.0030
41	缅怀	63	0.0043	65	勿忘	43	0.0029
42	上海市	61	0.0041	66	民族	43	0.0029

续 表

编号	词语	词频	权重	编号	词语	词频	权重
67	洋房	36	0.0024	82	田子坊	25	0.0017
68	幸福	35	0.0024	83	震撼	24	0.0016
69	自强	35	0.0024	84	忘记	23	0.0016
70	历程	31	0.0021	85	复兴	23	0.0016
71	岁月	30	0.0020	86	名人	22	0.0015
72	爱国	30	0.0020	87	信仰	22	0.0015
73	苏州河	29	0.0020	88	一生	22	0.0015
74	党史	28	0.0019	89	先辈	22	0.0015
75	瞻仰	26	0.0018	90	中华民族	22	0.0015
76	里弄	25	0.0017	91	事迹	21	0.0014
77	虹口	25	0.0017	92	重温	21	0.0014
78	弄堂	25	0.0017	93	外滩	19	0.0013
79	记忆	25	0.0017	94	牺牲	19	0.0013
80	住宅	25	0.0017	95	见证	19	0.0013
81	外滩	25	0.0017	96	拍摄	17	0.0012

四、上海红色资源网络关注度的运用建议

运用好上海红色资源网络关注度,推动红色资源不断提升表现力、传播力、影响力。

(一) 善育新机,提高上海红色资源全时域利用率

受规律性重大节事活动、偶发性社会文化因素等综合影响,红色资源网络关注度的时序和空间演变集中体现在季节性差异。另一方面,积淀自不同历史时期的上海红色资源实体场馆和精神财富,为发掘时间节点性"打卡"资源、形成"时间带宽"提供独特优势。为此建议,一是统筹规划,进一步

发掘网络关注度较高的人物、事件资源与地标性资源,拉宽红色资源可利用的时间宽度。二是组织策划,进一步通过"节日里的党史教育""城市地标中的红色基因""人文行走中的红色点位"等入党积极分子和党员教育、普通受众观摩导引等活动,拉长红色资源再利用的时间长度。三是"双向奔赴",联动供需两侧提高全时域利用。进一步推动红色资源阵地与机关、校园、企业、社区、农村等共建,通过流动展馆、行走展品,在开学典礼、毕业仪式、入职教育、节庆活动、党内教育等不同场景,探索"红色资源服务矩阵",不断创新平台设置和活动方式,吸引更多的"延时打卡""网络红途",扩大错峰期"红色时间线路"的引流效果。

(二) 内容挖掘,提升上海红色资源的吸引力

发挥红色资源供给侧对外宣传的主动性和创造性,在充分发掘红色文化的历史内涵基础上,探寻其独特之处,并对其进行符号创意设计,构建差异化认知,扩大红色资源传播的受众面,提升上海红色资源的表现力。一是进一步加大对革命文物、遗址、遗迹等内容挖掘的专业研究,把创意设计融入修复、整治、管理之中。二是注重深度挖掘已有红色资源内涵价值的研究,丰富对革命文化、社会主义先进文化、中华优秀传统文化的研究阐释,进一步激活红色资源,传承弘扬伟大建党精神。三是进一步吸纳青年群体参与上海红色资源的内容挖掘和创意设计,增强红色资源在青年群体中的黏度。

(三) 渠道融通,整合上海红色资源传播力量

整合传播优势,将红色资源寓于公众号、短视频、直播等多样化的传播形态中,开拓红色文化传播新路。一是把握不同群体特别是青年群体中高频位呈现的网络关注内容,注重红色资源网络层面的开发和运用,打造多元网络精品红色课程,不断创新红色教育模式。二是通过虚拟现实技术的有效运用,深化红色资源利用模式的深度体验,拓宽红色资源的网络开发运用边界,形成红色文化网络品牌矩阵,不断提升红色文化网络标识度,推动红色基因的传播、传递、传承与弘扬。三是充分运用好B站、抖音、快手、微博、

小红书等多类型视频App在不同受众中的影响力,邀请部分在青年群体中关注度较高、政治素质好、具备良好学科背景的网红UP主,作为青年领学人,以多元角度开展UP主线下实地寻访、学习和直播,投制线上红色资源共学共思等易于理解、易于传播的网络思政微课,形成具有篇章性、系列性、系统性的红色资源学习网络产品,进一步挖掘红色资源里的故事、故事里的细节、细节里的精神,用青年愿意听、听得进、听得懂的话语阐释红色资源,推动红色资源更"出圈",激发青年群体走近红色资源的热情。

(四)技术链接,增强上海红色资源的表现力

运用大数据技术、人工智能技术、虚拟现实技术等多元技术方式,加强红色文化资源在不同群体中主动传播能力建设。一是用技术点亮红色资源的创意设计。借助上海红色资源网络关注度中高位词频的研究成果,助推红色资源不断优化表达形式,融合科技元素、时尚元素、市场元素,对红色文化主题进行与时俱进的再挖掘、再创造。二是运用元宇宙概念开发更多数字技术、智慧场景、红色主题的剧本,不断创新网络传播模式,借鉴红色主题剧本杀、红色主题密室逃脱等个性化体验式社交方式,让红色资源自带流量,助推红色剧本与文旅结合的网络传播渠道,实现线上线下多维度参与者与红色历史的深入对话,不断增强红色资源的吸引力。

(五)文化创意,拓展上海红色资源的影响力

结合网络关注度高频词位,一是研发更加贴近群众的个性化、趣味性、高热度的文创产品,促进红色文化渗入日常生活;二是结合网络关注度的热点变化,探索网络高位关注点与人们日常社交活动有效结合的文旅产品;三是从网络关注的高频词中梳理更具故事性、体验性和互动性的沉浸式红色旅游线路,提升服务质量,增强网络红色文化学习的参与度和体验感,让红色资源"活"起来、会"说话",形成相互嵌套、丰富多样的网络红色产业链;四是充分运用新媒体、新技术、新应用等载体,注重红色资源场景设计,不断赋予红色IP更多的生命力,让红色资源的表现力、传播力、影响力寓于多样化的创意设计形式之中。

B.13 立足红色资源 发展红色旅游

上海市文化和旅游局

执笔人：郭家玉

上海是中国共产党的诞生地和初心始发地，红色旅游资源丰富，在全国红色旅游发展中具有重要地位。近年来，上海红色旅游发展规模不断扩大，体系不断完善，已认定612处红色资源、250处不可移动革命文物、12家全国红色旅游经典景区、34家上海红色旅游基地，拥有红色纪念馆、名人故居、烈士陵园、革命遗址遗迹四大系列红色旅游景点，形成"开天辟地""英烈丰碑""文化先驱""伟人风范""走向未来"五大主题红色旅游经典景区，政治、社会、经济效益不断彰显，在建设社会主义现代化国际大都市和高品质世界著名旅游城市中发挥着重要作用。

一、成果特色

（一）加强红色旅游资源保护利用

贯彻落实《上海市红色资源传承弘扬和保护利用条例》，开展对上海市红色旅游资源的系统性挖掘、保护和利用。结合上海城市更新和建筑可阅读工作开展，加强红色资源保护，进一步探索城市更新改造与红色旅游发展契合新模式，不断完善城市功能，加速提升城市品质。

（二）增强红色旅游教育功能

突出爱国主义和革命传统教育，邀请专家学者、五好讲解员、金牌讲解员宣讲上海红色历史。积极推动学生社会实践活动与红色旅游相结合，组织开展"党的诞生地——上海百万青少年红色大寻访活动""红色旅游校园行""大学生红色自拍节""大学生红色旅游线路设计大赛"等系列活动。

(三) 丰富红色旅游产品体系

统筹推进红色旅游与都市旅游、工业旅游、生态旅游、乡村旅游、休闲度假旅游融合发展。发展"红色＋文创"，以四川北路等区域为核心，整合周边红色资源，融入文创、动漫、手游、电竞等新业态，深入推动红色旅游大众化实践。实施"红色＋研学"，制定《上海研学旅游服务标准》，将本市重点红色旅游景区、红色场馆纳入市级研学旅游基地名录。

(四) 研发红色旅游精品线路

结合建党百年庆祝活动，重点围绕"重温红色历史、传承奋斗精神""走近大国重器、感受中国力量""体验美丽乡村、助力乡村振兴"等主题，深挖上海市红色旅游资源文化内涵，研发"建党百年上海红色旅游10条精品线路""城市红色定向赛""红色发现之旅""红色微旅行""阅读红色建筑"等红色旅游线路，并将其纳入本市职工"爱上海、游上海"春秋游活动之中。

(五) 深化红色旅游区域合作

充分发挥"中国红色旅游推广联盟"作用，推动本市与周边地区和红色旅游资源聚集的重点省市开展全方位区域合作。加强长三角地区红色旅游区域合作，会同苏浙皖共同打造"上海一大纪念馆—浙江嘉兴南湖—淮安周恩来故里—皖西大别山"，以及"安徽泾县新四军军部旧址—江苏溧阳新四军江南指挥部纪念馆—浙江长兴新四军苏浙军区旧址—上海新四军广场"等红色旅游长三角精品线路，共同塑造品牌形象、共同分享市场信息、共同建设高品质红色旅游示范基地。开展"永远跟党走，重走长征路，开启新征程"沪闽红色教育主题活动。

(六) 加强人才队伍建设

以全国红色故事讲解员大赛、全国红色旅游五好讲解员培养项目为重点,实施红色旅游从业人员管理和职业技能培训,打造一支政治过硬、业务熟练、知识丰富的红色旅游人才队伍。鼓励教师、大学生和离退休干部到红色旅游景区、博物馆、纪念馆等开展志愿服务活动。

(七) 规范红色旅游发展秩序

加强对红色旅游景区、博物馆、纪念馆、美术馆等陈列布展内容、解说词的审核把关,明确重要活动和重大事件基本史实及重要提法、宣传报道口径。切实加强红色旅游市场管理,及时制止编造野史、欺客宰客等有损红色旅游形象的错误做法和行为,努力实现红色旅游安全、质量、秩序和效益的统一。

图 13-1　上海市历史博物馆(上海革命历史博物馆)

二、存在不足

(一) 文化共享与要素流动不足

部分红色旅游景区之间具有密切的历史关联、文化关联、主题关联,在共同开展红色资源挖掘、红色文化传播等方面具有协调共享的基础优势。但目前，仍存在跨省市、跨区、跨单位"各自为阵"的问题，区域内要素流动也相对不足，不利于共同讲好红色故事。

(二) 规范管理与人才队伍不足

部分红色旅游景区的标准化建设与规范化管理还有不足。随着全国及各地红色旅游五好讲解员大赛等活动的开展，有力带动了红色旅游讲解员队伍的建设提升，但红色旅游景区管理、服务管理人才仍是短板。社会化、市场化的红色文化旅游传播推广人才队伍整体不足。

(三) 线路开发与文创衍生不足

随着旅游交通设施及服务的完善、红色旅游景区的提升，以及对开展红色教育、体验红色文化等的新要求，但部分红色旅游线路面向社会公众，辨识度和吸引力不足，可操作性不强。在红色文创研发、以文创产品来讲述红色故事并创造衍生价值等方面，存在创新力吸引力不足等问题。

(四) 文旅融合与旅游研究不足

除了少数"热门"的红色旅游目的地，部分地区仍存在红色文化与红色旅游及乡村旅游、工业旅游、休闲旅游等融合度不足的问题。

三、发展措施

(一) 加大政策支持力度

进一步加大对发展红色旅游的投入，充分发挥上海旅游发展专项资金、上海促进文化创意产业发展财政扶持资金、上海市市级非物质文化遗产保护专项资金等对红色旅游项目的支持力度。落实《关于支持上海旅游业提质增能的若干措施》，在红色旅游景区基础设施建设、红色研学旅游、红色旅游宣传推广等方面予以重点支持。鼓励上海市相关单位开展红色主题、党建主题、春秋游等活动，委托旅行社代理安排交通、住宿、餐饮、会务等事项。

（二）鼓励社会力量参与

搭建红色旅游投资平台，推动社会资本和红色旅游重大项目精准对接，建立本市重大红色旅游项目库，鼓励社会力量参与红色旅游资源保护利用，形成政府主导、社会参与、市场运作的多元化发展机制。鼓励旅行社、星级饭店、旅游景区等主体拓展与红色旅游相关的业务，培育、壮大一批以红色旅游为主营业务的旅游企业。

（三）加大红色旅游宣传推广

充分发挥主流新闻媒体的社会影响力和舆论引导力，运用"四季上海"发布平台，将红色旅游宣传推广纳入"上海旅游宣推计划"。充分利用微博、微信、网站、短视频等网络平台开展宣传推广，增强活动吸引力、互动性和参与感。结合重大纪念活动，及时组织展演群众喜爱的"红色经典"文艺作品及非遗演艺类红色主题创作。鼓励有条件的红色旅游景区及场馆，编排红色剧目，创建"红色舞台"。

（四）发挥红色旅游促消费功能

在牢牢把握政治效益、社会效益的前提下，积极发挥旅游业稳增长、保就业、促消费作用，鼓励相关主体开发红色旅游吸引物，探索创新旅游形式。鼓励社会主体开展红色文创产品研发经营，培育一批具有自主知识产权、创意独特的红色旅游商品品牌，鼓励红色文化和旅游IP产品的专利、商标、版权注册申请及商品化衍生。激发博物馆、纪念馆、美术馆等文化场馆的创新活力，盘活用好馆藏文物资源，开展馆藏资源著作权、商标权和品牌的授权试点。

（五）实施红色旅游"1234"工程

"1"，是建设一个中国红色旅游地标。建设管理好"中国共产党一大·二大·四大纪念馆国家5A级旅游景区"，整合中共一大纪念馆、二大会址纪念馆、四大纪念馆周边红色资源，会同嘉兴南湖等，打造"开天辟地"红色文化旅游集群。"2"，是推出两部有影响力的红色题材类艺术精品。积极打造舞剧《永不消逝的电波》、杂技剧《战上海》等艺术精品,展现上海这座初心之城的文化软实力。"3",是实施三种红色旅游IP营销。包括体验式营销(如走一段红色经典步道、看一场红色歌舞剧、听一堂红色讲座等),影视化营销(鼓励红色剧本创作和影视作品、短视频音频作品、衍生品开发和传播),智慧型营销(对红色景点提供智慧导览、语音导游、信息服务等)。"4",是提升四条"红色+历史文化名街"。深度挖掘武康路、陕西北路、多伦路、愚园路四条历史文化名街背后的红色文化。同时,将开展一系列红色旅游主题活动,包括选拔红色故事讲解员、红色旅游校园行、红色知识问答等,以大家喜闻乐见的方式传播红色文化,用党的奋斗精神凝聚力量。

B.14 积极推进上海市红色文创产业的发展

中共上海市委宣传部发改办

执笔人：黄雪婷

习近平总书记多次强调要"增强表现力、传播力、影响力,生动传播红色文化"。上海是党的诞生地,伟大建党精神在此孕育,同时上海文创产业在全国位居前列。上海市委市政府发布的《关于加快本市文化创意产业创新发展的若干意见》("文创50条")要求,到2035年,全面建成具有国际影响力的文创产业中心。近年来,上海大力加强红色文创产业建设,在市场化运作过程中形成以文促经、以经彰文的良性循环,为实现红色文化的有效传承和繁荣发展作出了有益的探索。

一、强化制度保障,产业发展环境进一步优化

(一) 推进本市文创开发收入激励分配试点工作,打破体制机制壁垒

2019年,在上海市委宣传部指导下,市人力资源和社会保障局、市财政局、市文化和旅游局联合印发了《关于上海市文化文物单位实施文化创意产品开发收入分配激励的指导意见(试行)》(沪文旅〔2019〕433号),确定在上海图书馆等八家市属文化文物单位开展文创产品开发激励试点。两年试点期间,各试点单位积极落实文创产品开发工作要求,在履行公益服务职能的同时,立足自身特点创新产品研发销售,加强品牌经营和知识产权授权合作,人均文创净收益从9867元增加到20382元,人均绩效激励额度从3084元增加到6140元,取得较好的经济效益和社会效益,政策的激励效果得到

初步体现。

2023年,在试点的基础上,上海市委宣传部、市人力资源和社会保障局、市财政局、市文化和旅游局四家单位联合制定出台《关于上海市文化文物单位实施文化创意产品开发收入分配激励的指导意见》,在扩大试点范围、提高激励力度、完善工作机制等方面深化探索,打破体制机制壁垒。上海将逐步扩大本市文创激励政策试点范围,市属文博科普小类事业单位中馆藏资源较为丰富、管理制度较为完善的博物馆、美术馆、图书馆、文化馆、档案馆可自主申请,经批准后纳入试点,实行"有进有出"的动态管理模式。

这一新制度的出台,对于各文化文物单位深入挖掘本单位文化资源具有积极的促进作用,也将有助于推动各单位创收增收,更好地传播推广红色文化。

(二)指导开展上海市文创产品开发激励试点单位考评,完善考核评价机制

为激励创先争优,增强文创产品开发内生动力,指导开展2021年上海市文创产品开发激励试点单位考评工作。八家试点单位共实现文创销售额10403万元,销售利润3191万元。七家试点单位获得文创开发专项绩效激励。《关于上海市文化文物单位实施文化创意产品开发收入分配激励的指导意见》要求在试点单位考评工作的基础上,进一步完善考核评价机制,每年度对试点单位文化创意产品开发工作进行专项考核,并确定考核等次。

建立规范、正向的考核评价机制,将具体工作和工作成效进行量化和评分,对于推动各文化文物单位开拓创新、开展研发起到积极作用,有利于在本单位内部,以及单位和单位间,形成良好的竞争模式。

二、加强平台建设,品牌集聚效应进一步凸显

(一)推动"一大文创"品牌建设,打造特色品牌

"一大文创"商店位于中共一大纪念馆北面观众服务中心,2021年6月3日正式对外开放,主营具有一大特色的红色文创产品。开业以来,吸引众多市民游客打卡、购物。开业三周内,零售销售额突破72万元,团购销售额

近30万元,售出产品2万余件。圈粉各年龄阶段人群,"一大文创"正逐渐成为"带得走的红色文化符号",系列文创产品和项目开发不断深入推进。

1. 产品形态进一步丰富

"一大文创"商店内目前上架超350款产品,年度销售产品近50万件。除了中共一大纪念馆自研产品外,还有不少叫好且叫座的跨界红色文创产品。例如,中共一大纪念馆分别与光明乳业、益民食品、冠生园食品等十余家国企、民营企业联合授权开发近百件跨界产品,其中包括商店热销品"红色力量 心向光明"小红砖冰淇淋、"甜蜜生活从这里开始"大白兔奶糖礼盒、"树德里1921"AR矿泉水等。仅2022年,"一大文创"新增合作近十家企业,包括国药集团、上海中华药业有限公司、咪咕视讯、沈大成、林清轩等,新增产品近100种。

图14-1 "甜蜜生活从这里开始"大白兔奶糖礼盒

2022年6月1日,首发中共一大纪念馆虚拟形象"库宝""德妹",并于7月1日推出"库宝德妹亮相篇"微信表情包。7月29日,"一大文创"首次上线数字化产品——"树德里"系列数字文创,上线三日,共有12240人预约,迅速"出圈"。此次数字文创的发售,是打通元宇宙概念和线下消费权益的先锋尝试,赋予数字文创线下兑换功能,推动数实融合。

创新探索将红色文化融入实景沉浸式戏剧。2021年9月,中共一大纪念馆联合东方文产共同打造实景沉浸式戏剧《思南路上的枪声——向着光明前行》,在中国共产党代表团驻沪办事处纪念馆(周公馆)演出,带领观众穿越回75年前,与周恩来、邓颖超、宋庆龄等历史人物"相遇",同走一段革命之路。《思南路上的枪声——向着光明前行》以国共谈判为背景,呈现的是1946年10月1日夜晚发生在周公馆的一场记者招待会。为团结各界人士支持中国革命,周恩来在会上发表重要演讲。为让观众见证历史,剧组用了大量心血还原历史情境,以扎实可考的历史事件为背景,以真实历史人物为角色设定,融合多种艺术手段进行演出,在尊重历史的前提下,通过创新方式致敬革命先辈,让观众感受激情与朝气,感悟红色精神,潜移默化感受历史教育和红色文化的熏陶。实景戏剧以年轻人喜爱的生活方式,推动红色文化入脑入心。

文创的业态和概念边界进一步打破。依托初心之地丰富的红色文化资源,2022年6月,"一咖啡"开店试营业,9月3日正式营业,美团、饿了么等线上平台同步上线。从店铺设计到陈列展示,从咖啡选品到菜单定制,将红色文化属性与市场商业属性有机结合,把"一咖啡"打造成为人们了解红色历史、传承伟大建党精神的交流驿站,更是一个独具特色的党建活动阵地。"一咖啡"运营以来已开展多次活动,如中国平安联合"一咖啡"共同打造"服务初心正当红"平安主题周、林清轩在此发布新品。

2. 文化内核进一步强化

文化是文创的核心。"一大文创"启动"一"启创未来——第一届文创产品征集活动暨首批100个红色文化IP元素发布系列活动。以"一大文创""一大研学""一咖啡"三大品牌矩阵为平台,以讲好建党故事、弘扬伟大建党精神为核心,以文创产品为载体,以研学活动为纽带,以党建咖啡为媒介,打出组合拳,努力打造"带得走的红色文化符号"。首批100个红色文化IP元素,均从中共一大纪念馆藏文物、历史史料、红色故事等中提炼、转换。

为庆祝上海解放70周年,通过挖掘中共一大纪念馆16件红色文物背后的故事,成功研发"文物新说·话解放"红色文创产品套组,荣获全国优秀红色旅游文创产品,引发社会热烈反响。产品获奖也充分证明了红色文化历久弥新,有历史、有文化、有内涵的创意产品才能经得起市场和专业角度的双重考验。

在持续设计开发文创产品的同时,"一大文创"也在开拓创新文化创意领域。依托中共一大纪念馆丰富的红色资源,策划组织打造青少年艺术党课,通过深入挖掘中共一大纪念馆以及上海红色文化的价值精髓和宝贵资源,进行艺术化创作,把舞台变成课堂,打造"上海红色文化创演基地",助力形成建党故事传播高地。通过亲身参与、亲自演绎,使青少年对上海红色故事有更加深入的了解和体会,让党史学习教育更生动、更鲜活。

3. 运营机制进一步完善

上海市委宣传部指导推动中共一大纪念馆与东方网联营"一大文创"品牌,探索红色场馆与文创企业之间的互利共赢模式。从授权、研发、生产到营销等各个环节,不断完善红色文化IP衍生品授权机制,更好地调动文创开发的主体力量。同时项目还将红色元素与国货品牌进行创意融合,实现跨界合作,开展线上线下联动营销,依托国货品牌成熟的生产实力与分销渠道,更好拓展延伸文创产业链条,打响上海红色文创品牌。

(二) 打造"海上文创"平台,集聚海量文创

"海上文创"是上海打造的市级特色文创品牌,红色文化、海派文化、江南文化在这里交融,赋予"海上文创"深厚的文化底蕴。"海上文创"是版权洽谈的优质平台,集聚了上海文化文物单位丰富的IP资源,形成从IP授权到设计、生产、销售的全产业链;"海上文创"也是零售交易的展销平台,汇集了千余件来自上海、全国各地乃至全球的优质文创产品,展示着"海上文创"海纳百川的胸怀。与此同时,为探索文创产品多渠道多层次营销模式,"海上文创"打通线上线下平台,建立完整营销体系,推动文化创意产业完善发展,打响上海文化品牌。

1. 平台规模持续扩大

近年来,"海上文创"围绕红色文化、海派文化、江南文化开发设计与制

图14-2 "海上文创"线下店铺

作文创产品,与上海老字号开展品牌跨界合作,新增线下门店,拓展线上销售渠道。目前,"海上文创"已在中华艺术宫、东方明珠、上海中心、上海马戏城、虹桥机场、上海海昌海洋公园等处开设实体门店,销售70余家文博文创企业的近2000种商品,线上同步推出官网、小程序、微店,结合东方网媒体资源进行全矩阵的媒体宣传推广。

商品方面,集聚了包括中国国家博物馆、上海博物馆、上海大剧院、大英博物馆在内的近百家文化文物单位、文创企业的2600余种优秀文创产品。内容方面,开发并推出了庆祝新中国成立70周年、"星辰大海的征途"、潮玩盲盒、纪念人类登月50周年、传统书法等一系列兼具功能和美感、贴近生活、紧扣热点的主题文创产品。

2. 营销模式不断丰富

多种销售渠道和营销手段,推动"海上文创"销售量、知名度、美誉度不断走高。目前已有"海上文创"官网、微店、"海上文创"抖音号等平台上线,与锦江集团"一机游上海"完成对接。其中,"海上文创"抖音号每日推送一期文创产品相关内容,各个店铺通过每周一场直播带货推广店内文创产品。

通过这些线上渠道引流变现,开辟文创产品推介和销售的新渠道新方式。

借助各类节庆活动,让"海上文创"品牌影响力进一步扩大。在上海五五购物节"品质生活"文化创意消费节期间,"海上文创"积极挖掘消费潜力,以线上新零售模式为抓手,与杭州集淘科技有限公司建立战略合作机制,汇聚网络红人力量,结合"6·18"大型电商节点,发起每日淘宝线上直播。网络直播通过讲述红色文化、海派文化、江南文化带动文创产品销售,以不同的主题展现上海文化底蕴,为"海上文创"打通渠道在线引流,实现产品营销推广。

3. 集聚效应不断凸显

目前,"海上文创"已与多个知名品牌、老字号尤其是上海品牌开展合作,百余款相关产品已上线并获得良好的市场反馈。例如,与大白兔、金枫、开开、商飞等国资单位合作开发文创产品,依托自身渠道资源等,大力推动IP版权交易和文创产品开发,促进文创产业发展。与文具界老字号"中华牌"联合开发彩铅套装等文具产品,均有不错的收益。

当前阶段,"海上文创"将继续按照市场化方式,采取灵活多样的合作模式,进一步建立各文化文物单位的IP授权机制,将上海独有的IP资源与丰富的设计活力、优质的品牌资源进行跨界合作对接,实现多方互利共赢,不断提升平台的造血功能。

4. 品牌影响力不断提升

"海上文创"IP授权工作持续推进。红色文创产品的合作研发旨在科学开发利用红色文化资源,持续探索打造集红色文创IP授权、设计、生产、销售、维权的全产业链,助力构建一个健全的红色文化市场体系。

以红色文创产品为聚焦点,开展延伸内容的宣传、活动的组织,例如科普教育、旅游娱乐等新业态,并借此持续提升品牌影响力。在上海五五购物节期间,配合节庆推出系列活动,"海上文创"策划DIY"手作"文创集市,吸引游客关注,提升七宝游览体验。伴随着汉服风潮兴起,"海上文创"还设置店铺内汉服体验点,供市民参与试穿,体验传统文化。结合七宝及其他地区非遗知识,针对各类群体的消费特性,通过互动营销的模式和市民群众喜闻乐见的趣味内容,策划相关活动,这样的模式也将推动文、商、旅深度融合,带来新的经济增长点。

三、丰富形式载体，文创产业链条进一步完善

（一）以大赛促创新，加快上海文创从"图纸"到"落地"

上海红色文化创意大赛自2020年首届举办以来，已连续开展三年，逐渐成为红色文创领域的标志性赛事、文化创意碰撞和交流的盛会。通过大赛发布标识，吸引企业、高校等主体参与，搭建跨界赋能平台。通过大赛充分挖掘、梳理红色文化资源，孵化出优秀的红色文创产品和项目，构建品牌设计、管理、运营、推广等战略体系。在常年举办大赛的基础上，将文创赛事打造成为具有标识度和社会影响力的红色文创品牌活动，探索红色文化自我造血模式，促进红色文创产业化发展。

2022年举办的第三届上海红色文化创意大赛吸引了900余家场馆、企业、高校参与，共征集作品6100余件，其中文创产品设计5100余件、数字创意产品设计400余件、文化旅游线路设计600余条。

以大赛为载体，三年来，上海红色文创产品不断走向市场、愈发贴近市民生活，红色文化持续注入新内涵、愈发凸显当代价值，"红色动能"助力开启了文创产业发展的"加速度"。如今，上海红色文化创意大赛已逐渐成为文化创意行业的"新名片"、产业发展的"新引擎"。第四届上海红色文化创意大赛将坚持创造性转化、创新性发展，持续推动文化创意和产业融合发展。产学研用协同推进，通过新业态、新产品、新形式进一步扩大红色经济的价值引导力和产业驱动力，将"资源多"向"产业优"转变，兼顾社会效益与经济效益，让红色资源成为实体经济发展的新动能。

（二）创新销售渠道，助力红色文创从"产品"变"商品"

2020年，市委宣传部指导东方文产开展"追梦者"七一特别活动，探访上海多个红色文化场馆和景点，并请来上海援鄂医疗队员、大国工匠、奥运冠军为红色文化代言，在线推广红色文创。超过7000万人次通过微博、腾讯、今日头条、大众点评、小红书以及东方网自有平台等渠道观看活动，全网互动访问量突破2亿次。

在"追梦者"品牌基础上，继续借力名人效应，探索红色文创销售新模式。2020—2021年，邀请知名网络主播、明星偶像、奥运冠军等名人以直播带货、探访红色文化场馆等方式带火红色文化。2022年，为深化"追梦者"品牌，邀请深受年轻人喜爱的网络头部主播，联合红色文化研究领域代表人物共同开展"红色文化带货"常态化直播，在线推广优质文创产品，阐述产品背后的红色故事，推动红色文化圈粉年轻群体，让文创产品走进市民生活。

同时，线上线下联动营销，打通多渠道销售模式。线上依托淘宝、小红书、拼多多等网络电商平台，结合渠道特性进行红色文创展销。线下布局场景化消费及团购渠道，入驻实体门店、开设巡展，打造红色文化、文物、文创新展厅。此外，还与东方网、抖音、B站、喜马拉雅、周到等媒体平台全方位宣传红色文创及其背后的红色故事，通过热点营销锁定目标受众，抓住特定群体，提升红色文创产品销售，增强红色文创品牌影响力与生命力。

(三) 联动党建资源，推动红色文化从"崇敬"到"亲近"

聚合红色文化创意产业链各环节，充分发掘和利用上海的红色文化资源，在各方的积极推动下，已逐步形成具有上海"党的诞生地"特色的高质量党建引领生态圈，全面激发党建工作的内生动能，实现对上海建党历史等红色文化资源的保护、传承、开发和传播，激发上海红色文化的创新创造活力，助力上海形成红色文化创意产业高地、思想理论创新和传播高地，全力打响上海四大品牌之"上海文化"品牌。

除了吸引市民把"看得见"的红色文创产品带回家，还要引导市民把"看不见"的红色文化内藏于心，把红色精神外化于言行。通过红色沉浸式体验剧等形式，解锁党史学习教育新方式；通过红色咖啡场馆，打造党建活动交流新空间；通过楼宇党建展览，开辟楼宇党建工作新天地。为红色文化IP赋予经济价值，推动其融入文化旅游、休闲娱乐等工作生活的各领域多场景，以经济导向和市场化推动更多优秀红色文创的研发，共同推动上海红色文创产业发展。

第三部分　案例调研

B.15 在党的诞生地打造党员教育的"红色殿堂"

——上海推出"初心讲堂"党员理想信念教育品牌

中共上海市委组织部　中共上海市委宣传部
执笔人：刘清丹　陈禹东

一、背景

党的十九大以来，习近平总书记连续四年亲临上海，赋予上海一系列新的重大使命，对上海加强党的建设提出一系列重要要求，强调上海是我们党的诞生地，提出要把这些丰富的红色资源作为主题教育的生动教材，引导广大党员深入学习党史、新中国史、改革开放史，让初心薪火相传，把使命永担在肩。党的二十大报告对坚持不懈用习近平新时代中国特色社会主义思想凝心铸魂作出重大部署，强调要加强理想信念教育，坚持理论武装同常态化长效化开展党史学习教育相结合，传承红色基因、赓续红色血脉。上海聚焦学思践悟习近平新时代中国特色社会主义思想这一主线，突出传承弘扬伟大建党精神这一主题，立足党的诞生地、初心始发地、伟大建党精神发源地的特殊地位，充分发挥遍布全市的红色资源优势，由中共上海市委组织部、市委宣传部作为指导单位，将中共一大纪念馆、中共二大会址纪念馆、中共四大纪念馆作为核心阵地，按照一月一讲频次进行课程开发，采取"现场开讲+线上直播"形式，在每月第二、三、四周的周五定期开展主题鲜明、特点突出、形式多样、氛围庄重的党员教育活动。截至2022年底，共推出活动32讲，线上线下参与党员群众达600余万人次，入选中央组织部党员教育工作典型案例。在"初心讲堂"的牵引带动下，到红色场馆上党课已经成为上海党员学习的新常态,党员群众纷纷表示,"初心讲堂"让红色旧址遗迹成了党员教育的"红色殿堂",在"初心之地"听党课、悟初心,让党的创新理论和伟大建党精神更加深入人心、打动人心。

图15-1 "初心讲堂"党员理想信念教育品牌发布仪式在中共一大纪念馆举行

二、做法

(一) 聚焦"讲什么",突出主题主线,优化内容供给

紧紧围绕学习贯彻习近平新时代中国特色社会主义思想这一首要政治任务,聚焦党员教育基本任务布局内容、优化供给。强化理论武装,将深入学习习近平总书记考察上海重要讲话精神作为核心内容,与深入学习《习近平在上海》《当好改革开放的排头兵——习近平上海足迹》等重要读本结合起来,强化理论阐释,推动学深悟透。深化党史学习,将传承弘扬伟大建党精神作为重要任务,突出讲好上海在党的革命、建设、改革等不同历史时期的故事,更好赓续红色血脉、传承精神谱系。用好现实教材,将上海学思践悟新思想、推动改革创新发展的生动实践作为鲜活教材,用身边翻天覆地的

变化让党员干部深刻感悟党的创新理论的真理力量和实践伟力。紧扣党中央和市委重大决策部署、重要会议活动、重要时间节点,聚焦深入学习贯彻党的二十大精神,贯彻落实上海市第十二次党代表大会和十二届市委一次、二次全会精神,举办《夺取中国特色社会主义新胜利的政治宣言与行动纲领》《当好排头兵先行者,努力建设具有世界影响力的社会主义现代化国际大都市》等专题讲座,推动党员干部深切感悟新思想的真理光芒,增强忠诚拥护"两个确立"、坚决做到"两个维护"的行动自觉。

(二)聚焦"在哪讲",突出"初心之地",发挥特色优势

充分体现中共一大、二大、四大在党史中的重要地位、重要作用,紧密结合三个核心场馆的特色优势开展党课活动,着力将革命旧址遗迹、红色场馆和历史现场打造成为党课讲堂。发挥丰富馆藏优势,体现神圣感。中共一大的召开,代表着中国革命的伟大起点,一大纪念馆聚焦百年党史推出精品课程,结合丰富展陈,生动展现党的诞生历程,让党员干部深刻感悟中国共产党的精神之源。发挥阵地富集优势,体现集成性。中共二大诞生了首部《中国共产党章程》,二大会址纪念馆结合打卡活动,串联起周边的中共中央秘书处机关旧址、中共中央军委机关旧址等红色场馆,让党员干部在历史场景中穿梭,加深感悟感动。发挥历史背景优势,体现互动性。中共四大首次确定党的组织建设制度,明确党员三人以上需成立支部,四大纪念馆创新采用"三人谈"形式,邀请专家学者、名师名家、先进模范、基层党组织书记、党代表等,围绕党的建设、党史故事等进行深入对谈,强化互动参与,引发党员干部深入思考,提升教育实效。

(三)聚焦"怎么讲",突出品牌引领,创新形式载体

切实发挥品牌活动的示范带动作用,坚持在出精品、求实效上下功夫,力求突破传统党课形式,打造具有现场感的党课活动。浸入式课程现场开讲,"初心讲堂"在采取专题讲座、"三人谈"等授课形式的同时,还注重把组织优势和文化资源特色优势充分整合,创新打造浸入式课程,现场演绎交响乐《正道沧桑》、诗朗诵《力量之源 信念永恒》、沪剧《一号机密》等作品,并

通过主创人员交流分享、相关党史知识讲述等方式,使党员"穿梭"回历史场景之中,深切感悟上海作为初心之地的使命光荣。仪式感现场重温初心,将课前重温入党誓词作为每次活动的必备环节,结合实际开展党员过"政治生日"等仪式教育,在红色圣地体悟入党初心,提升党员意识和党性观念。信息化平台在线即学,发挥上海"智慧党建"信息化平台作用,在"先锋上海"小程序开设专题专栏,推出在线预约、直播课堂、往期回看三项功能,面向全市基层党组织开通预约通道,对每次活动进行在线直播,依托遍布全市的党群服务中心(站点),打造"初心讲堂"云端课堂。同时,突出品牌效能,推出"初心讲堂"品牌标识、文创产品等,每次活动均为现场参与党员发放"初心学习包",内含党章、党员教育管理工作条例、上海市优秀党课概览等学习材料,受到广泛欢迎。

图 15-2 "初心讲堂"现场演绎歌剧《晨钟》

(四) 聚焦"如何用",突出常态长效,拓展成果运用

立足推动党员理想信念教育常态化长效化,坚持把"初心讲堂"作为"三会一课"和主题党日的重要载体,作为党员领导干部讲党课的重要平台,作为基层党组织书记培训和党员普遍轮训的课程内容,进一步丰富党员教育内容、创新党员学习方式,为基层党组织严格有效落实党的组织生活制度提供支撑。以"初心讲堂"品牌为牵引,健全资源集成工作体系,坚持党课开发、遴选、展示、宣讲一体化推进、全平台汇集,发挥全市现存600余处红色地标、红色场馆作用,集成全市12个新时代上海基层党建创新实践基地和1.2万余个党群服务阵地,推出百门精品课程、百名优质师资、百篇典型案例、百个实训阵地等党员教育立体资源体系,建立完善线上党员教育优质资源库,制定实施《上海市党员教育资源库管理办法》实现共建共享、通学通用。结合"初心讲堂"品牌建设,进一步加强党员教育体系化建设理论研究和实践探索,探索建立学思践悟一体化推进的长效机制,不断提升党的理论教育和理想信念教育质量水平。

三、启示

(一)"铸魂"为本,要坚持将学习贯彻新时代党的创新理论作为根本遵循

"初心讲堂"作为贯彻落实习近平总书记考察上海重要讲话精神的实际行动和具体实践,坚持将学习贯彻习近平新时代中国特色社会主义思想作为鲜明主题和突出主线,聚焦用党的创新理论凝心铸魂,打造精品课程,不断推动新思想的学习教育往深里走、往心里走、往实里走。这启示我们,开展理想信念教育,要坚持在突出主题主线上下功夫,突出加大政治上审核把关力度,确保始终以首要政治任务统揽,以基本教育任务布局,不断提升党的创新理论武装水平。

(二)"活学"为先,要坚持将发挥优势、创新形式作为主要工作抓手

"初心讲堂"积极适应时代发展趋势和新时代党员学习特点,充分发挥党的诞生地和改革开放前沿阵地的资源优势,用好中共一大纪念馆等党员心中的红色圣地,发挥"智慧党建"信息化平台作用,打造党员教育的生动教材。这启示我们,开展理想信念教育要用活红色资源、讲活党史故事,创新教育形式，使党员在沉浸式体验中触摸历史脉络、接受思想洗礼，让党的创新理论和伟大建党精神的学习教育真正深入人心、触及灵魂。

(三)"做实"为要，要坚持将深化成效、固化成果作为重要价值取向

"初心讲堂"紧扣中央和市委重大决策部署、重要会议活动、重要时间节点，充分挖掘上海学思践悟新思想的实践探索、改革攻坚克难奋进的精神富矿，把解决实际问题、推动实际工作作为衡量党员教育效果的重要标尺，引导党员传承红色基因，践行初心使命。这启示我们，开展理想信念教育，要注重实践实效，着眼大局、融入大局、服务大局，使学习教育与党和国家事业同向同行，推动广大党员切实将学习成果转化为奋进新征程、建功新时代的强大动力。

B.16 聚军地文保力量 护红色文化根脉

——以青浦区红色历史文化遗产检察公益诉讼保护协作机制为例

中共上海市青浦区委宣传部 青浦区人民检察院

执笔人：徐庆天 余 莉 朱明亚

一、基本情况

青浦这片红色沃土，深刻凝结着中国共产党的优良传统和一代代共产党人的精神血脉。伟大的无产阶级革命家、政治家陈云从这里走出，上海农村第一个党支部在这里诞生，庄前港伏击战在这里打响……全区共有市级革命遗址、旧址、纪念设施等红色资源17处，各类爱国主义教育基地25家。2021年，青浦区人民检察院联合上海军事检察院、区文物保护部门共建全市首个《红色历史文化遗产检察公益诉讼保护协作机制》，畅通线索移送、信息共享、专业支持、联合巡查等检行协作模式，合力推动陈云母校颜安小学、上海唯一一处新四军标语墙等一批红色革命文物全面升级保护，以法治思维促进文物治理能力水平的提升。依托机制，协作单位在爱国主义教育基地东乡烈士陵园、颜安小学设立了全市首批"红色革命文物检察公益诉讼保护示范点"，开展公益红色主题教育活动30余场，真正让红色文物"活"起来。青浦区人民检察院通过"案件+机制+示范点"联动，以"检察蓝"守护"英烈红"，为红色文化记忆传承贡献新路径、新经验、新成效。

二、主要做法

（一）细心办案，精准监督守护红色记忆

一是全面排查摸底。青浦区检察院联合地方党史、退役军人事务、文物

保护等相关部门,通过实地走访、现场勘察、资料调阅等方式,对辖区内革命旧址、烈士故居以及烈士纪念设施等各类红色资源进行"拉网式""地毯式"全覆盖排查,深入了解数量分级、保护现状和问题难点。在摸清底数的基础上,撰写情况反映《红色文物年久失修等待盘活 擦亮红色记忆亟须政策资金多重保障》呈报上级检察机关、文物保护部门,为完善文物保护路径提供检察方案。二是分层分级处置。根据文物保护专业性强、整改难度大的特点,检察机关从法律监督的角度出发,综合运用磋商、圆桌会议、检察建议等多种监督方式,与行政机关共同推动问题解决。对文物受损程度较轻的案件,通过圆桌会议、行政磋商等方式推动及时修缮维护;对损毁较为严重、修缮难度较大的,以诉前检察建议方式督促履职,确保刚性。2021年以来,向区级文物保护主管部门、乡镇政府及其他负有文物监管职责的管理部门发出检察建议、磋商告知函9份。三是跟踪回访落实。坚持跟踪回访制度,通过公益诉讼"回头看"、联合相关部门不定期巡查等方式,持续紧盯文物修缮进展和后续保护状况,做好"后半篇文章"。如在办理督促保护新四军标语墙行政公益诉讼案中,参与主管部门修缮项目验收评审会议,听取专家评审意见并实地勘察确认修复情况。

(二) 齐心协作,联动发力共护红色资源

一是联系紧密,畅通信息渠道。青浦区人民检察院与解放军上海军事检察院、区文化和旅游局、区教育局、区退役军人事务局等会签《关于建立青浦区红色历史文化遗产检察公益诉讼保护协作机制的实施意见》,建立线索移送、信息共享、联合巡查等协作机制,军地检察机关与行政机关同向发力,以法治思维共同促进文物治理能力水平的提升。二是联动办案,实现优势互补。针对红色遗迹遗址、纪念设施、人物旧居等被侵占破坏、缺乏修缮、利用不当、应保未保这四类问题,充分发挥各自职能优势共同调查取证,由文物主管部门在鉴定、评估、利用等方面提供专业支持,检察机关在事实认定、证据研判、法律适用等方面提出专业意见,并探索以公开听证、支持起诉等途径解决私有产权红色文物保护难题。三是联合保护,提升整改效果。加强军地协作,在督促做好涉军类革命文物修缮维护工作的基础上,引导进一

步开发好、利用好、管理好红色资源。如针对仓桥烈士纪念塔长期未维修、自然风化较严重等问题,联合解放军上海军事检察院向区退役军人事务局制发了全市首个军地联合磋商函,督促启动改建项目,升级翻新塔基、塔台、扶手、周边绿化等,增设多媒体交互系统和水景等,提升整体功能。

(三) 悉心传承,以点带面赓续红色基因

一是推动示范引领,打造教育基地。依托辖区丰富的红色文化资源,选取颜安小学和东乡革命烈士陵园,与区教育局、退役军人事务局挂牌成立"红色革命文物检察公益诉讼保护示范点",组织检察干警、学生等参观瞻仰、集体祭扫,大力传播红色文化、弘扬革命精神。二是结合党史教育,激发内生动力。将党史学习教育与守护红色资源融合推进,组织"七一·让红色文物活起来"主题党日活动,邀请区故事家协会副会长在陈云就读的教室前现场讲述红色革命故事,让干警从中感悟初心使命,接受精神洗礼。三是用好宣传矩阵,扩大社会影响。充分发挥传统媒体、新媒体平台等作用,通过召开红色历史文化遗产保护公益诉讼专项活动新闻发布会、制作发布"护革命文物 传红色基因"宣传片等方式,加大对红色历史文化遗产保护阶段性成果的宣传力度,营造全社会参与保护红色资源的良好氛围。

三、工作成效

(一) 共建长效机制,开辟检行协作新路径

青浦区人民检察院联合解放军上海军事检察院、青浦区文化和旅游局、退役军人事务局等职能单位会签了全市首个区级红色历史文化遗产检察公益诉讼保护协作机制。双方在线索移送、信息共享、专业支持、联合督办和发布典型案例等方面加强协作,构建既依法监督又协同履职的新型协作关系。通过调查时联合实地勘察,发挥各自专业优势;办案中共同组织座谈研讨,共商问题解决之策;整改后联合发布典型案例,放大工作效果,推动形成行政机关与检察机关、军事检察机关与地方检察机关同发力、同推进、同落实的工作格局。

(二) 擦亮红色名片,彰显地方文化新特色

青浦区是红色革命热土,涌现出陈云、吴志喜、高尔松、高尔柏等一批革命志士、英雄人物。青浦区人民检察院在开展文化遗产保护公益诉讼活动中注重与区红色革命文物保护工作部署同频共振,将反映百年党史的重大事件遗迹、重要纪念设施和重要人物故居作为公益诉讼监督重点,将督促主管行政机关依法履职加强修缮作为主要抓手,将双赢多赢共赢推动文物长效保护作为工作目标,努力延伸专项效果,通过向文物保护和退役军人事务部门制发检察建议、磋商函,报告属地政府,推动投入专项维修资金230余万元,整修革命文物、英烈纪念设施9处,助力颜安小学、仓桥烈士纪念塔、新四军标语墙成为爱国主义教育现场教学点、党史教育新打卡地,营造崇尚英雄、缅怀先烈的良好氛围,为散落的红色资源提供法治护航,擦亮青浦"红色文化名片"。

图 16-1 仓桥烈士纪念塔英烈纪念活动

(三) 融合党史教育,汲取奋斗前行新力量

将寻访、办案过程转变为党史学习教育、革命传统教育、爱国主义教育

的过程。组织党员干部瞻仰革命遗址遗迹、革命博物馆、纪念场馆,在理论和实践相结合、历史和现实相对照中感悟思想伟力、汲取前进力量。在寻访过程中,对辖区内革命遗迹进行摸排,重点看是否有保护遗漏的革命遗迹和文物、看保护措施是否符合要求,对于发现问题特别是未纳入地方保护名册的革命遗迹,及时向相关行政机关提出建议。以"传承红色基因 永葆奋斗精神"为主题,举办形式多样的研讨会、交流会,邀请老红军、老党员讲述亲身经历,组织办案人员汇报心得感悟,从革命历史中感悟初心使命、汲取前进的智慧和力量。

(四)挂牌首批示范点,绽放红色传承新光彩

随着专项活动的持续深入,青浦区文物保护长效机制逐步完善,文物安全责任体系更加健全,协作单位依托机制在全市共建两处"红色革命文物检察公益诉讼保护示范点",将监督保护的端口前移至红色革命文物点。一处是陈云母校颜安小学,该校创建于清光绪十五年,具有较高的历史价值和教育意义;另一处是东乡烈士陵园,是缅怀和瞻仰革命先烈的圣地。通过设立示范点,整合线索收集、监督保护、传承弘扬、宣传教育等功能作用,让红色

图 16-2 修缮前的颜安小学

资源在与时代发展、城市建设同频共振中绽放光彩。示范点设立后,协作单位组织红色主题教育30余场,把红色资源转变为知识能量、信仰力量和奋斗力量,推动革命传统和优良作风薪火相传,是贯彻落实习近平总书记关于"把红色资源利用好,把红色传统发扬好,把红色基因传承好"指示精神的重要体现,为共同保护革命文物、维护国家和社会利益提供有力司法保障。

图16-3 修缮后的颜安小学

B.17　全力打响静安红色文化品牌

——以纪念中共二大召开和首部党章通过 100 周年"十个一"重点活动为例

中共上海市静安区委宣传部

执笔人：陈玉珍　奚　伟　杭静韵

一、基本情况

上海是中国共产党的诞生地,静安是中国共产党早期活动的核心区域,是马克思主义传播地、革命领袖足迹地、中共中央早期机关聚集地、首部党章诞生地、群众运动策源地、党的统一战线政策提出地。静安区红色资源丰富,目前区内有重要红色资源旧址、遗址等 105 处。其中,已考证的在沪 30 多处中共中央早期机关就有 20 余处在静安。已公布 281 处各级不可移动文物,其中全国重点文物保护单位 4 处、市级文物保护单位 35 处、区级文物保护单位 39 处,文物保护点 203 处。区内有包括中共二大会址纪念馆、中共三大后中央局机关历史纪念馆、中国劳动组合书记部旧址陈列馆在内的8 家市党史教育基地,以及 9 家市级以上爱国主义教育基地。为使这些丰富红色资源得到更充分的利用和吸引更多社会关注,自 2019 年 7 月起,静安全面开启"红色遗址保护、红色基因传承、红色品牌打造"三大行动,通过多措并举、创新形式,做大做强红色文化影响力,进一步弘扬伟大建党精神,传承红色基因。

2022 年,静安区充分依托"六地"优势和丰富红色资源,紧紧围绕学习宣传贯彻党的二十大精神工作主线,以及中共二大召开和首部党章通过100 周年纪念主题,着力推出了"百年辅德里　奋进新时代"——纪念中共二大召开和首部党章通过100周年"十个一"重点活动,即一天大型纪念活动、一组党史教育实践活动、一系列特色纪念项目;一批重点红色场馆、一次更新升级、一个诞生地主题邮局、一条红色经典步道;一百人党章诵读接力、一系列精品视频、一组党史图书,在全区乃至全市形成亮点不断、高潮迭起的活动声势,进一步深挖红色资源历史价值,推动转化党史研究新成果,多维度全力打响静安红色文化品牌。

二、主要做法

(一)"1+365"天以点带面打造活动品牌

1. 一天大型纪念活动

1922年7月16日至23日,中国共产党第二次全国代表大会在辅德里625号——今天的静安区老成都北路7弄30号召开。中共二大创造了党史上多个第一:第一次提出了反帝反封建的民主革命纲领,第一次提出党的统一战线思想,第一次公开发表了《中国共产党宣言》,制定了第一部《中国共产党章程》,第一次比较完整地对工人运动、妇女运动和青少年运动提出了要求,第一次决定加入共产国际,第一次提出了"中国共产党万岁"的口号……它与党的一大共同完成了党的创建任务。2022年7月21日,市委、中央党史和文献研究院联合举办纪念首部党章通过100周年座谈会;在首部党章通过100周年即7月23日当天,市、区多方联手,中共一、二、四大场馆管委会联合中国邮政,举办"第一部《中国共产党章程》通过一百周年"纪念邮票首发仪式、首部党章通过100周年学术研讨会,及中共二大与统一战线百年发展研讨会,重温重大革命成果,弘扬传承伟大建党精神。

2. 一组党史教育实践活动

为进一步深化中共二大和首部党章的影响力,静安面向青少年、志愿者、白领、社区居民等各类群体,分别设计开展了"弘扬城市精神 争当时代新人"主题教育实践活动、"领巾心向党 小小追梦人"红色寻访活动、"青春百年路 永远跟党走"主题微团课大赛、"传承红色基因 赓续红色血脉"——2022年中共二大会址纪念馆暑期夏令营,以及"百年初心路 文明实践行"带动形成百位初心守护人,千名文明实践骨干志愿者,服务万名群众的百千万文明实践行等形式多样、层次丰富的党史教育实践活动,激发全区方方面面学习热情,让初心信仰绽放光芒。同时,联动一大、四大纪念馆持续举办"初心讲堂"品牌系列课程,2022年第十七讲、第二十一讲和第二十四讲在中共二大会址纪念馆开讲,分别邀请了赵刚印、肖存良、焦永利、徐建刚等党史专家作专题讲座,进一步激发党员理想信念,教育引导广大党员从首部党章诞生地再出发,践行初心使命。

3. 一系列特色纪念项目

全区各部门、街镇结合自身实际,相继开展系列特色纪念项目,如在平民女校创办百年之际,举行"百年女校展芳华 巾帼风姿焕新颜——纪念女校百年暨国际妇女节主题活动";于统一战线政策提出百年之际,完成"静·界"读书会、各界人士话统战、"统战百年"同心圆桌会等活动;7月,区委组织部牵头召开纪念首部党章通过100周年品读会并开展网络直播活动;中共二大会址纪念馆携手上海孙中山故居纪念馆重新排演实验舞台剧《握手》……通过各部门自发自选动作、多部门联合线上线下发力以及跨区域场馆联动,在全区乃至全市,全年形成有特色、有亮点、有节奏的红色文化宣传态势,进一步营造了知二大史、学首部党章的浓厚氛围,激发了学习和打卡二大馆热潮。

(二)场馆、阵地、设施串点成线打造地标品牌

1. 一批重点红色场馆

根据全市"党的诞生地发掘宣传工程"和"一馆五址"的推进要求,2021年,静安区重点推进了中共中央军委机关旧址纪念馆建成开放;2021年6月,中共中央秘书处机关旧址和中共中央特科机关旧址以史料陈列展形式试运行,中央批复同意建设纪念馆后,在市委宣传部、市委党史研究室支持指导下,依托市、区两级红色资源保护利用工作联席会议平台,2022年静安区全力推进两馆大纲修改完善、史料征集论证、展陈优化提升等正式开馆前的各项工作,至2022年底两馆已进入最后批复审改阶段。两馆建成开放后,将在传统展陈基础上,综合运用多媒体交互装置等新媒体技术应用,增强观感体验,并通过举办各类策展、参观活动等,充分发挥两馆在开展爱国

图 17-1　中共中央军委机关旧址纪念馆

主义教育、培育社会主义核心价值观中的重要作用,让党史"宝藏"鲜活起来。

2. 一次更新升级

为学习宣传贯彻党的二十大精神,展现会议成果,静安区积极组织、精心谋划,优化宣传内容、创新宣传载体,升级推出"永远的旗帜——中国共产党党章学习厅"。优化提升后的党章学习厅,分为展示学习区和互动学习区。展示学习区以"方圆""基石"等为设计元素,系统介绍了中国共产党首部党章的基本知识以及有关党章的历史发展,重点展示了二十大党章体现出的党的理论创新、实践创新和制度创新成果;互动学习区设党章图书室和党章研习教室,增设互动打卡区,运用多媒体手段延伸展示内容,激发青年人参观热情,通过沉浸式体验使学习既有章法、见力度,更重质量、强效果。同时,党章学习厅增加了实物展品数量,包括增加数件党章原件及由中共一大纪念馆支持的"首部党章守护人"张人亚同志生前使用过的物品原件等,实现见人、见物、见精神的教育意义,将党章学习厅进一步打造成党员开展党史学习教育、加强党性修养的重要打卡地。

图 17-2　中共二大会址纪念馆"永远的旗帜——中国共产党党章学习厅"

3. 一个诞生地主题邮局

百年党章史,就是一部浓缩的中国共产党历史,它凝聚着党的初心使命,彰显着党的性质宗旨。为多维度打造"首部党章诞生地"红色品牌,静安区会同中国邮政,在中共二大会址纪念馆开设"《中国共产党章程》诞生地主题邮局"并面向全社会开放,同日推出主题纪念册、首日封、主题明信片、可触摸阅读的盲文党章片段等,吸引了众多党员、群众走进中共二大会址纪念馆《中国共产党章程》诞生地主题邮局参观、打卡、集邮戳,沉浸式感受红色文化,了解首部党章的诞生史、百年党章的发展史。

4. 一条红色经典步道

在中共一、二、四大场馆管委会指导下,市交通委、市道运局与静安区通力合作,精心遴选"二大"周边 13 条市政道路、17 处红色景点,打造总长约 8 公里的静安红色经典步道。其中,主线西线以"二大"为起点,串联 6 条、长约 2.9 公里的市政道路,以此呼应中国共产党首部党章的"六章、29 条"内容。通过在人行道地面上布设专用标识、步道导览图、指示牌等设施,漫步静安红色经典步道,市民游客除了能够直观地看到红色景点行进路线,

图 17-3 《中国共产党章程》诞生地主题邮局

还可以通过扫描导览图上的二维码导航到想要参观的红色景点,并获得相应红色景点的图片和文字、语音介绍,化"零散展示"到"整体展览",为市民游客打造"无边界博物馆",满足市民游客的多种需求,铸就红色文化品牌。

(三) 音频、视频、图书多维结合打造内容品牌

1. 一百人党章诵读接力

为广泛深入学习党章、时刻践行党章,弘扬伟大建党精神,凝聚新时代奋进力量,2022年7月,静安区推出"诵读党章、讲述初心"百年百人红色声音接力活动,由区委书记领衔100名来自市区党代表、"光荣在党50年"党员代表、党组织书记代表、"两优一先"代表、劳模党员代表、抗疫先进党员代表、青年党员代表、巾帼党员代表、入党积极分子代表、中共二大会址纪念馆党员代表,组成了一支百人团队,围绕"百年辅德里 奋进新时代"主题,用心诵读一段党章,用情讲述初心故事,让党章"声"入人心,激发全市层面践行学习党章的浓厚氛围。活动与上海人民广播电台等"新老媒体"合作,制

作了100期短音频,7月1日起在"话匣子"App、"阿基米德"App等平台正式上线,同时在"上海静安"App、"五星微语"等新媒体平台开展了31天的持续展播,将活动气氛推向高潮。其中,"阿基米德"App上点播量达400余万次。

2. 一系列精品视频

用动态、潮流、市民群众喜欢的方式讲述红色感人故事,2022年,静安制作推出了一系列红色视频。拍摄专题纪录片《辅德里1922》、党章专题片《永远的旗帜——百年党章的红色历程》,并在上广纪实人文频道播出。制作20堂微党课,以"首次"为切入点,讲述党章的知识与故事,并在新媒体平台及党章学习厅展播,打造党章教育主题教室、互动课程。推出"百年辅德里·明灯伴我行"系列短视频,并在"党史镜报"、团市委"青春上海"视频号、"上海静安"App等平台上线。持续深化"辅德里"IP,完成"辅德里五星计划"的拼图集成,将《辅德里》高清戏剧影像搬上银幕,年内面向全区14个街镇党员群众,配送140场,开启"好听好看好懂"文艺党课《辅德里》全国巡讲活动,继续在青年群体中引领、激发"红色潮流"。

3. 一组党史图书

编撰出版党史图书,既能转化最新党史研究成果,又能传承红色基因、培育时代新人,具有十分重要的现实意义。与中央党史出版社携手编撰推出《中共二大史》,作为中共一大至中共九大史系列丛书之一;会同华东师范大学出版社推出《暗夜星火——党章诞生地的初心故事》,全书共7.5万字,通过二大、平民女校、军委、秘书处和特科四个篇章,讲述建党初期的峥嵘岁月;2022年3月至5月面向全国发起"中共二大召开暨首部党章通过100周年高端论坛"征文活动,结合50篇优秀征文和高端学术论坛活动,会同上海人民出版社汇编《中共二大暨首部党章百年研讨会论文集》;在上海书展发布新书《辅德里:一部经典红色戏剧的诞生》,全景式记写了静安原创的"爆款"红色文化作品——非虚构戏剧《辅德里》是如何诞生成长,又是如何吸引一批批年轻人的;制作《中共二大与统一战线》画册,并在中共二大会址纪念馆、全区14个街镇开展世纪回眸——"中共二大与统一战线绘画展"线下巡展活动。

三、工作成效

2022年,静安以中共二大召开和首部党章通过100周年"十个一"重点活动为契机,提前谋划设计,联动全区上下,克服疫情影响,创新红色文化活动举办形式,丰富红色文化宣传载体。全年共举办369次活动,线上线下累计参与人次达12.8万,央市级媒体报道266篇;中共二大会址纪念馆2022年参观、打卡总人数达6.3万人次,接待各级媒体专访36家,其中新华社于7月1日、16日推出的三则主题报道,客户端浏览量达276万次。"十个一"重点活动进一步深化了二大及首部党章影响力,多维度打响了"党章诞生地""辅德里""初心讲堂""党章研究中心"等静安自有的特色红色文化品牌,全方位、立体式展现了红色文化魅力,彰显了红色资源宣传教育的引领和导向作用,为学习宣传贯彻党的二十大精神,推动践行社会主义核心价值观提供了有力支持。

B.18 红色资源保护与利用的思考

——以黄浦区为例

中共上海市黄浦区委党史研究室

执笔人：张 健

黄浦区是中国共产党的诞生地所在区，是共青团和工会组织的发源地，仅在新民主主义革命时期遗留下来的革命遗址遗迹，经复核确定列入首批上海市红色资源名录的有143处（含纪念设施15处）。这些红色资源是黄浦历史文化积淀极其重要的组成部分，保护好、利用好这些丰富的红色资源，对于充分展现上海作为中国共产党诞生地的历史地位，传承红色基因，赓续精神血脉，守护共产党人的精神家园具有重要意义。

一、黄浦区红色资源基本情况

2009年底开始，在上海市委和有关部门的大力支持下，经过市、区两级党史研究部门的共同努力，至2010年12月，对全市革命遗址遗迹进行了一次全面的普查。这次普查结合党史研究长期工作积累的既有成果，结合"全国第三次文物普查"工作的成果，结合实地踏勘查访，掌握遗址最新的第一手资料。根据中央党史研究室〔2009〕79号文精神及上海市革命遗址普查实施方案，确定区内革命遗址及其他遗址收入的原则和范围。当年黄浦区普查上报的材料显示：全区有革命遗址遗迹55处，其中列入其他遗址的2处。当年卢湾区普查上报的材料显示：全区有革命遗址遗迹70处，其中列入其他遗址的28处，大多是在中国革命的历史进程中具有进步意义的各民主党派、各社会团体的重要机构、重要会址，政界及爱国民主人士的旧居(纳入普查范围,归入其他遗址)等。2011年,随着上海市区划调整,新的黄浦区建立后,对原两区的资源(资料)全面梳理整合,对阶段性组织的宣传阵地不再纳入现有资源,并且结合普查后的积累,调整补充了多处。2020年下半年,为配合《上海市红色资源传承弘扬和保护利用条例》的制定颁布和组织实施,市委宣传部、市委党史研究室按照聚焦中国共产党相关活动口径,组织开展对上海市革命遗址遗迹的复核工作,在下发复核材料中列入了近30处新增的点。2022年4月公布的《上海市红色资源名录(第一批)》中收录全市红色资源(旧址、遗址、纪念设施)612处,黄浦区143处,占总数的23%,数量位居全市第一。其中全国重点文物保护单位7家、市级文物保护单位17家、区级文物保护单位7家,全国爱国主义教育示范基地2家、市级爱国主义教育基地8家、区级爱国主义教育基地9家。

二、黄浦区红色资源的特点

"上海是中国工人阶级的大本营和中国共产党的诞生地,在长时期间它是中国革命运动的指导中心。虽然在反革命势力以野蛮的白色恐怖迫使中国革命的主力由城市转入乡村以后,上海仍然是中国工人运动、革命文化运动和各民主阶层爱国民主运动的主要堡垒之一。"这是新华社刊发的庆祝上海解放的社论,这篇社论经毛泽东同志亲自修改审定后发出。党的"诞生地"第一次出现在党的文献中,而且对上海之于中国革命给予了高度的肯定和历史的界定。用中国工人运动、革命文化运动和各民主阶层爱国民主运动的主要堡垒之一来界定和概括黄浦区的红色资源特征也十分恰当。

(一) 黄浦是党的诞生地所在区,在党的创建史上具有重要地位

1920年,以陈独秀为代表的一批先进分子在上海环龙路老渔阳里2号(今南昌路100弄2号)成立中国共产党最早的组织——上海共产党早期组织,又称中国共产党发起组。1921年7月23日,中国共产党第一次全国代表大会在上海望志路106号(今兴业路76号)召开,宣告中国共产党正式成

立。如果把相关的事件、人物以及活动轨迹标注出来,会发现与党的创建活动相关的地点都密集在这一区域:除了老渔阳里2号、望志路106号,还有印刷第一个中文全译本《共产党宣言》的成裕里12号、编辑《星期评论》的三益里17号、南京路上的东亚饭店(马林下榻处),当年共产国际代表维经斯基下榻的霞飞路(今淮海中路)716号等。

(二) 黄浦的红色资源,有不少直接反映了中共中央早期在上海发动领导的重大革命斗争

党的一大后,第一个中央局机关设在老渔阳里2号,此后的一段时间里中央局领导成立中国劳动组合书记部,向全国各地的党组织发出了《中国共产党中央局通告》,对党、团组织的发展以及工人运动、宣传出版工作等提出具体的计划和要求。1928年春至1931年4月,云南中路171—173号(原云南路447号)二楼是"八七会议"后党的临时中央和六大后中央政治局机关所在地。1929年9月28日,中央政治局发出"中共中央给红四军前委的指示信",又称"九月来信",这封由陈毅根据政治局会议精神及周恩来、李立三多次谈话要点起草的指示信,对统一红四军前委领导和全军思想起了极为重要的作用。1930年5月,在白克路派克路交叉路口处(今黄河路凤阳路路口西南角)的一幢楼里召开了全国苏维埃区域代表大会,讨论正式召开全国苏维埃代表大会事宜。决议同年11月7日召开"一苏大会",成立苏维埃中央政府,并决定组织全国苏维埃代表大会中央准备委员会。

(三) 黄浦见证了中国早期工人运动从发展壮大到席卷全国的辉煌历程

1920年,中国共产党领导的最早的工会组织上海机器工会在白克路上海公学(今凤阳路186号)成立。1925年,五卅运动从中国最大的工业城市上海开始,十里洋场南京路、贵州路101号老闸捕房旧址等众多的遗址遗迹记录了那段悲壮的历史。中山南路1551号的三山会馆、小南门警钟楼、蓬莱路171号的上海特别市临时市政府旧址等,清晰地记录了党领导的上海

工人三次武装起义以及第三次武装起义取得胜利后的市民政府成立的历史场景。已经消失的九亩地新舞台是上海市民代表会议的召开地,为了建立新的市民政府,党领导的人民政权的实践在这里先发。

(四) 黄浦是汇聚革命力量的大舞台,第一次国共合作在这里酝酿形成

1921年末至1922年初,在莫里哀路29号(今香山路7号)共产国际殖民地委员会秘书马林与孙中山进行了三次长谈。1922年8月,马林第二次来到中国,促成共产党员以个人身份加入国民党,实行党内合作为基础的国共合作。8月23日,李大钊由北京抵沪,会见孙中山,双方详细讨论了"振兴国民党以振兴中国之问题"。不久,李大钊、陈独秀、蔡和森、张太雷等,由孙中山亲自主盟,正式加入国民党。1924年1月,国民党第一次全国代表大会在广州召开,标志着国共合作的正式实现。2月25日,国民党上海执行部第一次执委会会议召开,3月1日,在当时的环龙路44号(今南昌路180号)国民党上海执行部对外办公。毛泽东、恽代英、向警予等共产党人为国民革命运动呕心沥血,在合作中坚持斗争,在斗争中寻求合作。

(五) 黄浦是各阶层爱国民主运动的重要堡垒

柳亚子、许广平、何香凝、史良、沈钧儒、史沫特莱等爱国民主人士和国际友人长期在这里居住生活开展活动。黄浦是中国革命党临时行动委员会(中国农工民主党的前身)和中国民主促进会、全国各界救国联合会等党派和组织发起成立的地方。黄浦还集中了众多的百年学校,在革命风云中,师生的爱国民主运动高潮迭起,尤其在全国解放战争期间,成为党领导下的第二战线上的一支重要力量。

三、彰显黄浦红色资源的当代价值

随着近年来黄浦区内如中国共产党发起组成立地(《新青年》编辑部)旧址、中共中央政治局机关旧址(1928—1931年)等一批革命旧址修缮开放,一批展览展陈功能提升,一批活动项目接连举办,一批文艺作品喜闻乐见深

入人心,红色基因、红色血脉、红色气质已成为黄浦最鲜明的精神底色。为了更好地做好红色资源的保护利用,黄浦区在以下方面进一步加强工作思考和推进。

(一)进一步深化区级层面革命旧址遗址的保护和利用

黄浦区丰厚的红色资源是讲好红色故事最好的实景课堂。区域内目前依托红色资源已建有纪念场馆12个,全市统一立碑挂牌红色遗址旧址16处;与市建交委联合推出的全市首条红色经典步道串联中共一大会址及周边14处重要红色点位;建成"复兴·颂"黄浦区红色文化体验空间,以"红色之城"为展览体验主题,通过数字化手段全面介绍黄浦区域内红色文化资源,以"红色之窗"为宣传教育阵地,开展各级党组织党建教育及群众性红色文化宣教活动,打造可阅读、可交互的红色文化展示窗口,吸引更多的年轻人前往打卡互动。这些场馆、设施充分结合红色资源深厚的历史承载,让党课学习沉浸在历史现场,在开展宣传教育中发挥了重要的阵地作用,其中,中共一大纪念馆自开馆以来已接待参观者超过221.6万人次,团中央机关旧址纪念馆自整修重新开放以来接待50万人次,中国共产党发起组成立地(《新青年》编辑部)旧址、中共中央政治局机关旧址(1928—1931年)、又新印刷所旧址及中共上海区委党校旧址共计接待近10万人次,在推进红色文化社会宣传教育,尤其是青少年爱国主义和革命传统教育方面,起到了不可替代的作用。接下来,黄浦区将依托区红色资源保护利用工作联系会议,在市级联席会议的指导和支持下,在现有工作基础上,一是进一步做好甄别工作,分类定级,应保尽保,加强分类保护;二是完善制度,明确保护细则,做到有章

图18-1 中国共产党发起组成立地(《新青年》编辑部)旧址外景

可依;三是明确保护责任,分工明确,互为补充;四是做好必要的保护修缮,确保安全,守住底线;五是注重加强对社会主义革命和建设时期、改革开放和社会主义现代化建设新时期、中国特色社会主义新时代所形成的红色资源的发现和保护。

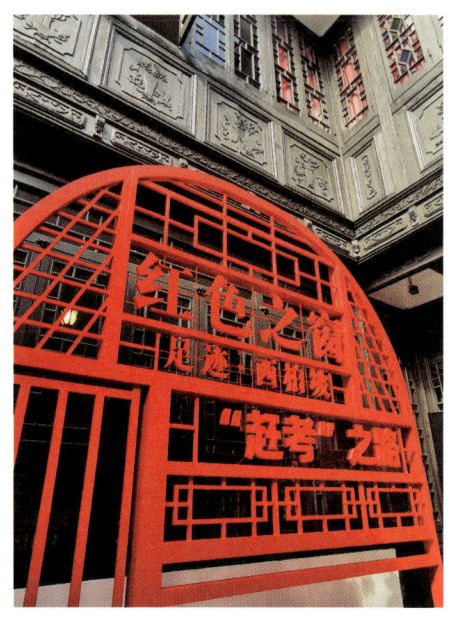

图18-2 "红色之窗"展览艺术装置照片

(二) 以伟大建党精神研究为重点,深入挖掘黄浦红色资源精神内涵

2021年7月1日,习近平总书记在庆祝中国共产党成立100周年大会上指出:"一百年前,中国共产党的先驱们创建了中国共产党,形成了坚持真理、坚守理想、践行初心、担当使命、不怕牺牲、英勇斗争、对党忠诚、不负人民的伟大建党精神,这是中国共产党的精神之源。"黄浦区立足党的诞生地、初心始发地、伟大建党精神孕育地所在区定位,持续着力加强党史研究,编辑出版《黄浦·红色起点》《红色记忆在黄浦》《黄浦别样红》《上海渔阳里——中国共产党的初心之地》等研究成果类书籍;联合发起成立上海红色文化研究院,推进以中国共产党历史为格局,地域资源为依托的红色文化研究。今后来看,如何从丰富的红色资源中演绎以伟大建党精神为源头的精神谱系,将是我们在党史研究领域需要深入推进的工作。我们要将黄浦放在中国共产党践行崇高理想和神圣使命的大格局中,研究解析红色资源,提炼具有普遍意义和当代价值的文化精髓,具有感召影响力、给人奋进力量的精神标识;要结合党史上的重大事件、重要会议、重要人物、重要文献等,深入发掘这些红色资源的精神内涵,整合研究力量,系统阐释红色文化的内涵,打造凝聚认同、易于传播的文化符号。

(三) 构建红色资源传承传播、转化利用的新路径

近年来,黄浦区在保护好各类革命遗迹遗址的同时,面向未来,不断思考和实践红色文化传承传播、转化利用的新路径,努力通过红色文化熏染、涵养城区品格,夯实更高质量发展的根基。组建黄浦区红色文化讲师团,立足在黄浦发生的党史故事录制课件,开展线上线下传播;开发红色微旅游项目"红色火种,从这里点燃",3条线路覆盖近20处红色史迹;推出红色主题广播节目《黄浦江畔的红色故事》《来黄浦,游"红色露天博物馆"》,通过电波传递红色文化;举办"红色文化进校园·强国复兴第一课"青少年主题教育活动,让红色宣讲走进学校仪式教育系列课程;依托红色旧址开发音乐剧《福兴布庄》、朗诵剧《渔阳薪火》等沉浸式红色文化体验项目;组织创作了红色遗迹情景诗剧《追寻》、红色家书情景朗诵剧《信念》等一批红色文艺作品;创排话剧《红色的起点》并开展全国巡演。接下来,黄浦区将继续立足丰富的红色资源,深化"红色露天博物馆"建设,广泛征集红色故事,深挖红色文史资料的内涵价值,形成一批充满现代表达、时代诠释的红色文化宣传品、出版物和主题寻访线路;继续发挥上海红色文化研究院、黄浦区红色文化讲师团作用,深化打造复兴·颂"红色之窗"特色品牌,继续举办"逐梦新时代"主题活动,搭建优秀项目的发现、培育、集成和展示平台,积极创新传播手段,注重精准投放,用更接地气、更直抵人心、更能引起共鸣的方式,让红色基因更好地融入城市血脉,根植市民心中,形成红色资源传承传播、转化利用的新路径、新优势。

B.19 点燃"数字化"新引擎 赋能红色资源保护利用工作迈上新台阶

——以上海红色文化信息应用平台"红途"建设为例

中共上海市委宣传部宣传处

执笔人：黄 沛

习近平总书记指出："当今世界，信息技术创新日新月异，数字化、网络化、智能化深入发展，在推动经济社会发展、促进国家治理体系和治理能力现代化、满足人民日益增长的美好生活需要方面发挥着越来越重要的作用。"党的二十大报告也对加快建设网络强国、数字中国，实施国家文化数字化战略作出了重要部署。顺应信息技术发展趋势，加快推进数字化为宣传思想文化工作赋能，创新红色资源保护利用工作机制，是做好新时代宣传思

图 19-1 上海红色文化资源信息应用平台"红途"

想工作的内在需求。

2021年6月18日,为庆祝中国共产党成立100周年,深入推进"党的诞生地"红色文化传承弘扬工程,进一步提升城市软实力,上海市委宣传部联合中宣部宣传舆情研究中心,会同市各有关单位,在全国率先建设推出上海红色文化资源信息应用平台"红途"。"红途"平台上线两年以来,坚持践行人民城市重要理念,将积淀百年的红色基因注入当下的数字化城市生活,化资源优势为精神动能,数字赋能红色资源保护利用机制创新,做出了一系列积极探索。

一、加快构建数字赋能红色资源保护利用的重要意义

(一)强化思想引领,积极落实国家战略部署

1. 深化红色资源保护利用是上海的重要使命担当

2017年10月,习近平总书记带领中共中央政治局常委集体瞻仰中共一大会址,向全党发出"不忘初心、牢记使命、永远奋斗"的伟大号召。2019年11月,习近平总书记考察上海时强调,上海要把丰富的红色资源作为主题教育的生动教材,引导广大党员、干部深入学习党史、新中国史、改革开放史,让初心薪火相传,把使命永担在肩。2020年11月,习近平总书记在浦东开发开放30周年庆祝大会上强调,上海是中国共产党诞生地,要求我们传承红色基因、践行初心使命。

2. 加快推进文化数字化转型是上海当好排头兵先行者的应有之义

2020年,党的十九届五中全会作出了推动公共文化数字化建设、实施文化产业数字化战略的决策部署。2022年3月,中共中央办公厅、国务院办公厅印发了《关于推进实施国家文化数字化战略的意见》;同年10月,实施国家文化数字化战略写进了党的二十大报告,文化数字化成为建设社会主义文化强国的重要内容。2023年全国宣传部长会议提出"顺应信息技术发展趋势,加快推进数字化为宣传思想工作赋能",并在《关于实施革命文物保护利用工程的意见》文件中,明确要求加强对红色文化资源数字化的组织领导,统筹推进革命文物保护利用传承。加快推进红色资源数字化,是顺应时代发展积极应变求变的战略选择、促进宣传思想工作提效升级的关键抓

手,更是上海当好改革开放排头兵、创新发展先行者的应有之义。

(二) 立足资源禀赋,全方位推进红色资源保护利用

1. 上海市红色资源底蕴丰厚

根据2020年权威部门的复核统计,全市自1919年五四运动到1949年上海解放,现存旧址、遗址、纪念设施类红色资源共612处,其中旧址228处、遗址279处、设施105处,遍布全市16个区。1994年至今,共建设命名了八批171个上海市爱国主义教育基地,包括革命历史、伟人名人、人文艺术、行业企业、烈士陵园等多个类别,是广大干部群众学习革命历史、感悟家国情怀、传承红色基因、践行初心使命的生动课堂。

2. 上海市红色资源保护利用的制约因素

一是存在小而散的"碎片化"现象,全市红色文化资源分布领域广泛、归口管理分散,尚未形成统筹协调机制,制约了资源的综合开发利用和集群效应发挥。二是存在关注度差异明显的"冷热不均"现象,由于历史沿革、地理交通、行政隶属、人员结构、政策扶持等各方面的差异性,市民群众对本市红色文化场馆的知晓度、参观率参差不齐,如中共一大纪念馆预约供不应求、郊区场馆参观寥寥无几的情况客观存在。部分精心打造的场馆基地由于关注度偏低,从而较难充分发挥宣传教育功能。三是存在难以满足新时代学习教育需求的"供给短板"现象,随着全市"四史"宣传教育持续深入、全域"大思政课"广泛开展,广大干部群众对学习教育形式内容提出更高层次需求。传统场馆受空间场地、经费技术局限,硬件环境的体验感不佳,部分展览形式陈旧,较少运用新技术实现展品与观众的互动,教育手段单一,教育资源供给不足。尤其是全市分布广泛、类型多元、形态各异的红色资源缺少统一宣传展示平台和预约入口,也在一定程度上降低了广大群众的体验感和获得感。在2021年的上海市红色文化传播社会满意度调查中,有58.8%的受访群众认为"部分场馆宣传形式缺乏吸引力"。四是全国范围数字赋能红色资源的机制创新尚在摸索阶段。在国内横向调研对比中,发现目前大部分省市尚未建立红色资源数字化平台机制,个别如湖北省建有"荆楚红"App,湖南、浙江宁波、辽宁盘锦在政府官网上建有"红色初心""红色家园"

等版块专栏,普遍存在内容单薄、功能单一、缺少互动、群众关注度低等问题。传统的资源保护利用手段限制了红色文化传播效能,亟待创新技术引入打破红色资源在保护利用时的内在局限,推进建设红色资源数字化工作机制,让红色资源在新时代激发新能量。

(三)深化创新驱动,促进文化科技深度融合

1. 数字赋能让红色资源"热起来"

第五十一次《中国互联网络发展状况统计报告》显示,截至2022年12月,我国网民规模为10.67亿,互联网普及率达75.6%,短视频用户规模首次突破10亿,用户使用率高达94.8%。由此可见,信息时代的信息传播更快速便捷、传播平台更多样广阔、人们的思维更多元多变,群众更加期待数字技术与文化艺术创新融合,这无疑为红色文化的数字化变革带来巨大机遇。通过数字技术创新红色文化传播,极大拓展了红色资源宣传教育的覆盖面和影响力,不仅能够全景式立体展现红色资源内涵魅力,利用数字媒介快速触达社会各阶层人群,更能突破空间限制,实现网络关注与现实流量的融合转换,为传统红色资源带来新热度。

2. 数字赋能让红色资源"活起来"

新时代信息技术创新日新月异,以大数据、人工智能、虚拟现实技术等为代表的数字技术在满足人民日益增长的美好生活需要方面发挥着越来越重要的作用。如数字化采集、数字全景场馆可以给革命遗址旧址、文献文物等红色资源精准画像,系统保存并以图文影音形式高清呈现,建立红色资源数据库和展览展示平台,为红色资源保护利用提供"源头活水"。此外,数字媒体技术的引入,加快推进红色文化深度开发,实现可视化呈现、互动化传播、沉浸式体验。数字赋能红色资源由单向传播转向多向传播、从被动接受转为互动吸收,极大提升市民群众的学习热情与学习质量。

3. 数字赋能让红色资源"聚起来"

红色文化资源的数字化不仅是将固有资源单纯数字转化,还提供了文化创意类产业的外延可能。传统的红色文化资源形式如诗歌、绘画、舞剧和文创产品等,随着数字化模式的介入,可以开发游戏、动漫影视、数字藏品等

多元创意产业。以红色资源开发利用为核心,广泛汇聚社会参与,营造红色文化产业新业态,激发红色文化市场新活力。此外,数字技术还重塑了政府的治理环境,通过大数据可使主管部门更全面及时掌握市民群众对红色文化资源的需求动向,更高效实现红色资源集约建设。

二、数字赋能红色资源保护利用的上海创新实践

上海红色文化资源信息应用平台"红途",通过红色场馆信息化集成、文旅活动智能化汇聚、工作成果数据化呈现等功能,推进全市红色资源综合管理向科学化、精细化、智能化发展。截至 2023 年 6 月,"红途"平台汇聚了全市 379 家革命遗址、旧址和设施,171 家市级爱国主义教育基地,237 家新时代文明实践中心,累计推出全市精品展陈、讲座课程、学习线路、场馆活动等优质学习资源 6256 项,完成"三端两号"(学习强国端、随申办端、微信小程序端及微信公众号、"红途"视频号)功能矩阵搭建,平台实名注册用户达 611.54 万,点击量超 5.2 亿次。

(一)面向主管单位,实现红色文化资源"一网统管"

为构建本市红色文化资源信息管理系统提供大数据支持,提供"动态可查、数据可靠、效果可视"的集成化管理功能。建成全市首个爱国主义教育基地可视化信息系统,实现红色文化场馆一馆一档,各场馆及其主管部门均可在平台系统中,集中处理包含场馆运营、开放接待、教育活动等各项管理任务,积累各类数据 112.9 万条。建设上海市爱国主义教育基地网络管理系统,在 2022 年度市级爱国主义教育基地申报和考核评估中,服务 171 个场馆基地完成场馆自查、主管单位初评、市级考核组复评及终评,线上考核全过程操作便捷、透明公开、资料备案规范,首次实现全市爱教基地网络化申报、信息化考核、数字化管理。

(二)面向社会公众,实现红色文化应用"一网通办"

围绕"看、听、访、学"设置红色资源服务功能。"光荣之城"将《上海红色文化地图》转化为数字化应用,按行政区划在线展示全市 600 多处红色资源

B.19 点燃"数字化"新引擎 赋能红色资源保护利用工作迈上新台阶 / 189

和各级爱国主义教育基地,创设"数字全景场馆"专区,上线31家爱国主义教育基地的数字全景场馆,让广大市民实现足不出户就能获得沉浸式参观体验。"场馆预约"在全市推广红色文化场馆一站式预约系统,携手"随申办",打通"场馆预约"双通道,将观众预约需求与场馆实时开放情况有效对接,在中共一大纪念馆等30家重点场馆实现红途随申码预约码"一码通行",切实提升红色场馆的便民服务水平,目前已累计近130万名观众预约入馆。"党史教育"汇集全市优质教育资源,与重大主题相呼应,与干部培训相结合,动态发布电子学习菜单,535项精彩活动供市民群众结合需求参与学习教育。"城市阅读"有机融合红色文化、海派文化、江南文化,发布141条特色寻访线路,行程规划、交通索引"一屏直达",学习成果报告"一键生成"。

图19-2 "光荣之城"红色场馆数字化展示

(三) 面向红色文化场馆,实现红色文化载体"一站服务"

"场馆活动"在线汇聚本市红色文化场馆精品展陈、主题教育、专题讲座、特色活动,实现信息发布、智能查询、活动预约、线上展示、点评推荐等功能,搭建场馆活动推荐展示、馆际合作交流的平台。"红途讲师"充分调动社会力量,鼓励专家学者、资深讲解员、优秀志愿者加入红色文化传播队伍,打造本市红色文化讲师团队的培养、宣传、展示和推介平台,进一步壮大红色文化传播者队伍。"海上文创"与本市红色文创大赛等活动联动,集中展示推介海派红色文创产品的创新成果,推动提升上海红色文化场馆文创产品的设计与开发水平,盘活红色文化资源存量,拓展红色文化资源功能。"红途微视"以短视频的形式进行红色故事、红色文艺作品的创新展示,打造原创红色短视频资源汇聚和展示平台。

(四) 面向合作单位,实现红色文化信息"一站共享"

依托上海红色资源保护利用工作联席会议,发挥红色资源枢纽平台作用,凝聚合力,共建共享。平台上线以来,先后联合市委党史研究室、市教委、市文化和旅游局、市文明办等,定制推出主题展览、红色线路、文艺演出、党史读物等优质学习资源 329 项;与本市主要媒体,及抖音、B 站、上海移动等社会平台合作,推出"红色故事馆长说"系列短视频、头部 UP 主直播"勇立潮头"骑行党课等特色活动,线上线下受众超过 1366 万人次;联动全市爱国主义教育基地,推进红途讲师团和"红途学苑"大思政课建设,以"一馆一师一课"为载体,打造少年"红途"行、"红途"探馆、"红途"讲堂等"红途+"系列品牌项目,开展各类线上线下体验活动 245 场,活动覆盖人数超 500 万。

图 19-3 "红途"联合 B 站在江南造船厂开展线上探馆活动

三、数字赋能红色资源保护利用的经验做法

(一) 搭建"数字平台",实现红色文化资源协同治理

健全工作协同机制,红色资源开发管理主体复杂、保护利用手段多元,对跨部门、跨区域协同开发利用提出内在要求。"红途"平台在建设之初,就着力健全管理机制,将市级责任单位、区级主管部门、基层场馆均纳入平台一体化管理,落实党委领导、部门协同、社会参与的工作机制,发挥部门、条块和馆际的联动优势,共同参与资源开发与共享共建。搭建智能化管理平台,"红途"平台为构建本市红色文化资源信息管理系统提供大数据支持,形成"场馆信息全面可靠、活动资源动态可查、工作成果数据可视"的集成化管理功能,有力推进全市红色文化资源集约化管理、规模化发展,提升数字治理效能。

(二) 依托"数字力量",挖掘红色文化资源内涵底蕴

摸清资源底数,"红途"平台结合国家文化数字化战略要求,梳理排摸全市红色革命旧址遗址、爱国主义教育基地等资源底数,在"光荣之城"模块实现全市红色资源点位分布"一览无遗",场馆信息"一键获取"。资源数字转化,将原本分散式、碎片化的红色资源信息,通过数字化采集录入、建立资源信息库分类储存,有力实现资源整合、保护传承和分类利用。线上线下同频共振,打造线上"一键预约"、线下"一码通行"的全市红色文化场馆参观预约的一网通平台,累计近130万名观众预约入馆,推进全市红色资源的集中展示、整合利用。

(三) 激发"数字智慧",盘活红色文化资源应用传播

打造数字信息资源库。数字化统筹红色资源保护利用成果,有效对接市民群众多样化需求。市民群众只需指尖轻触,即能通过行政区划、地铁交通、场馆类别、关联推荐等多维度定制搜索,针对性查询浏览全市红色资源,获取红色场馆的位置信息、场馆介绍、热门活动、讲师课程、多媒体宣教素材等多项关联资源。实现红色文化资源展示数字化、活动常态化、课程信息

化。依托平台数字基座，红色文化资源应用场景得以极大地丰富和拓展，"红色地图"叠加"全景场馆"，初步构建起一座数字孪生"光荣之城"；用户画像结合算法推荐，不仅实现动态发布全市优质教育资源，同时聚合数字化服务功能，智能集合行程规划、电子导航、在线预约、多媒体学习素材"一屏直达"，定制化学习成果报告"一键生成"。

（四）形成"数字合力"，强化红色资源保护利用社会参与

中心枢纽、条线辐射。在市红色资源保护利用工作联席会议指导下，"红途"平台持续深化本市红色文化资源网络中心节点和资源枢纽功能，与各有关单位、平台合作，打造一系列"红途+"品牌项目，推动红色文化传播数字化。多元共治、价值共创。联合市教委、市精神文明办、上海警备区政治工作局，结合各条线教育思政、国防安全等重点宣传主题，开展专题活动策划，拓展红色文化资源内涵，打造数字化"大宣传"格局。

四、数字赋能红色资源保护利用的启示与思考

作为市级层面红色资源信息应用平台的创新实践，上海数字赋能红色资源保护利用机制尚处于建设初级阶段。下阶段，如何将飞速发展的数字信息技术手段与红色文化传承弘扬深度融合，凸显符合超大城市数字治理的特色，探索之路任重道远。

（一）引领"数字赋能"新思维。上海市委、市政府2020年底公布的《关于全面推进上海城市数字化转型的意见》，要求坚持整体性转变，坚持全方位赋能，坚持革命性重塑，创造人民城市数字化美好生活体验。数字赋能红色资源，应紧随时代发展潮流、技术创新前沿，以更高站位、更主动创新意识持续推进数字化平台提质升级，加强内容建设、功能应用、平台运营、联建联动、宣传展示和社会服务"六维"能力提升。锚定数字化新方向，让红色资源保护利用工作有效破圈。

（二）凸显"数字赋能"创造力。数字化赋能红色资源保护利用的质量，不仅取决于海量数据的采集和应用，更在于数字化思维下保护利用方式方法的创造力。数字时代下宣传工作模式、信息传播场域发生了巨大变化，更

需要发挥技术优势,创新内容表现形式,使宣传内容"靓起来",项目活动"火起来"。应在数字资源采集基础上,落实打响"上海文化"品牌要求,主动打造红色文化数字品牌,提高优质红色文化资源供给水平,拓展红色文化宣传教育传播渠道,创新红色文化叙事路径表达,挖掘弘扬红色文化的时代价值。

(三)关注"数字赋能"民生向。数字赋能的根本目标,是增强人民群众的获得感、满足感和幸福感。数字化赋能红色资源保护利用,应始终坚持贯彻"人民城市"重要理念,多倾听基层群众声音,关注基层分众化需求,以数字服务、文化底蕴激发更强的人文关怀、更暖的民生温度,更好引导市民感悟理想之光、传承信仰之力。

(四)打好"数字赋能"组合拳。数字赋能红色资源保护利用,需要加强社会参与、多方共建。一方面,地方政府应将加快推进红色资源数字化转型纳入整体工作规划目标,建立健全红色资源保护利用联席工作机制;另一方面,也要激发文化市场活力,秉承"内容共创、价值共享"的理念,积极引导和支持社会参与数字化红色资源保护利用,支持数字红色创意产业发展,增强数字红色文旅产品的供给,打造红色文化数字产业新生态。

B.20 大先生·大师剧·大课堂

——上海高校大师剧红色育人资源挖掘与运用

上海戏剧学院

执笔人：胡蔓蒂　顾　颖

2012年至2022年，在上海市教委统筹指导下，上海戏剧学院联合相关高校，先后推出《陈望道》《钱伟长》《孟宪承》《清贫的牡丹》等28部反映本校名家大师的精品大师剧和50余部各高校自创校本大师剧，直接参演师生近万人，先后演出1000余场次，现场观看50余万人次，网络平台观摩上千万人次。《钱学森》《国之英豪》等大师剧入选"共和国的脊梁——科学大师名

图20-1　上海交通大学大师剧《钱学森》演出剧照

图 20-2　同济大学大师剧《国之英豪》演出剧照

图 20-3　上海戏剧学院大师剧《熊佛西》演出剧照

校宣传工程",《贺绿汀》《熊佛西》《师说》等多个剧目受到国家艺术基金和上海文化发展基金会支持,《钱学森》《雷经天》等剧目荣获中国校园戏剧节"优秀剧目奖"等重要奖项,形成了令人瞩目的上海高校红色大师剧集群。

立德树人是学校的根本任务,习近平总书记多次强调"大思政课,要善用之"。上海高校通过大师剧红色育人资源的深度挖掘与融合运用,成功探索出"融合式思政大课堂"的新理念、新思路,形成了富有成效的"大思政课"

育人新路径。2022年,"高校校园大师剧"入选全国高校思想政治工作精品项目,"高校原创大师剧——开辟思政教育新路径"获得上海市教学成果特等奖。在党史学习教育中,上海高校大师剧成为重要载体。高校大师剧教育教学已成为上海高校育人和上海城市文化的闪亮品牌。

一、搭建大平台,全区域统筹大师剧红色育人资源

大师剧是集全市高校之力开发形成的有组织、有规划、成体系的思政大课。按照教育主管部门统一规划、高校主导实施、艺术院校专业支撑、全市协同育人思路,上海高校原创大师剧通过全区域统筹、挖掘、运用、转化大师剧红色育人资源,构建起将创演过程、教学过程和育人过程融为一体的区域级大思政课,实现了育人效果的规模化、常态化和长效化。

(一)建立教育主管部门整体规划、统筹协调机制

上海市委、市政府持续将"原创校园大师剧创编与巡演"列入文教结合三年行动计划,先后投入3000余万元支持高校大师剧的创作巡演,鼓励高校"挖掘各高校建校历史中名师大家的感人事迹,引导师生感受大师严谨求实的治学风范和无私奉献的高尚品德,传播大学精神和教育正能量"。

为了让大师剧从艺术作品的点点星火成为红色育人的满天星光,上海市教卫工作党委、市教委以承担建设全国教育综合改革试点区、高校"三全育人"综合改革试点区和示范区、"大思政课"改革创新试点区等国家教育改革项目为契机,依托"文教结合"项目机制,实施上海高校"向大师致敬——大师系列校园剧"扶持计划,为大师剧育人提供政策保障和资源保障。先后在上海戏剧学院成立上海校园戏剧文本孵化中心、上海校园戏剧教育与应用中心,将大师剧育人纳入年度校园精神文明重点建设计划和高校立德树人成效评价体系,以原创大师剧为抓手整合各高校的思政资源,持续深入推进"大先生·大师剧·大课堂"建设。

(二)实施以"1+N+X"为核心的校际协同合作模式

为确保原创大师剧出精品成经典,上海市教卫工作党委整合各高校力

量,创造性地实施了"1+N+X"为核心的校际协同合作模式。

"1"即发挥上戏的专业性、引领性,为各高校创作"N"部精品大师剧提供专业支撑。上戏发挥学科优势和人才优势,对剧本孵化、演员培训和舞台设计等提供全方位服务指导,先后为其他高校近20部大师剧进行剧本创作孵化,为12余部大师剧提供导演、舞美设计、表演指导等专业服务。

上海戏剧学院的专业支撑不仅提升了原创大师剧的整体质量,还为高校培养了一批准专业艺术人才,孵化了一批高校新兴剧社,推动了一批老牌剧社发展,并以此为开端,推动校园戏剧从小众走向大众、从先锋走向主流,创排更多有筋骨、有道德、有温度的文艺作品,引导校园文化建设正能量。

各高校经过"1+N"的协同培育,实现剧目自我更新、演职人员自我更替,并自主开发了"X"部校本大师剧,形成了上海高校原创大师剧的高峰和高原。

(三) 强化各高校内部协同联动机制

普通高校在大师剧红色育人资源挖掘和应用中始终发挥主导作用。根据市教卫工作党委的指示安排,各高校成立大师剧专项工作组,配套专项工作资金,构建起党政齐抓共管,党委宣传部门牵头实施,学工、教务等部门和教学单位共同发力,二级院系大力支持、师生广泛参与的内部协同联动机制。各高校共投入2000余万元资金进行大师剧育人建设,不断打破部门、院系、专业、学科壁垒,成功实现了大师剧从筹备开发到教育教学,以及成果应用、转化和推广的全过程全方位育人。如东华大学的《钱宝钧》剧目在创作过程中,形成了由钱宝钧先生的亲属、学生、同事组成的老教授团队,由档案馆、材料学院专人组成的史料学术团队,潜移默化地实现了体验教育、自我教育、群体教育。

二、塑造大先生,全方位挖掘大师精神育人价值

大学者,大师之谓也。大师剧所遴选的大师,每一位都是上海高校的旗帜和标杆,他们的学术领域涵盖马克思主义理论、航空、桥梁、航海、化学、力学、鱼类学、医学、法学、文学、戏剧学、音乐学、体育学、会计学、心理学共15个具体的学科门类,他们所在的高校涵盖了上海区域内具有深厚办学底蕴

的一大批高校,既有国际知名的"双一流"大学,也有特色鲜明的专业院校和职业技术院校。通过演绎各类大师,大师剧引导不同类型的学校都能发现培育本学科专业的大师,引导师生树立正确职业观念和成才观念。

他们是师生"为学、为事、为人"的榜样,是学科的领军人才和行业的翘楚权威,更是学子们的"前辈学长"和"爷爷奶奶"。大师剧通过讲述大师跌宕起伏的成长故事、感人肺腑的人生选择,把大师塑造成学生可敬可亲可爱的身边榜样,以人格魅力呵护学生心灵,以学术造诣开启学生智慧,使思政教育更加贴近学生、贴近生活、贴近实际。

(一) 凝练大师精神,赓续红色基因

凝练和讴歌大师精神是大师剧的灵魂所在。在一场场荡气回肠的戏剧情景中,大师剧生动刻画了不同专业领域、不同人生境遇、不同个性特征的名师大家鲜活的精神气质,呈现和宣扬了"爱国、奉献、求真、创新"的"钱学森精神","不为一己求安乐、愿作别人嫁衣裳"的"钱宝钧精神","追求卓越、虚怀若谷、勤奋努力、为了病人"的"牡丹精神","我没有专业,祖国的需要就是我的专业"的"钱伟长宣言"等,构建起群星闪耀的大师精神富矿,并逐步凝练形成了以爱国主义、奋斗精神、高尚品格和过硬本领为主要内涵的大师精神图谱,把大师品格、品行和品位转化为进行价值引领的重要资源。通过讲好他们坚持理想信念、投身革命的家国豪情,讲好他们为党育人、为国育才的奋斗历程,讲活他们勇攀科研高峰、爱国奉献的生动故事,引导广大师生从青春小我走向强国大我,努力建功立业,创造新时代。

(二) 激活历史内涵,弘扬校风传统

大师剧中的大师是中国人民"站起来、富起来、强起来"伟大历史征程的参加者、亲历者和见证者。《共产党宣言》的首译者陈望道,参与审判日本甲级战犯、起草香港基本法的法学家裘劭恒,"中国复关入世第一人"汪尧田……他们的人生即是中国近现代史和当代史的生动写照;中国航天事业的奠基人钱学森,航海教育的先驱者陈嘉震,"中国现代会计之父"潘序伦……他们的奋斗史就是我国基础行业和紧缺行业的创业史、发展史;大师

剧中的14位大师还是所在高校的创校校长,如排除万难创建华东纺织工学院的钱宝钧,将沪江大学从一所"在中国的大学"变成"中国的大学"的首任华人校长刘湛恩,倡导"学校中有工厂,工厂里有课堂"的职业教育奠基人严雪怡等,他们的经历就是一部上海高等教育的发展史,他们身上集中体现了教育者的崇高理想和赤诚初心。

高校大师剧通过讲述集国史、党史、校史、行业史和个人奋斗史于一身的大师故事,不仅为波澜壮阔的红色历史添加了形象直观、富有温度的注脚和索引,还成为阐释校训、反映校风、弘扬校园文化的生动载体。如大师剧《潘序伦》集中展示由创校校长潘序伦倡导,作为立校之基传承九十二年的"诚信文化",引导师生自觉弘扬和践行社会主义核心价值观;大师剧《雷经天》重温延安时期法治精神,重温雷经天的革命历程和历史贡献,将学习党史和学习践行习近平法治思想结合起来。通过大师剧的创排演学,在舞台时空、历史时空和现实时空的交替重合中,载入史册的"大先生"走近身边,走入心灵,实现"用一个灵魂唤醒另一个灵魂"。

(三) 移植专业模式,打造艺术精品

上海高校大师剧依托"1+N+X"的校际合作机制,将艺术高校剧目生产和专业教学的流程植入相关高校,既授人以鱼又授人以渔,切实帮助各高校以专业水准打造高水平大师剧。通过参加上海戏剧学院"百·千·万字编剧工作坊"教学课程,《雷经天》《汪尧田》《蔡龙云》等剧目的学生,编剧专业能力得以显著提升;上海海事大学《陈嘉震》、上海电机学院《严雪怡》等剧组先后前往上戏表演系接受指导培训,内容涵盖戏剧理论、形体技巧、台词训练、编剧导演、声乐与语言发声、即兴小品、戏曲程式等专业,为大师剧和新老演职人员自我更替奠定了坚实的基础;28个精品大师剧均按照艺术院校教学剧目生产流程,制定了剧组工作安排表、创作及制作进度表、排练计划表、单日排练记录等,确保了大师剧编创排演的高效推进,为普通高校培养了一批初步具有剧目管理和制作能力的准专业人才,使大师剧的自我更新成为可能。

专业剧目生产模式和教学模式的成功移植,大大提升了由普通高校师生担当主创主角的剧目艺术质量,诞生了《雷经天》《钱学森》《陈望道》《刘湛

恩》等一批获得国家级、省市级艺术大奖的精品力作,推动各高校大师剧长演不辍、常演常新,一代代师生在审美化的角色体验和观赏过程中获得艺术享受,受到精神洗礼,产生情感共鸣。

三、建设大课堂,全方位提升大师剧育人效果

大师剧不是一般意义上的校园文化活动,而是将创演过程、教学过程和育人过程融为一体的思政大课,以具体化、形象化、生动化的"身边人、身边事、身边物、身边景"培根铸魂、启智润心。

(一) 全链条构建沉浸式育人课堂

创作时围绕校史资料、大师素材开展研讨式教育;排练时围绕大师人生经历和命运抉择的启发式教学;演出时进入规定情境、切身体会大师心境的体验式教育;演出后总结创作和演出经验的感悟式教育;大师剧从戏剧艺术特有的生产流程和艺术规律出发,成为融启发、研讨、互动、体验于一体的沉浸式课堂典范。

紧紧围绕"大课堂"这一根本属性,各高校旗帜鲜明地将红色育人贯穿大师剧编创演播全链条。上海音乐学院大师剧《贺绿汀》、上海戏剧学院大师剧《熊佛西》等剧组在建组时同步成立临时党支部,由学校党委领导担任支部书记,从马克思主义学院抽调师资担任随组思政教师,带队进行社会考察和调研交流,一路走、一路写、一路演、一路学;上海交通大学医学院大师剧《清贫的牡丹》经常邀请剧中人物原型、中国工程院院士、老校长王振义亲临现场,与演职人员和师生观众进行演后谈。先生的亲口阐释和激励,让"牡丹精神"成为医学生们为人为医的指路明灯。基于戏剧艺术特点和红色育人导向的全链条沉浸式育人课堂,突破狭义课堂教学的封闭性,实现了"时时是教学、处处是课堂;创作即受教、观演皆受教、师生共受教"的效果。

(二) 全方位打造融合式育人实践

经过多年的辛勤耕耘,"大先生·大师剧·大课堂"建设成功推动课堂和舞台融合、德育和美育融合、教师思政和学生思政融合,成为高校最具活

力、最受欢迎的思政金课、艺术优课和师训大课。

以大师剧为起点,同济大学、华东师范大学连续数年开设了校史选修课;华东政法大学开设《雷经天与法治精神》通识课;上海音乐学院开设《贺绿汀》音乐党课;上海对外经贸大学开设《裘劭恒》示范党课,舞台教学与课堂教学互为支撑;东华大学以《钱宝钧》为发端,设立了"钱宝钧讲堂";上海理工大学在《刘湛恩》成功展演基础上,成立了获得"全国大学生百佳理论学习社团"称号的"湛恩知行"青年理论实践团,第一课堂与第二课堂交相辉映;华东师范大学在排演大师剧《孟宪承》《冯契》之后,推动建立了孟宪承纪念馆、冯契纪念馆,开发了两位大师的系列文创产品,实现了育人场域的立体化、多元化、时代化。如今,作为深化新时代理想信念教育、爱国主义教育和公民道德教育的内容和载体,大师剧育人已经贯穿新生入学、校庆典礼、新教师入职教育等重要节点,融入党史学习教育等重要主题教育,成为规范化实施、常态化运作的校园文化精品、思政教育金课。

(三) 多维度扩展成果辐射效应

灿若星辰的大先生们不仅是高校立德树人的资源富矿,也是中华儿女共同的精神瑰宝。通过多维度的成果转换传播推广,让大师精神走出校园、走向社会,将教育系统的自循环转变为全社会共享共育的大循环,是高校应有的责任担当。

近年来,上海高校充分用好融媒体传播优势,开发了大师剧系列音视频流媒体作品,广泛借助微信、微博、抖音等网络新媒体同步展播大师故事,包括《人民日报》、新华社、中央电视台《新闻联播》等权威媒体报道上海高校大师剧上百次,其他各类媒体报道上千次,在全社会形成了看大师剧、学大师精神的浓厚氛围;依托上海"三全育人"综改示范区建设,引导高校原创校园"大师剧"资源向中小学辐射,华东师范大学联合教育集团中小学,共同发起成立校园"大师剧"大中小一体化育人协作平台,探索大中小学在校园"大师剧"育人实践中的互动和联动;《裘沛然》《师说》《钱学森》《熊佛西》《贺绿汀》等大师剧纷纷开启全国巡演,推动大师精神在社会大课堂上同频共振,唱响主旋律、激扬正能量。

B.21 当代大学生如何讲好红色故事、传承红色基因

——以复旦大学《共产党宣言》展示馆党员志愿服务队为例

复旦大学

执笔人：范佳秋　孙冰心　许亚云

为深入学习贯彻习近平新时代中国特色社会主义思想，落实立德树人根本任务，引导广大师生和干部群众在学思践悟中坚定理想信念，在奋发有为中践行初心使命，复旦大学《共产党宣言》展示馆"星火"党员志愿服务队在学校党委的关心指导和直接领导下，自2018年5月展示馆开馆运行以来，积极承担义务讲解工作，宣讲老校长陈望道追寻真理的故事，传播马克思主义理论。2020年6月27日，习近平总书记给复旦大学《共产党宣言》展示馆党员志愿服务队回信，肯定了服务队的工作并勉励全体同志"坚持做下去，做得更好"。在总书记回信的指引下，"星火"党员志愿服务队进一步坚定理想信念、矢志拼搏奋斗，用习近平新时代中国特色社会主义思想铸魂育人，走好新时代的长征路。

一、基本情况

复旦大学《共产党宣言》展示馆"星火"党员志愿服务队成立于2018年5月，为复旦大学老校长陈望道旧居暨《共产党宣言》展示馆提供讲解志愿服务，由校党委关心、指导、组织建立，旨在培养具有高质量讲解能力的宣言精神传播者、能做扎实理论研究的宣言精神研究者、素质过硬志愿奉献的宣言精神实践者。服务队名字中的"星火"一词取意自"聚是一团火，散作满天

星"与"星星之火可以燎原",寓意每一位服务队队员都能成为传播马克思主义真理的"火种"。

　　志愿服务队自成立以来,服务来自学校、社会各界参观者近 10 万人次,年均讲解 700 多场。2020 年学校党委启动"红色基因铸魂育人工程"之后,志愿服务队的建设纳入工程重点项目,进一步探索建设路径,注重内涵提升,在分阶培训、分类讲解、分众传播等方面深耕细作。在总书记重要回信的激励和指引下,服务队将继续坚持理论实践双促进、夯实基础练内功,积极探索提升宣传、讲解、研究等综合性能力建设,讲好宣言故事,做好"宣言精神"忠实传人。

图 21-1　"星火"队员为党政机关、企事业单位讲解

二、主要做法

　　"星火"党员志愿服务队围绕加强队伍建设、提升理论研究和宣讲能力、发挥先锋引领作用,着重在四方面下功夫:

(一) 加强理论学习,提升宣讲能力,做到真懂真信

"坚持做下去,做得更好"是总书记对于队伍讲好陈望道追寻真理的故事的要求。队伍进一步在理论学习的深度、广度、效度上精益求精,在理论传播的载体、形式、体系上锐意进取,努力让真理故事的星火播撒到更大范围。

打好基础练好内功,提升宣讲能力,让思想根基筑造更牢。时任校党委书记焦扬高度重视志愿服务队的建设,多次参与志愿服务队的集中研讨学习,她强调,党员志愿服务队要成为马克思主义真理的讲解者、研究者、传播者、捍卫者。为了更好地打好基础、练好内功,志愿服务队打造了一轮阅读、两轮领学、三轮测试的"1+2+3"培训体系,邀请上海各大红色基地的金牌讲解员为队员们亲身示范、传授经验,渔阳里2号、上海档案馆等地都成了队员们最好的实地学习场所,上海"四史"宣讲的专家团成员也被邀请为队员们授课。

摸索辐射带动机制,引领基层党支部,让理论解读领会更深。在讲解的基础上,志愿服务队积极开展理论研究和宣讲,与复旦大学博士生讲师团联袂推出宣言精神、党的十九届六中全会精神等主题宣讲团,将"四史"教育与

图 21-2 "星火"队员学习总书记回信和宣言精神

"青年马克思主义者"培养有机结合,突出理论学习和实践体悟,学深悟透总书记重要回信精神,面向基层形成理论课程80门,九成队员在场馆外开展理论宣讲500余场。线上课程《心有所信,方能行远》播放超过20万次。学习总书记回信和宣言精神已经成为每一名复旦学生党员的"必修课"。

搭建理论课程体系,走进青少年群体,让信仰之基扎根更早。从2021年下半年起,队伍根据中小学不同学段的差异,积极筹备大中小德育一体化系列课程30余门,开展多轮集体备课,邀请复旦附中等中小学一线教师提出指导意见,队员们走进附属中小学、南洋中学、北蔡高中等中小学课堂、主题团队日覆盖6000余人次,以实际行动让"真理的味道"扎根在"小火苗"的心里。

(二) 注重量体裁衣,创新载体形式,做到讲活讲透

习近平总书记曾说:"我们要传播好马克思主义,不能照本宣科、寻章摘句,要大众化、通俗化。"队伍坚持从场馆内走向场馆外,从线下走向线上,从校内走向校外,从单一形式转向多种形式,推出了包括网络微课、原创歌曲、校史话剧、文创手绘在内的创新产品矩阵,用青年的方式让宣言精神"活"起来、"火"起来。

立足分众传播特点,打磨个性化讲解稿,让场馆讲解更精准。志愿服务队认识到,讲好理想信念的故事,要结合不同受众的特点和需求,选用他们听得懂、喜欢听的语言,侧重他们感兴趣的内容,让宣讲更有针对性和感召力。经过反复打磨,志愿服务队形成了"3+X"的个性化讲解稿,针对党政机关、专家学者、学生大众这三类群体形成各有侧重的讲解稿,同时队员们也可结合个人特点适当发挥,已形成40余份独具个人特色的讲解稿和多门宣讲课程。

丰富宣讲产品形态,突破时空语言界限,让理论传播更立体。志愿服务队着力推进产品创新,用丰富的理论产出形式进一步提升理论宣传实效。志愿服务队开发了多种云讲解产品,包括视频云游望道旧居、线上图片讲解旧居等,进一步拓展讲解宣讲的覆盖面,突破讲解的时间、空间限制,并积极推进针对非团体听众的语音讲解、线上讲解,提升听众参观体验;启动多语

种宣讲服务的孵化项目，目前已经完成了德、俄、英、日、韩、法6个语种的宣讲稿翻译，推动宣言精神走向世界，讲好中国故事。

创新理论传播载体，融合艺术网络要素，让文化浸润更浓厚。队伍积极探索创新"互联网＋党建""党史＋美育"等传播载体，参与创作的原创歌曲《望道》、原创校史剧《追梦百年》等作品，一经演出便在校内引发热议。为了进一步打破时间和空间上的制约，"星火"队尝试通过创作绘本《真理的味道是甜的》面向青少年讲授宣言故事，激发中小学生阅读兴趣，并通过知识卡片、延伸资料、思考题等形式，引发孩子们在阅读过程中自主思考，切切实实把红色的种子深埋在孩子们的心中。

（三）建立长效机制，促进知行合一，做到走稳走远

"心有所信"是队伍建设的根本遵循。队伍始终牢记总书记教诲，在学校党委的坚强领导下，在学思践悟中不断厚植信仰根基、强化组织建设，队伍的成长获得了来自中宣部、教育部、团中央等各部门的肯定，队伍案例还入选了党史学习教育领导小组办公室所编写的教育案例选编。

统筹加强组织建设，完善机制保障。长效的理论宣讲要依赖讲解队伍的自身建设。队伍目前共有队员71人，其中学生队员62人，教师队员9人。队员分布在全校16个院系、38个党支部，2/3的队员在各级党团组织中担任学生辅导员、党支部书记、院系研会执行主席、博讲团讲师等骨干。队伍下设队伍培训、讲解统筹、主题活动、创新产品等功能组别。为了打造一支建制有方、有为有恒的坚强队伍，在校党委的直接指导推动下，2020年7月1日，志愿服务队成立了学校第一个功能党支部，目前支部已累计开展组织生活和主题党日25次，在坚定理想信念、深化理论学习等方面发挥重要作用。

构建全程培养体系，提升能力建设。志愿服务队不断强化遴选、培训、考核、试讲、主讲的讲解员培养流程，不断加强资料、经验和分人群服务经验的积累，不断完善集体备课、研究工作坊和"传帮带"等机制，聚焦理想信念和能力提升，进一步完善队员培训和培养方案，形成短中长期相结合的全流程培训机制，统筹开展经典阅读、实践研学、理论备课、讲解培训、材料编写

等能力提升活动,确保宣讲质量。为进一步做好讲解队员的阶梯培养,志愿服务队建立预备队机制,从全校选拔优秀党团骨干加入预备队,经过严格培训后分批上岗。人员培养机制的健全和完善保障了服务队的长效有序发展,有精神、有积淀、有传承,做好真懂、真信、真干的宣言精神忠实传人。

关注队员长期发展,延伸培养成效。"星火"队员已走出40余名毕业生奔赴老少边穷和国家重点行业。其中,有9人成为选调生扎根基层,8人担任思政教师、专职辅导员。2021年毕业的3名选调生目前正在上海、广东、河北等地基层农村锻炼,在基层治理等实践中不断成长。

三、工作成效

成立五年多来,"星火"党员志愿服务队在学思践悟中坚定理想信念,在薪火传承中讲好宣言精神,在奋发有为中践行初心使命,取得了一系列的育人成果,先后荣获全国基层理论宣讲先进集体、全国学雷锋志愿服务"四个100"最佳志愿服务组织、中国青年志愿者优秀组织奖、2021感动上海年度人物提名、上海教育年度新闻人物等荣誉,并被列入校教育部高校思想政治工作精品项目、《百年初心成大道——党史学习教育案例选编》等。具体的工作成效主要集中在以下三个方面:

一是坚持立德树人根本任务,在明道信道传道中锻造传承学校红色基因的重要载体。传道者首先要明道信道。"星火"党员志愿服务队因共同信念而集聚,为共同理想而奋斗。志愿讲解的过程,就是不断学思践悟宣言精神的过程。通过学思践悟、讲好老校长追求真理的故事、传播马克思主义理论,他们的理想信念更加坚定,对社会主义核心价值观的体悟更加深刻,对传播阐释党的理论、党的历史、党的根本指导思想,怀有更大热情、更深感情、更坚定的自信、更自觉的使命。志愿服务队将继续充分挖掘校史育人资源,学好"四史"、讲好故事、守好初心、担好责任,成为有根有魂的青年马克思主义者、有滋有味的优秀讲解员。

二是坚持理论实践双促进,在教学相长、知行合一中不断提升志愿服务队理论宣讲和创新能力。学校党委把"星火"党员志愿服务队作为青年马克思主义者培养的重要平台,坚持让有信仰的人讲信仰、用红色基因培养宣言精神传人，不断完善建强育人长效机制。在基础培训体系之外着力打造"深耕计划"和"行远计划"，通过专家理论领学、校内外实践调研等形式，准确把握宣言精神的时代内涵，用发展的眼光不断打磨讲稿，实现讲解与时代的呼应。在真懂、真信、真干的基础上，积极融合创新传播理念、传播手段、传播载体，让更多人能够准确全面地理解宣言精神，传递信仰火种，学思践悟"真理的味道"，做宣言精神的忠实传人。

三是坚持面向大众讲理论，打造宣言精神和马克思主义研究阐释宣传的坚强阵地。学校党委从一开始就明确，志愿服务队不仅仅是提供讲解服务，而且还承载着"四史"教育、理论阐释、价值引导和人才培养的多重职能。每一位队员都把党委的要求和期许牢记在心，以总书记重要回信精神为指导，做好宣言精神的传播者、研究者和践行者，立足复旦、面向上海、服务全社会，坚持讲好理想信念故事，持续扩大理论宣讲影响力，打造"宣言精神"和马克思主义研究阐释宣传的坚强阵地。发挥好新时代文明实践特色站点、上海市学校红色文化传播育人联盟的作用，带动更多的人加入传承、传播红色基因的队伍。

复旦大学《共产党宣言》展示馆作为上海市志愿者服务基地，将继续助力上海乃至全国红色文化的传播与传承，在全市红色文化场馆志愿服务方面起到示范引领作用，引导更多青年学生参与到红色文化传播志愿服务中去。"星火"党员志愿服务队将始终牢记总书记的嘱托，按照总书记的要求，"笃志""笃学""笃行"，进一步厚植对马克思主义的信仰、坚定对中国特色社会主义的信念、增强实现中华民族伟大复兴中国梦的信心，做到信仰如山、信念如铁、信心如磐。

B.22 高校如何深挖红色资源，赓续红色血脉

——以上海交通大学的实践与经验为例

上海交通大学

执笔人：张思思　胡　端

拥有127年办学历史，地处建党初心之地的上海交通大学是"五史"（党史、新中国史、改革开放史、社会主义发展史、中华民族发展史）在高校的典型缩影，有着极为丰厚的红色资源。近年来，上海交通大学积极贯彻习近平总书记"要把党史学习好、总结好"的指示，认真做实"用好红色资源，赓续红色血脉"的要求，通过多种形式与方法，深挖固有的红色资源，传承弘扬红色文化，聚焦铸魂育人，打造红色高地，不断引导广大师生牢记初心使命，逐步建立赓续红色血脉的长效机制。

一、红色资源梳理

自1925年底中共南洋大学党团支部成立以来，交大党组织伴随着中国革命、建设与改革的伟大实践，始终与中国共产党整体发展同心同向，同频同行，经历了从小到大，从弱走强，从铸就"民主堡垒"到为建设世界一流大学保驾护航的非凡历程。这一历程是中国共产党扎根大学探索民族救亡之路到实践教育强国之梦的生动缩影，也为百年学府积淀下了丰硕厚重的红色资源，优越的红色文化禀赋。具体说来，交大红色资源可以分为党史人物、遗迹遗址、红色珍档、研究成果四大类。

(一) 党史人物

主要是指当年参加交大地下党革命工作的亲历者,具体分为革命烈士、已逝革命者、健在老党员。

1. 革命烈士

交大历史长河中涌现了一批为新中国的诞生而抛头颅、洒热血的革命烈士,在民族复兴的光辉史册上留下了浓墨重彩的印记。目前已查明的英烈有早期革命活动家侯绍裘、钟森荣、夏采曦,新中国成立前夕牺牲的曹炎、穆汉祥、史霄雯等28位,多数为国家民政部门认定的革命烈士。他们的生平和事迹已经收录在《青青犹在》一书中,被我们永远铭记和缅怀。

2. 已逝革命者

已经逝世作古的早年参加革命工作的交大学人,以20世纪二三十年代的地下党员为多,主要有首任交大党支部书记张永和,首批党组织成员、团支部书记陆定一,1932年入党、新中国成立后曾任浙江省副省长的顾德欢,20世纪30年代入党、原机械工业部部长周建南,1933年入党、原海协会会长汪道涵……这些革命先辈们在战争年代历经血雨腥风,又在和平建设时期为国家的富强无私奉献,是对大学生进行革命传统教育和爱国主义教育的典型教材。

3. 健在老党员

是指当年在交大读书期间参加过革命斗争、目前尚健在的中共地下党员或学生领袖。如解放战争时期部分党总支的负责人和学运骨干俞宗瑞、曹子真、黄旭华、李均,等等。这些革命前辈们热爱母校,关心在校大学生的成长,在学生思想政治教育和人生观培养中发挥了重要的作用。他们在学校有关部门的支持配合下,组织编写反映革命斗争历程的专著、回忆录;回校参加革命传统的研讨会、烈士缅怀纪念活动;部分老党员如曹子真等人直接走上学生课堂,与学生面对面,为大学生讲述革命斗争的峥嵘岁月。据不完全统计,目前健在的老地下党员尚有30多位,是极为珍贵稀缺的党史"活"资源。

(二) 遗迹遗址

遗迹遗址类是指墓碑、浮雕、纪念场馆、烈士遗物等较为醒目的实体性资源,可供人们追悼、瞻仰、缅怀。学校此类资源集中分布在徐汇校区"革命传统教育一条街"。

"革命传统教育一条街"汇集了五卅纪念石柱、史穆烈士墓、杨大雄烈士纪念碑、英烈浮雕及"与日俱进"日晷台,构成了学校爱国主义教育园区。它如实记录了新中国成立前交大学子为实现民族振兴、国家强盛,顽强拼搏、前赴后继、抛头颅、洒热血的英勇事迹。此外,一些曾经被作为学生革命活动舞台的场所也可归属此类。如20世纪30年代党的外围组织活动地——执信西斋,1947年公审破坏学运特务的会场——老图书馆、学科代表大会召开地——上院,1948年反美扶日会场——体育馆。最后,尚有一些保存交大英烈遗物或记录革命事迹的校外场所,如存有史霄雯烈士遗物的上海龙华烈士陵园、侯绍裘烈士遗物的南京雨花台烈士陵园、无锡的陆定一故居、五卅烈士陈虞钦的牺牲地南京路、史穆烈士就义地闸北公园、地下党员胡国定的家——上海常德路恒德里65号,等等。

(三) 红色珍档

上海交通大学档案馆、校史博物馆素以丰富的文献实物馆藏为特色,高度重视珍贵文献实物的征收保藏和宣教展示,善于讲好文献实物背后的故事,曾先后举办"馆藏学生课业档案展""名人手札撷英展"等,取得良好的社会反响。近年来,两馆高度重视征集党史人物手稿、实物、照片、口述、声像档案,约计近3000件/套。这些鲜活生动的红色育人资源,蕴含着历代交大共产党人爱国奋斗、服从大局的精神品格。较为珍贵的党史文献、实物、声像资料主要有:

1. 1925年8月4日,中共早期革命家、校友侯绍裘致柳亚子手札。
2. 解放战争时期用于爱国民主运动预警的大铜钟。
3. 中共交大地下党员、革命英烈穆汉祥的石膏像(20世纪50年代初期)。
4. 1949年上海市军事管制委员会主任陈毅、副主任粟裕签发的接管交大的两个"一号令"。
5. 交通大学首任党委书记李培南在抗日战争时期使用的望远镜、军用皮包。

6. 高等教育部部长杨秀峰、交大党委书记兼校长彭康等关于西迁问题讲话的钢丝录音带(1957年7月4日)。

7. 解放时期地下党员周蔚芸谈穆汉祥的录音磁带7盒、1996年录制的地下党员黄旭华的"革命传统报告会""我与山茶社的回忆"磁带各一盒。

8. 《"继往开来"研讨会纪实》影像,摄于1996年百年校庆期间,记录了199位老地下党员和学生领袖回校参加"弘扬爱国主义传统,塑造社会主义跨世纪新人"为主题的研讨会现场,是一部再现老地下党员风采、聆听革命传统教诲、进行爱国主义教育的生动教材。

(四) 研究成果

研究成果主要是指对党组织的发展史进行挖掘、采访、整理、编研而产生的党史资源。自20世纪80年代末以来,交大党史校史研究室联合新中国成立前革命斗争的亲历者,长期致力于党史资源的整理收集工作,取得了较为丰硕的成果。到目前为止,由上海交通大学出版社出版的反映交大党的斗争历程和英烈事迹的图书共计10种18册,老地下党员口述采集资料120余份,成为对大学生进行革命传统教育和思想政治教育最系统、权威的党史资源。主要有《战斗在第二条战线上——解放战争时期交通大学地下党与学生运动》《水之源》(1—4)、《中共上海交通大学党史大事记(1949—1994)》《上海交通大学组织史料(1949年5月—1995年12月)》《青青犹在》《民主堡垒——战斗在交通大学的中共地下党(1925—1949)》《思源·激流》(党员校友口述专辑)、《永励后昆——张永和纪念文集》等。

二、实践路径

为深挖红色资源,赓续红色血脉,厚植交大师生的爱党爱国情怀,近年来,上海交通大学在党委的领导下,充分整合党史学习资源,坚持五个"聚焦",扎实推进党史育人,切实履行好红色资源立德树人、以史育人的职责使命。

(一) 聚焦党史文献,发挥存史资政作用

从2021年7月起,上海交通大学档案文博管理中心面向校内外公开征

集交大党史相关档案资料和文物。已有的馆藏红色珍档,内容丰富、载体多样,体现了交大人在革命建设时期,与国家同呼吸、共命运的情怀与担当,具有十分重要的史料研究与宣传价值。中心以"成熟一批,开放一批"为原则,分期分批开放,深入挖掘利用,充分发挥红色档案的资政育人价值。

2021年11月,学校又启动"百年党史编纂和档案文献整理研究工程"。该工程将聚焦中国共产党交通大学党组织成立后至改革开放以来党领导学校在民主革命、改革创新、教学科研、人才培养、服务社会、文化传承等方面取得的巨大成就与历史经验,为学校"用活"红色资源提供更丰富鲜活的素材。

该工程分为"一主三辅"四大相辅相成的编研工程。"一主"就是主体工程,以撰写一部党史学术专著《中国共产党在上海交通大学100年(1925—2025)》为主体工程,辅以基础、专题、育人三个子工程。其中,基础工程包括编写《党史校史资料汇编》《百年党史大事记》"党员干部口述系列丛书""红色文献实物征集、整理与数据库建设"等;专题工程包括编写《共和国领袖与交大》《交大第一个党支部诞生始末》《交大组织史》《党史人物简传》《党建史》《医学院党史》等;育人工程包括举办杨嘉墀、顾诵芬等杰出校友事迹展等。

(二) 聚焦党史宣教,厚植爱党爱国情怀

首先,按照中央和市委部署安排,中央宣讲团成员、上海市委副书记、市长龚正来校宣讲党的二十大精神。将红色参观学习纳入中青年骨干培训班、青年管理骨干培训班、高层次人才培训班、工会骨干培训班、"荣昶储才计划"等师生培训计划,并将参与情况作为考核评价学员完成培训情况的重要指标。

其次,党委宣传部联合档案文博管理中心,整合研究力量,组成党史特色宣讲团,开设"忆校史,学党史"系列精品讲座,推出个性化定制服务菜单,引导师生知史爱党、知史爱国。2021年以来,总计开展讲座33场,主题包括"从铸就'民主堡垒'到建设'世界一流大学'——中国共产党在上海交大的百年历程""邵力子:交大第一位校友党员""漫谈交大图书馆红色历史"等,授课对象包括校内各学院的师生党员、机关部处和直属单位的教工党支

部、交大附中和云南大理洱源县一中师生等,累计覆盖超4000人次。

最后,以党史助力"大思政课",激励大学生坚守初心使命,勇担青春责任。如开学季分批组织新生参观校史馆、钱学森图书馆等红色主题场馆,开展"红色经典诵读"和"青春告白祖国"等专题活动。又如在党委宣传部、文明办、档案文博管理中心等部门的协同合作下,原创校史舞台剧《积厚流光》、交大版《长征组歌》、沉浸式校史情景剧《循声探秘·声动交大》等原创文艺作品相继推出,成为红色教育的丰富资源。如《积厚流光》校史剧沉浸式体验活动,既深度演绎了盛宣怀、何嗣焜、蔡元培等早期治校者筚路蓝缕的奋斗历程,又重现了交大学子抗战时期主动参军、保家卫国的感人场景,生动再现学校深厚的红色传统。

(三) 聚焦红色主题展览,弘扬优秀革命传统

2021年,为庆祝中国共产党成立100周年,纪念中共党组织在交通大学建立96周年,学校档案文博管理中心策划举办了"与党同心 与国同频——上海交通大学党史文献实物展"。展览分"民主堡垒""与新中国同行""敢为天下先""新时代腾飞"四部分,精选实物珍档100件,图片200余

图22-1 "与党同心 与国同频——上海交通大学党史文献实物展"折页

张,音像资料10余段,辅之以视频、音频、VR等多媒体手段,精要地展现了交大党组织如何从无到有、从弱走强,从铸就"民主堡垒"到建设世界一流大学领导核心的非凡历程,为广大师生学习交通大学光荣的革命传统,用社会主义先进文化、革命文化、中华优秀传统文化培根铸魂提供了丰厚的养料。

为推动党史育人有声有色、入脑入心,学校从国家博物馆引进"红星照我行——陈家泠革命圣地作品展",通过《延安晨韵》《韶山》《娄山关》等12幅作品,用笔墨丹青再现了建党百年的风云岁月。程及美术馆举办"红色经典,见证历史——中国革命历史画选展",董浩云航运博物馆举办"红帆领航 光辉历程——庆祝中国共产党成立100周年书画展"等,以画为体,以史为魂,将红色资源用足用活,让广大师生在美术作品中学习体会党的创新理论和发展历史。

(四) 聚焦党史平台建设,树立红色文化品牌

首先,学校加强与南京市雨花台烈士陵园管理局、中共一大纪念馆、龙华烈士纪念馆等爱国主义教育基地战略合作,打造红色资源共建共享平台,促进资源整合与协同。如2021年10月14日,上海交通大学、雨花台烈士陵园管理局共同主办长三角地区红色资源共享共建研讨会。会上,上海交通大学联合雨花台烈士陵园管理局发起"长三角地区用好用活红色资源"倡议,并进行红色资源挖掘合作共建签约仪式。双方将秉承精诚合作、协同发展的原则,以党史学习教育为重点,共享党史学习教育和党建资源,在雨花台烈士陵园设立"上海交通大学党校现场教学基地",充分发挥红色资源对广大青年人文素养、精神品格的塑造和涵养作用。

其次,积极发挥全国首批教育融媒体试点单位作用,利用网络和新媒体赋能,打造党史育人新阵地。如发布交大党史故事系列融媒体产品《寻路》;与人民网联合主办"党史学习教育在高校"系列活动暨上海交通大学"融媒聚交"主题论坛;启动人民网·中国共产党新闻网——上海交通大学"VR学四史"融媒体产品开发计划;深入挖掘档案、博物馆中的丰富党史素材,由党支部书记担任主讲人精心拍摄制作博物馆微党课,拓展红色文化传播空

间与时间,助力党史育人工作提质增效。

(五) 聚焦校园红色文化环境营造,挖掘红色资源的教育价值

在校园文化建设中,学校结合自身的实际情况,充分开发校园建筑和设施的红色文化资源,积极发挥环境育人功效。上海交通大学徐汇校区早期建筑入选全国重点文物保护单位,围绕其跨越三个世纪的丰富资源,学校设计了"星火燎原之路"红色参观路线,以"四史"教育为主题、以历史建筑为载体的"国保校园"建设理念逐渐深化,校园环境成为无言之师。

三、工作成效

党的十八大以来,上海交通大学始终贯彻落实习近平总书记重要讲话精神,不断增强赓续红色基因的行动自觉,深入挖掘校内红色资源,不断创新党史学习教育形式,坚持"党史学术研究与宣教""立德树人""铸魂育人"三者有机结合,依托学科优势、专家学者力量与新媒体赋能,形成了深挖高校红色资源、赓续大学红色血脉的"交大方案"和"交大模式",取得了一系列的工作成效,主要集中在以下三个方面:

(一) 党史研究成果丰硕,红色文化氛围浓厚

"百年党史编纂和档案文献整理研究工程"启动以来,已出版46万字的《永励后昆——张永和纪念文集》,制作张永和纪录片《信仰之光》,与泸西县共建面积近500平方米的张永和纪念馆已试运行。《交大记忆》《思源·初心》《上海高校红色往事丛书之高校藏品故事》《黄旭华传》《薪火:画说上海交通大学的党史故事》《启航:钱学森和母校上海交通大学》《二战后BC级日本战犯审判口述影像实录》等红色图书陆续出版。原创微电影《抉择》正式发布,首届"李叔同杯"校园戏剧大赛正在进行。"与党同心 与国同频——上海交通大学党史文献实物展""又见钱学森——纪念钱学森诞辰110周年专题展""庆祝建党百年——陈志宏书画展""咏其骏烈,诵其清芬——国家最高科学技术奖获得者顾诵芬校友事迹专题展""科教兴国 开创未来——'两弹一星'功勋科学家杨嘉墀院士专题展"等陆续推出,吸引万

余名师生驻足观看,接受红色文化洗礼。

(二) 主题活动特色鲜明,红色育人佳绩频出

对交大红色资源的了解与学习已成为全体师生必修课。每位新生在入学季均会参观校史馆、钱学森图书馆,广大师生踊跃参加"红色经典诵读""青春告白祖国"等主题活动。七一、十一、烈士纪念日等重大时间节点的仪式教育贯穿全年,党史学习教育在学生青马党校、教职工入职培训等教育活动中深入人心。2022年,由校史专家、专职讲解员和学生讲解员组成的讲解团队,组织讲解147批次,覆盖全体新生。各学院师生积极参与"百年征程歌盛世　强国有我谱新章"——"一二·九"红色歌会,唱响时代最强音。《青松长青——抢救老战士口述史料,传承新四军铁军精神》在第十七届"挑战杯"全国大学生课外学术科技作品竞赛红色专项中获得全国一等奖。"声入人心"学生理论宣讲团获评2022年度全国基层理论宣讲先进集体、2022年度上海市基层理论宣讲先进集体。

(三) 红色育人形式多样,育人制度体系更加巩固

红色资源得以系统梳理和活化,师生更加喜闻乐见。《循声探秘·声动交大》沉浸式校史情景剧及升级版广播剧等常态化开展。第一个党团支部纪念碑、山茶社纪念碑、白毓崑烈士纪念碑、英烈纪念雕塑等红色景观陆续修建,成为践行红色环境育人的无言之师;行走的思政课堂"星火燎原之路"红色路线被纳入徐汇区"星火汇聚·百年荣光"红色文旅路线,共计开展体验活动50余场,每场受众近百人,累计覆盖万余名师生。《关于用好红色资源,提升师生思想政治工作质量的若干意见》《上海交通大学校园道路楼宇景观命名管理办法》等文件,为师生提供切实可循的政策支持。红色育人体系作为"大思政"教育的重要部分,已融入学校"双一流"大学文化建设和"十四五"整体规划,助力完善工作机制,强化育人实效。

B.23 中学如何挖掘、弘扬学校中的"红色资源"

——以上海市大同中学、上海市第二中学为例

上海市大同中学　上海市第二中学

执笔人：顾博凯　马　强

红色资源是我们党艰辛而辉煌奋斗历程的见证，是最宝贵的精神财富。2021年2月20日，习近平总书记在党史学习教育动员大会上的讲话中强调："要抓好青少年学习教育，着力讲好党的故事、革命的故事、英雄的故事，厚植爱党、爱国、爱社会主义的情感，让红色基因、革命薪火代代传承。"因此，利用好红色资源，让红色资源活起来，引导广大青少年从小树立红色理想，立志传承红色基因，从而更好地担负起时代重任。

高中生正值人格养成的关键时期，有很强的可塑性，红色榜样的力量显得非常重要。上海市大同中学、上海市第二中学发掘校史中的"红色记忆"，营造校园中的红色文化空间，用红色文化铸魂育人，加强学生党建，书写"党旗下的青春年华"。让文物史料成为"教材"、让英烈模范成为"教师"、让旧址遗迹成为"教室"，从而引导学校师生传承红色基因，厚植爱党爱国情怀，赓续红色血脉，竖起了一面"红色教育"的育人旗帜。

一、发掘校史中的"红色记忆"

大同中学、市二中学在校史建设工程中，坚持以史鉴今、以史育人，基于校史资源，传承红色基因，把丰厚的红色校史转化为课程资源和教育资源。

1919年起，大同师生的命运开始紧密地与时代联系在了一起，与时代

同频共振,用红色书写校史,成了大同办学历史上浓墨重彩的一笔。五四运动爆发后,大同学院几乎全校师生都参加了国民大会,加强对北京学生的声援。中国共产党在上海成立后,一批大同学子走上了追求真理的道路。诞生于五卅反帝运动中的大同大学学生会,得到了中国共产党和中国共产主义青年团的领导。当时在上海负责团中央工作的恽代英,对大同学生运动十分关心,并经常予以指导,恽代英、杨杏佛、宋庆龄等先后到大同校内开展演讲,有力地宣传了无产阶级思想,坚定了大同师生为民族独立奋斗的决心。抗战爆发后,大同学子在这一民族危亡之际也积极投身救国抗日运动。1938年夏天,大同中学部党支部成立。为迎接上海解放,党又在大同大学建立与党组织联系更为密切的外围组织"新民主主义青年联合会",简称"新民联",直接受党的领导;附中一院也成立了"先锋社",共发展成员70多位,这些外围团体的建立,为上海解放前后大同大学和附中的应变工作作出了重要贡献。大同中学通过系统梳理百年大同办学历程,深入挖掘学校的红色资源,先后组织出版了《中国名校丛书:上海市大同中学》《爱国办学的范例:立达学社与大同大学、大同附中一院史料实录》等研究、介绍大同红色历史的书籍与史料汇编,为传承红色文化打下坚实基础。

从务本女塾到市二中学,市二师生在"读书不忘救国"思想的洗礼下,将学校、学生与国家、民族的命运紧紧地连在一起。早在新民主主义革命时期,五四运动爆发后,务本女子中学在内的6所女校的女生积极参与起草了上海学生致北京政府的电文,表示坚决支持北京学生的爱国行动;抗战全面爆发后,1938年6月,怀久女中成立了第一届中共支部,进步师生在中国共产党地下组织的领导下,在党的抗日战争的斗争策略指引下,开展了一系列的对敌斗争,在战火的洗礼中锻炼了一批优秀的学生干部,成为社会的中坚力量,使怀久女中成为女子学校中的一个红色堡垒,为抗战胜利和上海解放作出了重要贡献;在社会主义革命和建设时期,从动员学生参军参干到"卓娅班"等英雄模范班建设,把教育与学习革命英雄模范人物结合起来;在改革开放的新时代,以"青年党校"为代表的青年马克思主义者培养工程("青马工程")建设成果斐然。校史专著《务实本正——从务本女塾到市二中学》中专列"务本英烈"简介,包括4位"为革命可以牺牲一切"的务本女中学子:

其中有以独立的人格追求理想,以无畏的精神投身斗争,坚守初心的陈君起;每一次人生选择都是以国家人民利益为重,把小我融入祖国的大我、人民的大我之中,以实际行动践行初心使命的朱凡;为了革命理想,再困难的环境也能开展工作,发展壮大,为了保全战友同志,宁可牺牲自己也不透露一字的计淑人;短暂一生,从艺一生,为抗日救亡而献身,为实现伟大的共产主义理想而献身的姚莲娟。在那个战火纷飞的年代,务本学生以女子之躯投身爱国救亡运动,留下可歌可泣的斗争故事,值得后人敬仰。红色,已经成为务本永恒的印记。

二、营造红色文化空间

2019年9月16日至18日,习近平总书记在河南考察调研时强调"革命博物馆、纪念馆、党史馆、烈士陵园等是党和国家红色基因库"。

大同博物馆是大同师生的校内红色教育基地。近年来,学校在搜集大量史料、实物的基础上,建成了上海市大同博物馆,利用丰富的文物以及校史资源,以实物证明,用场景再现,让参观者真切感受到百年大同所蕴含的

图 23-1　百年文脉——大同博物馆

B.23　中学如何挖掘、弘扬学校中的"红色资源" / 221

深厚文化积淀,从中解读学校发展的红色传统和历史传承。

"大同院士墙"始建于 2008 年 8 月,2009 年 4 月揭幕,得到了时任中国工程院院长徐匡迪院士与上海市有关方面领导的大力支持。近年来,学校进一步优化"大同院士墙"的布置,以院士校友的故事为榜样,激励青年学子立志成才,勤奋学习,报效祖国。为更好地传承大同红色文脉,学校对校园内主要建筑进行重新命名。沿用历史上大同大学原有建筑的名称,并赋予其新的内容与含义:如原综合楼改名为时行楼。"时行"原为大同时行钟钟名,寓意继往开来,与时偕行。原 2 号楼,改名为近取楼。"近取"原为大同教学楼楼名,寓意博学审问,慎思明辨。原 3 号楼,改名为明德楼。"明德"原为大同大学校铭,寓意以德立校,立德树人。学生参观大同博物馆,运用情景教学的方法,通过博物馆中翔实的资料和生动的场景,让学生身临其境。由高年级学生向低年级学生进行宣讲,学生之间的交流与沟通,也进一步拉近了他们之间的距离。通过参观和宣讲,学生徜徉在大同百年办学的历史海洋中,大同红色精神的薪火也得到了传承。

2022 年,市二中学在筹建校史博物馆时,为了凸显校史中"红色记忆"的育人价值,在务本楼二楼核心区域,辟出一条"红色印记"长廊,分"为革命可以牺牲一切——务本英烈""传承爱国基因,赓续红色血脉""向英雄人物学习——英雄模范班建设""怀久女中、务本女中发展的学生党员"四个板块,把校史中的红色记忆与故事集中呈现在长廊之中,让走过的学生以她们为榜样,向她们学习,并传承下去。同时与时俱进,充分利用网络宣传,提炼红色校史文化,通过"线上巡展"和"线下参观"相结合的方式,创作了"吴馨创校""英雄模范班史""支援抗美援

图 23-2　市二中学"红色印记"长廊

朝""务本女杰"和"校党组织建设史"五个板块的"四史"数字故事。走过校史馆蜿蜒的长廊,沿着先辈留下的红色足迹,诉说着时代的使命,随着步伐的移动与镜头的转换,同学们见证了先辈的热血,感受到斗争的力量。

同时,市二中学挖掘校友、校史资源与红色文化的联系,试探构筑校本德育资源新天地,把实地走访、资源梳理、育人活动三者相结合。每年3月,市二中学全体高一同学都会踏上南京社会实践之路,开展"祭英烈　树理想　实现中国梦"活动,前往南京雨花台纪念碑,瞻仰"务本英烈"陈君起烈士等。2019年嘉定南翔陈君起纪念馆开馆后,学校组织学生走进"陈君起纪念馆",召开主题班会。学校确定了"瘦梅虽老,尤鲜艳耐寒"为该次创建英雄模范班主题班会的主题,并以"逃婚求学,追求独立""嫁入朱门,毅然再逃""投身革命,母子入狱""再次被捕,壮烈牺牲""缅怀英烈,初心永在"五大板块串联起陈君起烈士一生的传奇故事。

三、红色文化铸魂育人

习近平总书记在2021年第19期《求是》杂志发文,强调红色资源的教育功能:"讲好党的故事、革命的故事、英雄的故事,彰显时代特色,使之成为教育人、激励人、塑造人的大学校。要设计符合青少年认知特点的教育活动,建设富有特色的革命传统教育、爱国主义教育、青少年思想道德教育基地,引导他们从小在心里树立红色理想。"

围绕"百年大同文化",大同中学拍摄了纪录片《百年大同》,定时组织学生统一观看,领悟学校先辈的红色精神。围绕"大同文化"的拓展型课程,致力于开发校内外红色资源的人文教育工作室,大同新青年讲师团在开发课程过程中,将大同校史与黄浦深厚的红色底蕴紧密相连,凸显黄浦这片红色热土对学校文化的熏陶。

近年来,学校以大同文化为主题的课程开发持续不断,为学生学习知识,沉浸式体验大同校史提供了多样的途径,也激发了广大学子对校史探究的兴趣,大同文创、大同校史故事等层出不穷。例如,历史上宋庆龄曾于1925年6月10日,莅临大同大学,为大同学子讲解当时的外交历史,使得那个年代的学子了解世界大势以及围绕五卅惨案的社会、经济、外交等问题。根据这一真实历史事件策划推出的慕课《革命先驱孙中山》课程,从黄浦区的红色历史出发,激发学生对校史、区史、国史的兴趣,从而梳理为国争光的理想信念。

2022年,为迎接大同中学110周年校庆,由学生自主撰写的大同院士故事,在校园内呈现,学生们在查阅资料、撰写文稿和制作课件的过程中,对从大同走出的39位"两院"院士的人生轨迹和重大成就有了较为全面的认识。介绍院士们的展陈出现在校园里,吸引了师生们驻足观看。39位志愿者同学在11月19日上午走进了学校里的每一个班级,他们介绍院士事迹、回顾院士生平、分享个人感悟,而教室里的每一个同学则仔细聆听,认真学习,体悟院士们的家国情怀、立志报效祖国的高尚情操。

图23-3 大同学子在课间观看由学生撰写的大同院士故事

大同中学"同乐"音乐工作坊的学生与音乐老师共同谱曲、填词,完成了原创歌曲《一百一十年的梦》,并拍摄成MV为校庆献礼。这首歌是继2021年同学们为迎接建党百年,原创歌曲《百年》,以歌声回顾百年恢宏党史后的又一成果。歌曲旋律悠扬,歌词朗朗上口,展现了当代大同人对大同文化的理解与继承。

市二中学用好"教科书",引导师生学史明理,加强党史、德育教育进课堂的内容、途径和方式有效性研究。高一新生进校第一件事就是"穿越校史"——聆听校史讲座、参观校史陈列馆。每年新生入学,有校史讲解志愿者讲解红色校史和育人特色,并形成新老传承机制。校学生会结合"学四史,传校史",开展讲好红色校史活动,组织学生会委员组成校史陈列室讲解志愿者团队,给参观校史陈列室的高一新同学带来细致精彩的讲解。在老讲解员绘声绘色、或平静或激昂的讲解中,无论是聆听者还是讲述者本身,都深为一百多年漫漫校史的魅力所感染。对于每一位市二学子来说,校史馆留下的是不朽的历史,更是不朽的精神。

图 23-4　2017 年 4 月 17 日,市二中学新生入学教育,开展红色校史馆讲解员培训

校团委精心设计团课、社团教育内容,组织每个班级的团支部书记在每周一节的午会课开展"主题团课",作为理论宣传和团课学习,已将"务本英烈"校友的英雄事迹纳入"主题团课"课程内容。充分利用每周一次的升旗仪式,精心准备每一次国旗下的讲话,把红色教育纳入升旗仪式的主题之一,在庄重的仪式教育中注入爱国主义和民族精神的红色血脉。

同时，学校在校园网、官方微信公众号等网络空间推出"百廿务本·红色印记"专栏，陆续推送《牺牲在台湾的务本校友、上海籍工运领导人计梅真》《从上海"白荻"到鲁艺"叶玲"》《姚莲娟烈士校友的传奇人生及其艺术成就》《战斗的女校红旗——记抗战时期地下党在上海怀久女中的活动》等内容，丰富师生的学习体验，感悟家国情怀。

四、加强学生党建，书写"党旗下的青春年华"

在革命年代，大同学生中的党组织用自己的热血书写了大同办学的红色底蕴，新中国成立后，学生思想道德建设也是重中之重。早在1982年党的十二大召开之际，上海市大同中学便成立了学生党章学习小组，成了上海市范围内第一批恢复学生党建工作的学校；1984年，毛倩同学成为停顿18年后发展的全市第一名高中生党员。1987年4月，时任中共上海市委副书记曾庆红专门接见了11位在大同中学毕业并入党的学生党员，座谈大同中学思想政治教育工作经验，并建议教育部门将这一做法和经验在全市中学中推广。上海市大同中学党章学习小组作为学校的课程之一，定期开展活动，每一轮课程为期一年半。活动聘请党员教师负责指导党章学习小组的学习，还会邀请校外老党员、老专家来给学生作报告，学生除了学习党章、党史外，还研读经典理论原著如《共产党宣言》《矛盾论》《实践论》等，也会紧密联系时政，用发展的眼光看待分析事物，用理性去观察社会、思考人生。如今党章学习小组已经举办了40届，吸引了3000多名学生参与，其中有1000多人递交入党申请书，150多人发展成为学生党员。党章学习小组已经成为大同中学开展学生党建工作的品牌活动，为社会培养输送了一大批优秀学生。

40年来，党章学习小组形成了学习课程化、内容分层化、制度保障化和理论实践化等特色做法。2022年12月，第41期党章学习小组开班，在开班仪式上，学员们通过一段数字故事重温了党章学习小组40年薪火相传的历史。来自校内外的20多位导师们寄语青年学子不忘初心，思源致远，坚定理想信念、树立家国情怀、练就过硬本领、在为广大人民谋福利的过程中实现人生价值，在全面建设社会主义现代化国家的火热实践中绽放青春之光。

进入新时代，市二中学继承20世纪50年代"创建英雄模范班"——卓娅班建设的优良传统,开展"宋庆龄班""周恩来班""陈君起班"建设工作。在每年高一新生班团建设中开展"创建英雄模范班"主题班会,各班级分别选中一位英雄模范作为榜样,通过英雄事迹介绍、知识问答、情境表演、诗歌朗诵、主题辩论等形式,同学们对于这些英雄模范有了更为深入的了解,榜样力量和红色文化的影响贯穿同学们整个高中学习生涯和价值观的形成。2007年团中央启动了"青年马克思主义者培养工程",着眼于马克思主义青年化的培养。上海市第二中学团委通过团教协作、党带团建以及实践育人三种途径,依托学科教学,渗透马克思主义,坚守团校阵地,落实"青马"团课,传承红色基因,担当社会责任,不断提高青年团员的思想政治素质,强化其理想信念教育、社会主义核心价值观教育、党团认知认同教育,为高校"推优入党"和接续培养做好预备工作。高中团的工作成为推动思想引领工作与"青马工程"建设的重要阵地。

党的二十大报告指出:"弘扬以伟大建党精神为源头的中国共产党人精神谱系,用好红色资源,深入开展社会主义核心价值观宣传教育,深化爱国主义、集体主义、社会主义教育,着力培养担当民族复兴大任的时代新人。"上海是中国共产党的诞生地和初心始发地,拥有丰富的与党的诞生和成长息息相关的红色资源。大同中学、市二中学作为两所百年名校,学校的发展历程,与国家、民族同呼吸、共命运,她们不仅有着深厚的文化底蕴,更是积淀了光荣的革命传统。上海市大同中学建校110余年来,为国家培养了众多英才,从这里走出了39位两院院士以及数万青年学子。上海市第二中学成立120年来,为国家、为社会培养了大批人才,他(她)们在我国现代科学技术、文化教育、文学艺术等领域取得令人瞩目的成就。

通过发掘校史中的"红色记忆",营造校园中的红色文化空间,用红色文化铸魂育人,加强学生党建,书写"党旗下的青春年华",从而具体落实《上海市第十二次党代会报告》中提到的"深入实施党的诞生地红色文化传承弘扬工程,让红色血脉代代相传"的要求,引导学校师生自觉地把个人命运、学校发展与国家建设、民族强盛相结合,坚持为党育人、为国育才的初心和使命,实现立德树人根本育人目标,筑牢学生思想上的根与魂,为红色文化、红色精神在青少年群体中的代代传承扣好了第一粒扣子,奠定了坚实的基础。

B.24 用好用活红色文物,讲好党的百年故事,让红色基因、革命薪火代代相传

——"百物进百校,百讲证百年"活动汇报

中共一大纪念馆

执笔人:孙宗珊

为弘扬伟大建党精神,深入学习贯彻习近平总书记关于革命文物的重要指示,结合教育部、国家文物局相关工作意见,中共一大纪念馆于2021年10月中旬推出馆校合作教育项目:"'百物进百校,百讲证百年'——一大纪念馆百件革命文物进课堂"活动,将珍贵的革命文物直接转化为大中小学生思想政治课的鲜活教具,将课堂转化为革命文物的展示现场,让学生零距离感受先辈初心。此项目以四个"一百"总体模式运作:100家学校,100件文物藏品,100个红色故事,100节思政课内容。百年历史新起点,百场活动新汇集。

一、明确任务,完善机制

李强同志对于上海红色场馆的建设、发挥的作用,对于纪念馆的青年工作人员都有深深的期望值,并勉励一大纪念馆青年:"党和国家事业需要青年一代为之接续奋斗,青年人要按照习近平总书记'心有所信,方能行远'的期望,追求真理、勤奋学习,努力成为堪当民族复兴重任的时代新人。要做奋斗者、创业者、奉献者,充满激情地去创造去担当,为实现第二个百年奋斗目标、实现中华民族伟大复兴的中国梦而不懈奋斗,让青春不负韶华、不负时代。"

为建立发现和培养优秀青年人才,"百物进百校 百讲证百年"项目工作采用全新合作模式——来自馆内各部门平均年龄不足28岁的8个青年人组成项目组,通过设立"项目负责人制",着眼于青年职工的培养锻炼和潜在能力的开发,是馆内工作模式的另一种创新。这次创新为一大纪念馆的持续发展提供坚强的组织人才保证,为项目的成功打下了坚实的人才基础。

二、树立目标,总揽全局

项目组成员积极探索红色场馆的优势内容,思考构建馆校合作新模式,将纪念馆的红色资源与学校日常教学相结合,让课程形式更加丰富化、多样化,符合各学龄人员的认知。

首先,处理项目整体运行的三大模块关系,分别是馆方、上海市教委、学校。明晰每个模块性质与属性,三者之间存在着何种关系,以及每个模块的分工。之后,项目组绘制了思维导图,以求对三种关系模块的工作内容有大致的分析与把握。

图 24-1 "百物进百校,百讲证百年"活动思维导图

其次,把握项目管理的三大核心:时间、质量、成本。

时间要素指的是从时间维度将项目的组成元素进行识别和整合,以优化项目执行。这个要素主要是使项目成员能够对项目中较为必要的组成单元进行定义、排序优化、监控。项目进度安排的目的就是确定哪些活动需要在什么时间处理，以实现项目执行的优化。

在项目推进过程中，从时间维度对这些活动进行分析和排序，将这些活动的持续性直观地表现在进度安排中，并将活动分配给个人或者团队，按照最优的顺序执行。时间要求还包括对执行进度变化和偏移的监控。因此项目组与市教委、校外通力合作，向全市学校发出通知。为确保活动覆盖每个教学区，项目组将100场进校园的活动名额平均分到了上海16个行政教学区，让每个区的孩子都能够近距离看到文物，感受先辈的初心。

项目质量管理是项目管理最重要的一部分，包括执行组织确定质量政策、目标和职责的各过程和活动，从而使项目满足其预定的要求。一项优秀的教育项目一定是有高标准的质量要求。"百物进百校"项目的质量要求就是：在每一场活动中，把每一件文物展示出来，让每一位孩子记住历史。因此，当我们把李白烈士的家书送进上海市北郊高级中学后，一位高二的学生在活动结束后写下了她的心得体会：

整齐的步伐，绿色的军装，木质的盒子里贮藏着的，是时间的胶囊，是生命的足迹。

在李白烈士的每一份书信中，几乎都有幻化而成的假信息，在他生前，没有一个角落能够让他完完全全做回最真实的自己。

但是通过这一次的活动，他的事迹以及每一个名字却都完完整整地刻在了我们的心中，记忆不被忘却，电波就永远都不会消逝。

正是对项目整体质量的把控，"百物进百校，百讲证百年"中共一大纪念馆百件文物藏品进课堂活动荣获第二届全国文博社教十佳案例、上海市爱国主义教育基地年度考核评估品牌项目；项目组被评为2022年度上海市基层理论宣讲先进集体。

三、言之有物，不如一"件"

革命文物承载着党和人民英勇奋斗的光荣历史，记载中国革命的伟大历程和感人事迹，是党和国家的宝贵财富。中国共产党的伟大革命精神"跨越时空、永不过时,是砥砺我们不忘初心、牢记使命的不竭精神动力"。革命文物是红色精神的物化载体,具体生动地呈现了中国共产党伟大革命精神的形成和发展。那些意义重大的革命历史事件、非同寻常的革命历史故事、可歌可泣的模范人物生平等,固化为革命文物,使建党精神、长征精神、遵义会议精神、延安精神、抗美援朝精神、"两弹一星"精神、雷锋精神、焦裕禄精神等红色精神,呈现为让人看得见、摸得着、感受得到的实践印迹或场景。它们构成前后衔接、密切相连的链条,从整体上承载了"建党求什么,立党为什么,兴党凭什么,强党靠什么"伟大革命精神的精髓要义,又从多个层面上承载了不同时期、不同地域、不同领域伟大革命精神的丰富内涵。

项目组藏品保管员在馆藏 12 万件文物中精心挑选出 100 件,有反映近代以来中国历史舞台上发生的重大历史事件的珍贵文献(陈独秀创办的《青年杂志》、少年中国学会会刊《少年中国》);有为实现中华民族伟大复兴而英勇献身的英雄人物的历史遗物(梁仁达烈士被暴徒踩碎的眼镜、秦鸿钧烈士使用过的柯达相机、张人亚的图章、1924 年李大钊同志的手迹);有中国共产党领导中国人民进行革命、建设和改革的历史见证(五卅传单、上海工人三次武装起义——三角刀、志愿军用炮弹做成的花瓶、上海市人民政府第一枚铜质印章);有广大人民群众在迈向小康征途中留下的学习、工作和生活的美好记忆(全国劳动模范杨怀远使用过的小扁担、拍摄第一代身份证的照相机、1977 年上海市高考准考证)等。根据学校的报名情况,111 所学校最终选定了 34 件文物,从最早的 1919 年五四漫画到 2020 年上海第一批援鄂医疗队队旗,我们将这些文物以"菜单式"的方式提供给学校,扩大学校的选择权,进一步凸显学校对于活动的主导力。

图 24-2 "百物进百校,百讲证百年"活动文物清单海报

四、赓续血脉,传承精神

将纪念馆的红色资源与学校日常教学相结合,让课程形式更加丰富化、多样化,符合各学龄人员的认知。

当中共一大纪念馆的礼兵护送一支在抗美援朝战场上使用过的 M1903 步枪走进上海中学的校园,学生们在言之有"物"的主题班会课上"零距离"致敬"最可爱的人";当《游击队歌》在上海市比乐中学教学楼二楼礼堂响起,老师以一堂音乐思政课的形式让学生们用自己的歌声致敬一件革命文物——著名音乐家贺绿汀生前捐赠给中共一大纪念馆的盐酸吗啡针剂;当新年第一课的开课铃声敲响,项目组带着 1949 年 5 月由华东军区司令部印制的《入城纪律》走进以"爱国·科学"为优良传统的百年老校格致中学;当周恩来总理在万隆会议穿着的中山装在 3 月 5 日周总理诞辰日出现在华东政法大学的时候,中共一大纪念馆做成了这一极具深刻意义的项目,打破了常规单一馆校合作模式,将本馆红色资源引入校园,结合幼儿园常识课、小学道法课、初高中历史课、大学思政课,深化拓展革命文物教育功能,着力推进革命文物资源创造性转化、创新性发展,对于全国馆校合作模式具有实践性和引领性。

五、透物见人,透物见史

宣教专员和部分讲解志愿者,组成红色革命文物讲师团,针对此项目,创作红色故事。他们将这些红色故事连同文物一起带进校园,带入课堂。当我们带着李白烈士的 17 封家书走进李白烈士最后居住、工作和被捕的虹口区的高中课堂,同学们爱国爱校之情与强国之志进一步被激发。

红色讲师们用心、用情、用史、用理搭建了一座桥梁,打通"旧时代"与"新时代"的通路,将革命年代与美好生活互相连接,让更多的学生感受革命者们奋斗的足迹,与他们精神相通。

2021 年 12 月 17 日下午,我们带着馆藏珍贵革命文物——志愿军战士用炮弹壳制作的花瓶走进了长期开展丰富红色教育的园南中学。园南中学曾邀请原南京军区空军副司令员、空军英雄韩德彩将军进校为学生宣讲事迹，他在抗美援朝战争中击落五架敌机，立下赫赫战功。当时，韩将军向同学们深情寄语："这个国家的未来，终究是你们的，你们要好好学习，努力发展自己，让自己成长起来，长大后，为国家、为社会尽自己的力。"项目组藏品保管员张安可在活动现场特别为园南中学的同学们介绍了中共一大纪念馆馆藏文物——用韩德彩将军击落的F-86战机残骸制作的两双透明筷子，筷子上刻有韩德彩将军击落美机的具体时间，这是穿越时空的历史见证，用文物印证历史，拉近了学生与革命历史的距离。

六、全媒体、多维度、深层次——矩阵式传播

2021年10月25日"百物进百校，百讲证百年"活动在上海市上海中学拉开帷幕，自启动以来，该活动既有央视新闻、新华社、中新社、人民日报等全国性媒体，也有上观、文汇报、新民晚报等市级媒体，还吸引了教育行业媒体如上海教育台、上海教育、第一教育等，以及纪念馆行业媒体如纪念馆快讯的报道参与。在2022年1月7日新闻联播中，该活动也被报道。

全媒体矩阵式传播的背后，是项目组媒体负责同事的努力付出。平均一场活动要发布四篇微信内容：活动预告、文物简介、文物故事、活动通稿，一百场活动累计算下来有接近400篇微信内容。除此之外，还要负责重点场次活动媒体邀请及接待，媒体报道的信息汇总等与融媒体相关的工作。

中共一大纪念馆的青年将继续以"滚石上山，负重前行"的决心做项目，以"时不我待，只争朝夕"的作风推动工作，以"善始善终，善作善成"的精神出实效，踔厉奋发，笃行不息，建设好、守护好中国共产党人的精神家园。

B.25 让红色历史影像丰富城市文脉传承

——以上海红色影像资源的挖掘、利用为例

上海音像资料馆

执笔人：汪 珉 翁海勤 李东鹏

一、上海音像资料馆红色历史影像搜集研究工作的起步

红色影像资源不仅是历史资源，更要面向现实、面向未来，成为容易认知、可供利用的资源。作为上海唯一一个专业音像档案机构，上海音像资料馆担负着上海城市历史影像留存和保护的责任。上海音像资料馆长期致力于对上海乃至全国珍贵历史影像的采集和研究，重要工作方向分为"全球采集"和"研究建设"两个内容。第一，利用20多年来建立起的海外历史音像档案采集网络，上海音像资料馆在俄罗斯、法国、日本、美国等可能拥有中共早期历史档案的国家有独家采集渠道。早在2011年建党90周年之际，上海音像资料馆便首次前往俄罗斯影像档案机构开展海外红色影像征集工作，在当时全国媒体机构中也属首创之举。此次征集首次发现中共早期领导人陈独秀、瞿秋白、刘仁静、邓恩铭等迄今唯一可见的珍贵历史活动影像，填补了该领域的空白，引发全社会的热议和党史研究学者的高度关注。第二，对红色影像资料进行整理研究，建设红色影像主题馆藏库。2012年，为纪念《在延安文艺座谈会上的讲话》发表70周年，上海音像资料馆发布了反映抗战时期革命圣地延安的政治、军事、社会文化面貌的珍贵历史影像，为党史传播和教育提供了重要而直观的影像史证。

近年来，为进一步贯彻落实习近平总书记在党的十九大报告中提出的"不忘初心、牢记使命"的讲话精神，以及市委宣传部"党的诞生地宣传发掘工程"的工作要求，迎接建党100周年，上海音像资料馆将党史珍贵影像作

为资料采集研究工作的重中之重。

二、红色影像发掘工作的展开

(一) 采集渠道不断拓展

中国共产党建党初期的影像和档案,受当时国内外历史环境所限,已发现的留存档案非常稀少,中国共产党早期历史还存在着很多待解的谜团。很多历史档案因为时代原因,都流向、散落在海外的档案馆中,待人发现、解读。因此,珍贵党史影像的寻找和采集难度相当大。

因为历史原因,很多与中国相关的珍贵历史影像散落在海外的档案馆中,近代上海的国际化程度很高,国际上的著名通讯社都在上海有派驻记者,他们以上海为窗口向国际社会发布与中国相关的消息,来自世界各国的不少著名导演、摄影师也都到过中国拍摄,所以上海音像资料馆努力通过多种渠道去寻找这些影像遗珠。

进入21世纪以来,互联网和数字化技术的发展为影像资料采集创造了有利条件,越来越多的机构加快了对馆藏资源进行数字化和商业化开发利用的步伐。上海音像资料馆的珍贵历史影像资料全球采集工作的渠道大为拓宽,经历了从国内机构向国际机构拓展,从官方采集渠道向民间采集渠道拓展的过程。

海外寻档是一个不断探索和精进的过程,经过几代研究人员的多年积累、研究、挖掘海外档案馆的馆藏,上海音像资料馆先后在美国、俄罗斯、加拿大、法国、意大利、英国、奥地利、德国、澳大利亚、日本等十余个国家和地区开辟了采集渠道,形成了全球性的资料采集网络,并对其中重要机构的馆藏内容开展了系统性研究。

(二) 以研究考证推动影像发掘

珍贵历史影像资料的采集工作是在了解现有资料的基础上,通过多种渠道对记录重要历史事件和人物或早期社会生活的活动影像进行搜集,并加以研究论证的过程。影像的珍贵性体现在拍摄时间早、资料的独家性以及和历史事件的相关度方面。影像资料的搜集和研究不仅需要研究人员沉下心来,掌握影像、历史、语言、新媒体技术等多学科背景知识,还必须有长期有效的规划、坚持不懈的探索精神和严谨求实的学术作风。

上海音像资料馆近年来更具针对性地、深入系统地开展红色影像采集和研究工作。首先从阅读史料入手,确定采集内容大方向(如重点人物、事件),通过一手史料、学术文章等研究中共早期在海外尤其是苏联活动的党员情况。其次通过检索影片文字信息、挑选待查片目、影片截图、样片制作、俄文翻译、文献照片比对研究等步骤以及同馆藏机构的反复沟通,才能取得初步的采集研究成果。

(三) 上海音像资料馆已经发掘的红色影像资料概况

依托多年采集积累的反映上海本地和全国各地的红色影像资料进行考证爬梳,目前上海音像资料馆所藏的红色影像资料大致可以分为以下六个板块:

一是反映建党前后时代背景的红色影像,比如俄国十月革命时期和国内重要城市的影像,这些影像记录了中国共产党成立以前国家、主要城市的面貌与社会经济状况、人民生活状态等,对于反映时代背景有重要意义。二是记录早期中国工人运动、学生运动的影像资料,如五卅运动、上海第三次工人武装起义等。三是早期共产国际相关组织举办的会议和参会的中国代表影像。四是抗日根据地和中共领导人的影像。五是新中国成立初期中苏摄影队合拍的彩色影像,记录了新中国的诞生以及当时社会经济、文化、科学各方面的建设工作。六是一大会址、龙华等红色地标历史变迁的相关影像。

(四) 近几年取得的新成果

为迎接新中国成立70周年、建党100周年,上海音像资料馆自2019年起加大对俄罗斯所藏新中国珍贵彩色影像的研究和采集力度。采集到包括记录开国大典及新中国建设等在内的多部中华人民共和国成立初期中苏合拍电影纪录片及拍摄素材的样片700多分钟、版权资料约200分钟。2022年上海音像资料馆又成功采集到开国大典完整彩色拍摄素材2K高清版52分钟。这批影像画质清晰,色彩鲜艳,史料研究价值极高,上海音像资料馆所属上海广播电视台(SMG)是国内首家获得这批影像正式授权的媒体机构。

2020年以来,上海音像资料馆陆续采集到400多分钟共产国际相关会议资料，梳理中共党员从1919年至1935年间参加共产国际代表大会、赤色职工国际代表大会、青年共产国际代表大会、远东大会等会议以及在苏联其他活动的主要影像脉络，从中发现了李大钊、瞿秋白、张太雷、赵世炎、王荷波、张伯简、吴玉章等早期中共党员的活动影像，其中赵世炎、张伯简影像为上海音像资料馆首次独家发现。另外还首次从俄罗斯采集到早期中共领导人包括陈独秀、李大钊、瞿秋白、毛泽东、周恩来等在内的珍贵照片106幅；从美国采集到抗战时期八路军领导人在山西独家影像，其中左权将军的活动影像为目前唯一可见其生前影像。

在影像挖掘过程中，上海音像资料馆还在俞秀松烈士后人俞敏先生的帮助下赴俄罗斯采集到红色中文报刊《工人之路》的珍贵档案，对研究早期中共在远东地区的舆论阵地有着重要价值。《工人之路》于1922年3月1日在苏联远东赤塔创刊(原名为《华工醒时报》，共发行33期)，后迁到海参崴、伯力，1938年4月停刊。目前已知出版了1700期左右，是迄今发现办报时间最长、发行量最大的由苏联共产党主办、中国共产党人参与主编的在海外发行的红色中文报刊。经多方努力，目前已从俄罗斯成功采集到《工人之路》扫描件约1300件，发行时间跨度在1924—1938年。

三、传播与弘扬红色影像资料

(一) 珍贵影像配合主流媒体宣传报道

红色珍贵影像对于丰富和提升党史类纪录片创作的价值毋庸置疑。2019年，上海音像资料馆充分发挥从俄罗斯所采集的彩色新中国珍贵历史影像的价值，与SMG纪录片中心共同策划并制作完成《彩色新中国》的纪录片项目，该片也是广电总局共和国70周年献礼重点项目，于国庆当晚在上海东方卫视播出后获得社会各界高度肯定。用该批影像创意的短视频在快手等新媒体传播，收获了高达4200万次的观看量。部分影像还被用于上海纪录片一号工程《大上海》《上海解放一年间》、东方卫视《这就是中国》等节目。

2020年，上海音像资料馆发现并采集到1949年10月1日，毛岸英同志作为翻译陪同周恩来和邓颖超在北京会见苏联文化科学艺术代表团访问时的彩色影像。该片段被用于中央电视总台纪念中国人民志愿军抗美援朝出国作战

图 25‑1 2019 年国庆期间，上海音像资料馆与 SMG 纪录片中心共同策划的纪录片《彩色新中国》在上海东方卫视和纪实频道播出

70 周年大型纪录片《英雄儿女》，成为片中史料发掘的亮点被重点宣传。

2021 年，为迎接建党 100 周年，上海音像资料馆采集的李大钊、陈独秀、赵世炎、王荷波等早期中共领导人的珍贵影像被用于纪录片中心《诞生地》《青春龙华》等重点纪录片项目，受到社会广泛关注。此外，上海音像资料馆采集的红色影像还被用于央视庆祝建党百年大型晚会、《歌唱祖国·一首歌一座城》上海篇、《共和国发展成就巡礼·上海篇》等节目。

（二）利用新媒体技术进行全媒体传播

为使珍贵红色历史影像发挥出新的时代价值，考虑到信息社会中，社会的核心资源是信息，即当下全面的信息化社会中，看视频已成为人类生活方式的现实语境，信息传输具备无处不在的特点，需要充分借鉴"新表达"。具体是指当下的视频制作与宣传需要适应"全媒体"的特点，在牢牢把握"历史影像—再现历史—建构记忆"的基本原则下，不断拓展历史影像的应用场景，探索最适于传播的渠道，找到最恰当的表达方式，达到最佳的宣传效果。

1. 建设红色影像资料库

为尽可能挖掘与利用红色影像资料，建设红色影像资料库是一个重要

途径,提供可展示查询的平台是红色影像库的一个重要内容。上海音像资料馆重点投入的红色影像库建设包括以下内容:

数字平台:提供线上平台展示。

数字内容:提供数字内容检索,包括年代、人物、地点等信息,全面数字化存储、提取,便于编研、加工与开发。

数字传播:以新型的数字媒介为传播的渠道。

2020年,上海音像资料馆在对馆藏红色影像资料研究与整理的基础上,推出了"珍贵党史影像档案"平台:http://www.sava.sh.cn/allsubs/zggcdzgyxda/。该平台是国内首个集中提供珍贵红色影像的专业类平台。同时,对于大量尚未研究考证的红色影像,通过公开平台的方式,能调动全社会的学术资源、研究力量参与到红色影像的研究与考证中,挖掘出更多、更有深度的内容。

图25-2 2020年6月,上海音像资料馆"珍贵党史影像档案"上线

2. 短视频传播

将红色影像研究成果提供给新媒体进行传播,比如微信公众号文章、各电视台、报刊的新媒体App等,以"文字、视频、图片"三位一体的内容产品,既保证研究内容的专业和深度,同时具有可观看、可分享、生动形象的属性。

2021年，为庆祝党的百年诞辰，上海广播电视台融媒体中心和上海音像资料馆携手推出《影像中的百年党史》百集系列短视频节目，依托上海音像资料馆对馆藏红色影像进行研究和梳理，根据全媒体平台传播的特性和要求，充分挖掘红色影像的丰富性和珍贵性，以时间为轴，串联起从1921年起的每一年中与中国共产党发展息息相关的重大事件，并邀请了一百位上海广播电视台党员播音员、主持人担任党史讲述人，在每一集视频开头回望百年党史中的难忘瞬间。该系列节目视频在《上海早晨》电视栏目播出，同时通过看看新闻Knews进行全网推送，节目的"文字、图片、视频"三位一体成果，在微信公众号"影像上海"上刊发传播，在业内的传播反响良好。

3. 面向社会的各类红色影像主题研讨、系列巡回展映及合作展览活动

2021年，上海音像资料馆在上海龙华烈士纪念馆和云南大理剑川县先后举办赵世炎烈士和张伯简烈士珍贵影像资料研讨发布会，资料的价值和红色影像采集工作的意义得到与会专家及烈士后人的高度肯定，包括新华社、上海电视台、上海观察、《文汇报》、云南网、云南电视台等多家媒体进行了报道。

同年，上海音像资料馆从海外采集的李大钊、陈独秀等珍贵党史影像被中国共产党历史展览馆、北大红楼纪念馆等场馆用于建党历史主题的展陈。

近年来，多家国家级媒体对上海音像资料馆的红色影像采集和研究工作进行了专题报道，包括《南方周末》、《中国纪检监察报》、新华社等，报道推出后，受到社会广泛关注。

此外，上海音像资料馆的"影视万象"社会公益播映项目多年来坚持在社区、高校等基层开展影像党课，传播红色历史文化，也曾被《人民日报》所报道和肯定。

上海音像资料馆近年来的红色影像发掘与弘扬工作，在内容上对党史研究空白进行了新的填补，在影像传播与开发上利用多元化手段助力各类宣传报道，盘活影像资源。目前关于早期中共党史影像尤其是中国共产党人在苏联的活动的相关影像，上海音像资料馆是国内掌握信息最为丰富的机构。目前所做的系统性采集和研究工作已经搭建起一个良好的框架，希望继续通过多方共同努力，把红色影像资料库建设得更加丰富更加充实，为纪录片创作、党史研究、党史学习教育等提供更多鲜活的佐证。

B.26 上海红色文献的发掘保护利用

——以上海图书馆为例

上海图书馆

执笔人：黄嬿婉　刁青云

一、上海图书馆红色文献概况

上海图书馆是全国少数几个设有红色文献专藏的公共图书馆之一。目前，上海图书馆共收藏有各类红色文献原件15000余册（件），其中不少是海内孤本。

上海图书馆收藏的红色文献主要包括以下三部分内容。其一，记录中国新民主主义革命进程和对中国新民主主义革命产生过影响的文献。由于资产阶级民主革命被称为新民主主义革命的前奏，许多早期共产党人是资产阶级民主革命的重要参与者，资产阶级民主革命的思想也影响过不少早期的共产党人，因此，上海图书馆红色文献专藏中有一定数量的辛亥革命相关文献。其二，在中国传播马克思主义和辩证唯物主义，或将马克思主义应用于各不同学科领域的文献。有一些马列主义著作的翻译者，主观上并非要传播革命思想，但其著作在客观上对传播马列主义和辩证唯物主义思想起到了一定的积极作用，这部分文献也被归入红色文献。例如，陈瘦石译《比较经济制度》虽是一部经济学著作，但其附录中所收录的《共产党宣言》却是新中国成立前《共产党宣言》的六个译本之一，因此，《比较经济制度》一书也被收入红色文献专藏。其三，革命根据地出版的文献。这部分红色文献的数量最为庞大，其覆盖的地域范围宽广，不仅有上海、广州、延安、北京等革命中心地区的出版物，还有东北、山东、苏北、淮北、晋察冀、晋绥、浙东等革命根据地的出版物。其涉及的学科范围广泛，既有马克思主义的经典著作，也有根据地的中小学教材和识字课本；既有辩证唯物主义哲学著作，也有医药卫生和工农业生产的普及读物；既有军事理论著作，也有文艺作品。此外，上海图书馆收藏有1949年以前毛泽东著作的各种版本近600种，4000余册，这也是上海图书馆红色文献专藏中重要且富有特色的组成部分。

二、上海图书馆红色文献的发掘

（一）《上海图书馆藏革命文献总目》的编纂

上海图书馆很早就开始有计划、有步骤地开展红色文献的抢救保护、整理研究与服务工作。2011年，在建党90周年前夕，上海图书馆基本完成馆藏红色文献的整理编目并构建了书目数据库。为了更好地揭示馆藏、服务学术，在2021年庆祝中国共产党百年华诞的重大时刻，在"两个一百年"奋斗目标历史交汇的关键节点，在进一步完善书目的基础上，完成了《上海图书馆藏革命文献总目·目录编》《上海图书馆藏革命文献总目·图录编》的编撰工作，于2021年6月由中华书局出版。

上海图书馆藏红色文献种类繁杂，除常见的图书、期刊、报纸外，还有照片、传单、地图、手稿等文献类型，甚至还有请柬、席位册、证件等档案资料。除报、刊类文献将另册出版之外，《目录编》收录了上述各种图书及非书资料，总数近九千种，全部条目按分类编排，不再分文献类型。

《图录编》系在馆藏的近万种红色文献中，选取近500种文献汇编而成。其中，中文图书400余种，传单、布告、钱币等非书文献近50种，均已收入《目录编》，读者可以参照阅读。《图录编》分为序篇、中国共产党初创时期的革命文献、大革命时期的革命文献、土地革命战争时期的革命文献、抗日战争时期的革命文献、解放战争时期的革命文献六个部分，附录毛泽东著作版本。除序篇、附录外，其余五个部分按照重大历史事件顺序编排，由数量不等、类型不同的文献组合成70余个专题。各专题既相对独立，又前后接续，点面结合，串联起从辛亥革命前后到中华人民共和国成立的革命文献历史。

(二) 申报《上海市红色资源名录》

2021年7月,《上海市红色资源传承弘扬和保护利用条例》正式发布实施,上海图书馆在第一时间就积极落实市委关于"充分发掘保护上海革命遗址遗迹,把红色资源利用好、把红色基因传承好、把红色传统发扬好"的决策部署,并积极参与《上海市红色资源名录》的申报、评议工作,共有50件来自上海图书馆的馆藏红色文献入选了上海市第一批红色资源名录。

其中包括陈望道翻译的《共产党宣言》第一个全文中译本第一版和第二版,斯诺的著名报告文学《西行漫记》的英文初版本、中译本初版本及在《密勒氏评论报》的首次刊出,第一个中国共产党出版机构人民出版社出版的《共产党底计画》等弥足珍贵的红色文献。

三、上海图书馆红色文献的保护

民国时期文献,包括同时期产生的红色文献,由于纸张酸化、脆化、老化加剧,以及再生性保护进展缓慢等严峻问题,如不及时抢救,将面临消失、断层的危险,这段历史也将随着这些文献的消失而失去记忆。因此,民国时期文献的保护,尤其是红色文献的保护一直以来是关注的重点。有专家曾经疾呼:"近代纸质文献将先于古代纸质文献消亡。"因为近代纸质文献使用的都是工业法机械纸,也就是酸法造纸,一般只有200年左右的寿命,而古代传统纸全部用手工制作,纸张一般略带碱性,具有一定程度的抗酸化能力,寿命能达千年以上。

为了加强对民国时期文献的保护与利用,2012年,国家图书馆等单位启动了"革命文献与民国时期文献保护计划"项目,2016年该计划被正式写入国家"十三五"规划。2022年是国家图书馆"革命文献与民国时期文献保护计划"实施10周年,国家图书馆在2022年4月13日举办了"革命文献与民国时期文献保护工作研讨会",上海图书馆陈超馆长参加了线上视频会议,并作发言,总结了过去10年上海图书馆在红色文献、民国时期文献保护工作中的经验,也探讨了未来的发展。

对红色文献进行全文数字化,是对文献的再生性保护,可以说是赋予了红色文献"新生命"。主要通过扫描、拍照等方式,完成全文数字化后,读者以阅读数字化图像为主,大大降低了红色文献的出库和翻阅频率。到2021年,上海图书馆基本完成了馆藏红色文献的数字化整理工作,共完成全文数字化扫描图书1007484页、期刊201362页,形成了40TB的数字文档,初步构建了革命(红色)文献知识服务平台。

四、上海图书馆红色文献的利用

(一)公众服务

上海图书馆运用红色文献资源,紧密结合党中央的政治思想指引,在每一年的重要历史事件、人物以及文献出版等重要纪念日向公众开展红色文化教育、弘扬红色文化精神以及传承红色文化使命。主要有以下几个方面:

其一,结合馆藏文献资源,积极开展阅读推广、展览、阅读行走以及主题讲座等文化普及活动。2018年至2022年间,共举办"思想的光芒——纪念马克思诞辰200周年"系列展、"诸夏怀霜——纪念瞿秋白诞辰120周年"主题展、"田汉在上海——纪念田汉诞辰120周年全国巡展"系列活动、庆祝建党百年"上海图书馆珍藏红色文献展"、"真理光芒耀申江——马克思恩格斯手稿与上海红色风华展"等20余场,其中部分展览在中央党校、国歌展示馆、四行仓库纪念馆、上海市精神卫生中心、上海徐家汇地铁站、上海美罗城、徐家汇源旅游服务中心以及恒隆广场等地进行巡展。

为庆祝中国共产党成立100周年,2021年6月24日至7月7日,上海图书馆举办了珍藏红色文献展。此次展览的文献均选自上海图书馆馆藏中具有代表性、珍稀性的红色文献,共展出1915年至1949年间的各类文献63种、97件。如1920年陈望道翻译的《共产党宣言》全译本的初版与二版实物、中共第一份公开发行的机关刊物《向导》、记录中共领导全面抗战的《新华日报》《群众周刊》《论持久战》的最早版本等。

2022年9月28日起在上海图书馆东馆举办的"真理光芒耀申江——马克思恩格斯手稿与上海红色风华展",展示了12份荷兰阿姆斯特丹国际社会史研究所藏马克思与恩格斯以及共产国际代表马林的珍贵手稿(仿真件),包括《经济哲学手稿》《关于费尔巴哈的提纲》《共产党宣言》《反杜林论》等。阿姆斯特丹国际社会史研究所和俄罗斯国家社会政治史档案馆是马恩

图 26-1 庆祝建党百年——"上海图书馆珍藏红色文献展"

原始手稿档案最重要的两个保存地。其中,前者珍藏了超过三分之二的马恩手稿档案。展览同时结合上海图书馆馆藏近现代文献、老照片、唱片、版画、招贴画等特色馆藏资源,重现马克思主义学说与思想体系的孕育和诞生,以及具有中国特色的科学社会主义理论体系生根发芽的过程。

其间结合主题展览,开发了"思想的光芒——马克思主义与上海"等四条阅读行走路线,并举办了相关的主题讲座,其中"思想的光芒"主题系列讲座被观学院收录并制作线上讲座,其衍生微党课《共产党宣言》的前世今生"获得上海市宣传系统"讲好中国故事"微团课优胜奖,获得了较好的社会效应与评价。

其二,经过数年的红色文献资源开发利用与公众服务的积累,上海图书馆研发红色旅游小程序,通过该小程序,所有人都可以通过手机一边行走参观,一边了解上海红色历史背景。此外,借由"革命(红色)文献知识服务平台",还能直接阅览平台下上海所有合作图书馆、学术机构以及红色教育基地的文献资源。不仅如此,该平台下的红色旅游网页手机端收录上海一千余个红色景点,通过手机定位,实现智能红色旅游景点搜索、AI 旅游路线规划,可随时切换至百度地图、腾讯地图、高德地图等地图程序进行准确路径

图 26-2　真理光芒耀申江——马克思恩格斯手稿与上海红色风华展（展厅内部）

导航,走到哪里讲到哪里,随身小导游,自定义属于自己的旅行。

其三,开创"文献党课"品牌活动。文献党课的设立原本是为了能够更好地将理论与实践相结合,为上海图书馆历史文献中心党支部开创更具有活力的综合性党课。该品牌活动一经推出,不仅获得了馆内的积极响应与参与,也吸引了各级机关、企事业单位以及社会团体的党委、党支部、团委以及团支部的积极参与,形成了以"学"为先导,围绕"文献+展览";以"创"为动力,采用"参观+推广";以"做"为根本,服务"馆内+馆外";以"新"为目标,结合"理论+实践"的多种特色,通过人、文献与空间三者的有机结合,产生更为立体的阅读环境与双向交流的模式,成为公共图书馆阅读推广服务创新的一种有益尝试。

（二）专家与项目研究

除了利用红色文献资源开展丰富的公众服务外,为红色文化研究的专家以及各级专题研究项目提供专业文献服务同样是一项重要工作。主要有以下几个方面：

其一是与出版社合作，上海图书馆自主立项或者参与其他机构立项，围绕馆藏红色文献资源出版相关主题出版物。现已出版有《上海图书馆藏革命文献总目·书目编》《上海图书馆藏革命文献总目·图录编》，其中《书目编》收录了上述各种图书及非书资料，总数近九千种。上述文献的出版受到了学界的广泛关注，一经出版即销售一空，为社会各界更全面充分利用馆藏红色文献资源提供了重要的指引。此外，《共产党宣言》第一个中文全译本的初版与再版经上海科学技术文献出版社、复旦大学出版社等机构仿真出版，同样为开展"读原著、读经典"等工作提供了重要的文献资源。

其二，上海图书馆还为中国田汉研究会、田汉基金会、中共一大纪念馆、中共四大纪念馆、新闻博物馆、常州双杰纪念馆以及国歌展示馆等机构出版相关文献著作、开展红色文献研究等工作提供了重要的文献资源的支持与保障。

其三，除了纸质文献的出版，上海图书馆结合馆藏历史文献数字化项目，积极开展"革命（红色）文献知识服务平台"的研发，该项目于2019年完成，平台的建立让红色文化、红色记忆经由信息技术的加持，成为新的社会记忆系统，能对人们获取、理解、分析、使用信息和知识带来变革，改变知识的生产、创造和人们的生活、学习方式，产生巨大的精神动能，为社会各界更好、更全面、更便捷、更多维地运用馆藏红色文献资源提供了重要的保障与新的创新尝试。此外，该平台还与宋庆龄研究会共同合作，深入开发宋庆龄文献专题数据库，该项目的合作，为平台持续深化与其他红色文献馆藏机构共联共建，共同打造更具深度与广度的红色文献资源平台提供了更多实践。

2022年3月，上海市人民政府公布《上海市红色资源名录（第一批）》后，市委宣传部经与市委党史研究室、市档案局、上海图书馆、中共一大纪念馆等单位共同商议，拟建设上海市红色资源联合目录数据库。

在接到落实推进"红色资源联合目录数据库"的工作任务后，上海图书馆高度重视，集中系统网络、数据库研发以及编目研究部门的精兵强将投入该项目。现阶段的数据库建设以《上海市红色资源名录（第一批）》为基础，依托上海图书馆的红色文献整理研究、红色文献服务平台和数字人文项目建设的成果展开建设。其间,在相关部门的指导下,制定了跨机构的数据共享和需求规范,形成9种建筑设施类标准字段和18种资料类标准字段,先后向12家参与机构与单位征集意见,并完成数据库收集、沟通对接、数据清洗加工。整合了"红途"平台、上海市档案馆、中共一大纪念馆等已有数据资源,通过建设支持跨机构资源整合、统一检索和多维展示的上海红色资源联合目录数据库,来进一步深入推动红色资源的共建共享。现已收集完成《上海市红色资源名录(第一批)》所有848项数据的整理工作,所有数据通过标准元数据规范存储及管理。

上海市红色资源联合目录数据库现由资源检索系统、可视化导航系统、详情展示系统组成,支持PC端及移动端各分辨率设备的适配展示及体验。2022年11月29日,上海市红色资源联合目录数据库已基本完成开发,并向12家机构单位开放公测,利用云文档收集反馈并同步进行迭代优化。目前各单位反馈的所有问题均修复完成,网站运行平稳。之后,随着更多批次的《上海市红色资源名录》发布,该数据库系统还将支持快速导入新批次的资源,可以实现可持续性的更新迭代。

(三)为市委、市政府等相关工作提供支持

为市委、市政府以及各级机关单位的相关主题工作提供文献资源支持是上海图书馆重要职能之一,对于红色文献馆藏资源的开发利用同样如此。本馆是最早参与上海"党的诞生地"发掘工程以及"红途"平台建设等红色主题工作的机构之一,同时为公众提供红色文化弘扬与普及教育,为学术机构与个人提供文献资源的研究保障,遵循党中央与上海市委、市政府对于国家红色文化、精神开发与传承的指导意见,参与支持相关工作的持续推进。

此外,上海图书馆积极利用馆藏文献资源,为徐汇区文化和旅游局、杨浦区委宣传部、徐汇区徐家汇街道等所属辖区内的红色文化资源的开发利用提供保障,并被徐家汇街道授予首批社区文化氛围建设智囊团成员之一。

上海图书馆将充分利用馆藏红色文献的既有资源,来努力推动学史明理、学史增信、学史崇德、学史力行,为传承红色基因、赓续红色血脉作出自己应有的贡献。

B.27　用好红色档案　传承红色基因

——上海红色档案的展示与利用探讨

上海市档案局（馆）

执笔人：张　新　张姚俊

红色档案是指中国共产党领导下，在新民主主义革命时期、社会主义革命和建设时期、改革开放和社会主义现代化建设新时期、中国特色社会主义新时代所形成的具有历史价值、教育意义、纪念意义的档案，是红色资源的重要组成部分。上海是中国共产党的诞生地和初心始发地，也是伟大建党精神孕育地。革命、建设、改革开放和中国特色社会主义新时代的伟大实践，给上海留下丰厚的红色档案资源。近年来，上海市档案局（馆）作为全市最重要的红色档案保管和利用中心，紧紧围绕贯彻实施《上海市红色资源传承弘扬和保护利用条例》，结合开展党史学习教育、庆祝中国共产党建党100周年和学习宣传贯彻党的二十大精神等中心工作、政治任务与重大活动，不断在发挥红色档案凝心聚力、铸魂育人、推动发展的社会功能上下功夫，多措并举，加强红色档案的开发利用，打响上海红色档案文化品牌。

一、基本情况

上海是一座光荣的城市，红色基因早已融入这座城市的血脉，由此形成的红色档案资源十分丰富。上海市档案馆馆藏525万余卷（件）档案中至少一半以上为红色档案。其中，有记录在中国共产党领导下，上海人民前仆后继开展革命斗争的珍档，如陈望道翻译的首个《共产党宣言》中文全译本、中国共产党创办的第一份党刊《共产党》、中国共产党创办的第一张日报《热血日报》等;有展现新中国成立后,上海城市发展和人民生活发生翻天覆地变化的珍档,如肇嘉浜填浜筑路工程档案、新中国第一个工人新村——曹杨新村的工程建设档案等;有反映上海在改革开放大潮中奋楫争先、砥砺奋进的珍档,如新中国最早的汽车合资企业——上海大众汽车有限公司的合营合同、新中国成立后上海第一个经国家批准的城市总体规划方案——《上海市城市总体规划方案》(1986年)等;有记录新时代上海踔厉奋发,勇当排头兵、先行者的珍档,如中国国际进口博览会档案、世界顶尖科学家论坛档案等。

正是基于丰赡的红色档案资源,2021年至2022年,上海档案系统在全力支持配合国家和市级重大红色文化项目,积极为中国共产党历史展览馆、中共一大纪念馆等红色文博场馆的建设提供馆藏红色档案的同时,加强制度建设、丰富利用手段、强化数字赋能、提升开发成效,持续完善红色档案保护利用机制,打造高品质的红色档案文化产品,拓展红色档案文化传播新空间,让红色档案在传承红色基因、助力坚定理想信念方面发挥独特作用。

(一)建章立制,加强红色档案保护利用

2021年10月28日,《上海市档案条例》(以下简称《条例》)由上海市第十五届人民代表大会常务委员会第三十六次会议修订通过并公布,并自2021年12月1日起施行。《条例》对接新修订的《中华人民共和国档案法》和新近施行的《上海市红色资源传承弘扬和保护利用条例》,坚持档案工作的政治属性,首创性地制定了"红色档案保护利用"专章,明确红色档案的定义范围,鼓励支持档案馆以及其他档案保管单位加强红色档案的开发,利用红色档案开展党史学习教育、理想信念教育、爱国主义教育等主题教育活动。

作为全市档案工作主管部门,两年来,市档案局先后制定印发《加强红色档案资源保护和利用工作的意见》《上海市红色档案资源管理办法》(以下简称《办法》),以及与《办法》配套的《珍贵红色档案资源申报认定细则》《红色档案资源保护修复指南》,启动全市档案系统红色档案资源普查工作。市档案馆为珍贵红色档案"建档立卡",加快红色档案数字化和精细化整理,全

方位深化红色档案开发利用,持续将红色档案保护利用工作引向深入。

(二) 合作协同,精心打造多元化红色档案文化精品

2021年初,市档案局(馆)举办"建党百年　初心如磐——长三角红色档案珍品展",精选长三角三省一市20多家档案文博部门的近500件红色档案,展示中国共产党坚守初心使命,团结带领人民谋求民族独立和人民解放的伟大历程。9月,在市档案馆新馆正式开馆之时,市档案局(馆)会同市级机关工委、市委党史研究室联合主办的"江山就是人民　人民就是江山——红色档案见证中国共产党百年奋斗之路"档案展与公众见面。该展览运用500余件红色珍档,展现了中国共产党始终与人民心连心、同呼吸、共命运的奋斗历程。同时,在新馆"城市记忆　时光珍藏"常设主题展览中,市档案馆深入挖掘馆藏资源,集中展示了数百件珍贵红色档案。是年,市档案局(馆)还联合上海戏剧学院推出反映中国共产党创建历史的话剧《渔阳里的"大人物"》,指导上海音乐学院创排以"中央文库"历史为蓝本的音乐剧《忠诚》,将红色档案元素融入戏剧、音乐之中,生动刻画共产党人的忠诚与

图27-1　观众认真参观"建党百年　初心如磐——长三角红色档案珍品展"

担当,展现伟大建党精神。

2022年6月,市档案局(馆)联合团市委通过沪上主要媒体平台推出"逐梦光荣之城——上海青年百年奋斗史档案文献展"线上展,运用百余件档案文献和图片,展现了五四运动以来上海青年积极投身党领导的革命、建设、改革伟大事业,永远跟党走、与城市发展共成长的历史概貌。展览上线后不久点击人数即超过10万人次。展览还陆续在大沽路、世博村路市级机关集中办公场所、华东师范大学等高校进行线下巡回展示。9月,市档案局(馆)与中共一大纪念馆、上海市城市建设档案馆共同举办"初心照耀——中共一大纪念馆建馆70周年纪念展",并联合中共一大纪念馆,集两家单位所藏查找认定一大会址的档案史料,共同申报第五批《中国档案文献遗产名录》。年底,市档案局(馆)推出"书信家国 尺牍情深——弘扬伟大建党精神长三角档案联展",汇集长三角70多家档案文博部门珍藏的170余件家书、日记等手迹档案和200多张图片,再现了中国共产党人团结带领广大人民浴血奋斗、锐意进取、攻坚克难、砥砺前行的壮阔图景。

(三)深入浅出,编撰出版红色编研成果

2021年以来,市档案局(馆)系统深入挖掘馆藏资源,利用红色档案编纂出版了一批红色编研成果,充分发挥了档案工作存史资政育人的重要作用。《换了人间》以新中国光辉的发展历程为轴,汇集市档案局(馆)馆刊《档案春秋》杂志历年精彩文章70余篇,讲述共和国革命、建设、改革的宏大历史和动人故事。《跟着档案看上海》荟萃了中共一大会址、周公馆、人民广场、东方明珠广播电视塔、南浦大桥等14个城市地标,从档案的视角进一步挖掘和呈现上海红色文化、海派文化、江南文化的深厚底蕴,出版当月就荣登中国图书评论学会"中国好书榜"月榜。

2022年,市档案局(馆)还与上海宋庆龄研究会、中国福利会通力合作,汇编出版《永远和党在一起——中国福利会英文历史档案选编》一书。该书是馆藏中国福利会英文历史档案(共203卷17247页)第一阶段整理研究成果,集中反映了宋庆龄领导下的保卫中国同盟和中国福利基金会在医疗卫生、儿童保育、工业合作等各方面全力支持陕甘宁边区建设的史实,为党史、

抗战史、统一战线史研究提供了第一手史料。年末,市档案局(馆)又对《跟着档案看上海》进行内容增补并再版,以飨广大读者。

二、主要做法

(一) 把做好红色档案开发利用工作作为必须履行的政治责任

2021年7月6日,习近平总书记对新时代档案工作作出重要批示,强调"要把蕴含党的初心使命的红色档案保管好、利用好,把新时代党领导人民推进实现中华民族伟大复兴的奋斗历史记录好、留存好,更好地服务党和国家工作大局、服务人民群众"。2022年2月16日,时任市委书记李强在调研上海市档案馆新馆时,特别强调要结合巩固拓展党史学习教育成果,用好红色档案资源,针对青少年开展宣传教育,赓续红色血脉,传承城市荣光。

市档案局(馆)深入学习贯彻习近平总书记对新时期档案工作重要批示精神,把总书记提出的"四个好""两个服务"的重要要求作为做好新时期档案工作的行动指南和根本遵循,把开发利用好红色档案资源作为档案部门坚决做到"两个维护"的具体体现,自觉担负起管好用好红色档案的重要政治责任,按照市委要求,用好红色档案资源,深化红色档案开发利用,传承红色基因,弘扬城市精神品格。

(二) 努力形成红色档案开发利用良好机制

除在法规制度层面为红色档案资源开发利用提供制度保障外,市档案局(馆)还从以下几个方面着力构建红色档案资源开发利用的良好机制。

一是注重顶层设计。2021年是"十四五"开局之年,市档案局(馆)在制定《上海市档案事业"十四五"发展规划》时,就将红色档案资源开发利用作为规划重要内容,提出"围绕红色文化、海派文化、江南文化,用好用活档案资源,加强研究开发及各方联动,力争产出更多档案文化精品,着力发挥档案资政育人作用",并就"加强红色档案传承弘扬"列出专条,明确"十四五"期间红色档案开发利用总体要求。同时,按照规划要求,结合每年工作特点,通过制定全市档案工作要点和局(馆)重点工作,落实年度具体工作任务,推动红色档案资源开发利用有序有效开展。

二是深化区域协同。自2018年起，上海牵头长三角地区档案部门率先在全国开启档案部门跨省域协同发展。作为协同发展的重要内容，红色档案资源开发利用成为三省一市档案部门的共同任务。通过每年签订长三角档案部门协同发展备忘录，落实每年重点工作任务。2021年到2022年，上海牵头长三角地区档案部门先后举办了"建党百年　初心如磐——长三角红色档案珍品展""书信家国　尺牍情深——弘扬伟大建党精神长三角档案联展"，得到各界广泛关注。三省一市档案部门还协同开展以新四军抗战为主题的红色档案研究，并取得初步成果。

图27-2　书信家国　尺牍情深——弘扬伟大建党精神长三角档案联展

三是强化上下衔接。市档案局（馆）发挥档案工作"统一领导，分级管理"的体制优势，一方面积极争取国家档案主管部门的支持，在举办档案展览方面充分利用中央档案馆珍贵红色档案的资源支撑，使红色档案展览办出档案特色；同时，积极争取国家财政支持，通过国家档案局"国家重点档案保护与开发"项目经费支持，于2021年推动"长三角红色档案珍品展"在上海、杭州、南京、合肥等长三角23个主要城市展出，并推出线上展。线上线下观展人数累计突破100万人。另一方面,通过组织召开红色档案资源工作现场会、集中开展6月9日"国际档案日"宣传活动等方式,积极组织全市档案系统各单位结合各自实际,推出了一批红色主题展陈、红色档案编研成果等,让红色档案文化更加深入人心。

(三)做强优势项目带动放大溢出效应

档案展览是市档案局(馆)开展红色档案文化传播的"拳头产品"。近年来,局(馆)努力做强做优这一品牌,使红色档案展览有内涵、有故事、有深度,并以此为牵引,着力形成系列化、多样化的开发利用成果。

一是围绕重要时间节点办好红色档案展览。两年来,市档案局(馆)配合党史学习教育、庆祝建党百年和学习宣传贯彻党的二十大精神,举办一系列红色档案展览,收到良好的成效。2021年庆祝建党百年之际,市档案局(馆)除办好"长三角红色档案珍品展""红色档案见证中国共产党百年奋斗之路"档案展和市档案馆新馆常设主题展览外,还加强与各方的合作,联手欧美同学会、市委统战部等共同主办"恰同学少年——留苏档案见证百年复兴路"主题展,并在北京和莫斯科等地巡展;与市级机关工委、市委党史研究室联合主办"百年辉煌——中国共产党在上海百年图展";和市政协文史委、交通银行、东方网等合作举办"红色金融交响曲——上海金融战线革命斗争史料展",并作为协办单位参与市人大常委会、市总工会主办的"伟大的创造光辉的历程——人民代表大会制度的探索与上海"主题展。2022年,市档案局(馆)努力克服疫情的不利影响,相继举办了"逐梦光荣之城——上海青年百年奋斗史档案文献展""初心的传承——红色家书专题展""书信家国 尺牍情深——弘扬伟大建党精神长三角档案联展"等。这一系列红色档案展览在线上线下吸引成千上万的观众,取得良好社会反响。

二是跨界合作视角多元扩大红色档案展览的影响力。从两年来的实践看,市档案局(馆)红色档案展览的合作伙伴既有本市的机关团体,也有长三角地区的档案同行,跨界别、跨区域合作已成为常态,这有助于增加展览资源的多元化,也扩展了红色档案资源的辐射范围。与此同时,红色档案展览在选题上,既有宏大叙事,如"长三角红色档案珍品展""红色档案见证中国共产党百年奋斗之路"档案展等,也有微观切入,如"上海青年百年奋斗史档案文献展""红色家书专题展"等。这些视角侧重不同的红色档案展览为广大公众特别是党员干部学习"四史"提供了形象生动的教材。

三是依托红色档案展览放大溢出效应。2021年,市档案局(馆)依托2018年与中央档案馆国家档案局合办的"中国共产党人的家风"档案展,编辑出版《初心的传承——中国共产党人的家风》档案文献图集,通过240余件红色档案,展现毛泽东、周恩来等老一辈革命家和彭湃、俞秀松等革命先烈以及焦裕禄、杨善洲等新中国成立后涌现的优秀共产党人的家风故事,聚焦初心本色,弘扬中国共产党人的优良家风。与上海广播电视台合作开展两次大型网络直播,分别向公众推介"江山就是人民 人民就是江山——红色档案见证中国共产党百年奋斗之路"档案展和"城市记忆 时光珍藏"主题常设展,线上观者踊跃。

图27-3 《初心的传承——中国共产党人的家风》

四是结合红色档案展览拓展传播新空间。2022年,市档案局(馆)以一系列红色档案展览展出的珍贵档案为基本素材,录制"跟着档案学党史""跟着档案看上海"系列短视频,用公众尤其是青少年喜闻乐见的形式,助力他们开展多维度的"四史"学习。在9月30日第九个国家烈士纪念日当天,运用"初心的传承——红色家书专题展"的展品素材,联合市工商外国语学校开展青少年诵读红色家书活动,邀请俞秀松烈士继子俞敏、方志敏烈士孙女方丽娜等为青少年讲述红色家书背后的故事,以此缅怀革命先烈,传承家国情怀。国庆"黄金周"期间,联袂《解放日报》,根据"中国共产党人的家风"展览和图册内容,在"上观新闻"融媒体平台推出"守护初心 涵养家风——老一辈革命家的家风故事"专题系列报道,讲述毛泽东、周恩来、刘少奇、邓小平等9位老一辈革命家的家风故事,有的单篇阅读量超过200万人次,受到广大网民的热烈欢迎。同时,根据疫情防控新形势,将红色珍档发布、红色主题展陈等红色档案文化宣传活动搬到线上,增加了公众的参与性、互动性和体验感。

2021年以来,上海市档案局(馆)在红色档案展示与利用方面虽取得一定成效,但还存在诸如对红色档案资源的挖掘有待进一步深化、数字化转型急需进一步加强、资政育人的工作水平有待进一步提高等短板和不足,要在今后的工作中不断改进,提质增效。

三、下一步思考和打算

2023年是全面学习贯彻党的二十大精神的开局之年,上海市档案局(馆)将深入学习贯彻党的二十大精神,结合学习贯彻习近平总书记考察上海重要讲话精神和对档案工作重要批示精神,持续推进红色档案开发利用工作。

(一)全方位加强红色档案的管理

市档案局(馆)将认真落实《上海市红色资源传承弘扬和保护利用条例》《上海市红色档案资源管理办法》的各项要求,结合国家档案局将要开展的国有档案资源普查工作,深入开展全市红色档案普查工作,进一步摸清全市红色档案的底数,为深化开发利用打好基础。市档案局将组织全市重要档案保管单位开展珍贵红色档案申报认定工作,并发布首批珍贵红色档案名录,推动全社会进一步重视红色档案的保护利用工作。市档案馆还将建设馆藏重要红色档案专用库房,制订"红色档案保护三年行动计划",加大红色档案特别是珍贵、"高龄"红色档案安全科学保管保护力度。

(二)进一步提高红色档案展览的品质

市档案局(馆)将对内继续深入挖掘馆藏资源,对外继续与我市及长三角地区的宣传、党史、档案、文旅、教育等各有关部门和机构加强合作,围绕中心,服务大局,以更合适的视角和选题,办好红色档案展览,在确保展览教育功能的基础上,增强展览的观赏性和参与度。

(三)进一步推动红色档案数字化转型

抓紧建设全市性红色档案专题数据库,着力推进红色档案资源共享和利用。市档案局(馆)将深入挖掘档案资源,综合运用数据库、知识图谱、人机交互等信息化理念,开发并上线"跟着档案观上海"数字人文平台,既为档案部门搭建一个全新的数字化档案展示平台,也为广大市民提供一个可视化、互动化地了解上海历史与现在的开放空间。同时,充分利用网络传播优势,形成系列化的红色档案短视频成果,并通过不同网络平台开展分众化传播,使红色档案数字化转型成果惠及更多公众。

(四)进一步深化红色档案研究

编辑出版《东方欲晓:新民主主义革命记忆》等出版物,形成革命、建设和改革开放红色档案叙事系列。编辑出版《跟着档案看上海》(第二辑),不断丰富上海记忆的红色底蕴。在持续做好新四军抗战研究的同时,协同长三角地区档案部门联合开展有关解放战争渡江战役红色档案研究,进一步拓展区域红色档案开发利用新领域。

(五)进一步强化红色档案资政育人工作

"引进来"和"走出去"相结合,加大与各级各类教育机构进行联建共建的力度,依托"书信家国 尺牍情深——弘扬伟大建党精神长三角档案联展"等载体,深入开展红色主题展陈和系列教育课程进校园、进社区、进园区等活动,进一步拓展青少年教育的覆盖面,着重提升对青少年的服务教育能力。同时,积极创建全国爱国主义教育示范基地,不断创新红色档案服务青少年的工作方式,使青少年以史明智、以史明德,成为担当民族复兴重任的时代新人。

"行百里者半九十"。在新的征程上,继承"中央文库"光荣传统的上海档案工作者将牢记习近平总书记的殷殷嘱托,把党的二十大精神内化于心、外化于行,踔厉奋发,守正创新,勇毅前行,始终当好红色档案的守护者、红色基因的传承者、红色文化的传播者,让红色档案资源发挥更加强大和持久的作用,为全面建设社会主义现代化国家贡献档案人的力量。

B.28　传承红色基因　激发红色引擎

——市国资委系统开展"红色文化进国企"系列活动

上海市国有资产监督管理委员会

执笔人：吴　佳　施碧霞　王　宇

近年来，上海市国资委党委持续深入推进"党的诞生地"红色文化传承弘扬工程，联合市委党史研究室、中共一大纪念馆、新民晚报社等共同举办"红色文化进国企"系列活动，通过将百年党史与国资国企发展史、行业发展史和企业发展史相融合的方式，将珍贵的文物和历史图片展览送进企业，打造一个新的红色文化宣传空间和模式。活动先后走进申通地铁集团、隧道股份、东方国际光明食品集团、上汽集团、申能集团、久事集团、浦发银行、上海建工、上海银行、临港集团、机场集团、上海仪电13家市属国有企业，举办

图28-1　"红色文化进国企"之走进上海仪电

超过 420 场次线上线下参观活动,吸引超过 25 万名企业干部职工、市民群众参与,取得了良好的反响。

一、用好红色资源,打造国企员工家门口的展览

市国资委党委以党建为引领,充分整合市委党史研究室的党史资源、中共一大纪念馆的文物资源、新民晚报社的媒体资源,结合上海国有企业改革发展实际,采取馆藏精品巡展、专题宣讲授课以及现场参观等多种形式,将红色展览送到国企内部,创设了"政府部门+主流媒体+党史部门+大型国企"为一体的红色资源传播新平台和新模式。光明食品集团将展览设在崇明岛的光明田园游客接待中心,结合"艰苦创业、开拓创新"的农垦精神,通过展览解读红色文化精髓,弘扬红色文化精神,展现了崇明由过去的农垦大地到如今的生态创新岛的艰苦创业经历,成为"四史"学习教育的生动课堂和"不忘初心、牢记使命"主题教育的实践基地,数千名花博会建设者自发前往参观学习,成了他们的精神家园。"日出东方·近代上海与中国共产党的

图 28-2 "红色文化进国企"之走进光明食品集团

创建文物史料图片展"在浦发银行总部展出期间,浦发银行上海地区各单位共计113个党支部前来参观学习,观展总人数逾2300人次。申能集团在申能能源中心布置主展区,同时在全市不同的四个地方布置分展区,还向系统各单位党组织发布"红色力量赋能地图",打造"家门口的党史展览"。各个展区还组建了青年讲师团,让广大青年党员从当年听故事的人变成如今讲故事的人,做红色精神的学习者、传播者、践行者和推动者。

二、传承红色基因,从百年历史中汲取奋进力量

市国资委党委深入贯彻"人民城市为人民"的理念,把"红色文化进国企"活动作为系统国有企业学习红色文化、发扬红色传统、传承红色基因的新方法,将红色展览面向社会、面向市民开放,在全市范围内传播红色文化,体现国企担当。上海银行结合国企改革史和金融发展史打造的展览,设置在位于陆家嘴的上海银行总部营业大厅,展览展出不久,就成为上海陆家嘴地区广大金融单位开展红色教育的网红打卡点,每天吸引着不同金融单位

图 28-3 "红色文化进国企"之走进上海银行

参观、打卡。机场集团将党的百年红色基因和上海机场的百年发展历程相结合打造了"百年门户 世界枢纽"展览,并将展览设置在虹桥机场二号航站楼出发层,每天数以万计的乘客从这里飞往全球各地,又从全球各地飞抵上海,红色展览也成了向五湖四海的旅客展示上海红色精神血脉的最好窗口。东方国际将"伟大开端——中国共产党创建历史图片展"设置在了上海国际时尚中心,在国棉十七厂的原址展现"伟大开端",吸引广大市民自发来此,留下很多令人动容的瞬间。

三、赓续红色血脉,在理论宣讲中凝聚思想共识

上海国资国企广泛开展"我是基层宣讲员"实践活动,进行讲解员培训和队伍组建,打造青年讲师团,通过"党员讲党史"感悟初心使命,让企业员工做红色精神的学习者、传播者、践行者和推动者,赓续传承红色基因,使"红色文化进国企"活动真正成为党史学习的讲台、理论宣讲的舞台、青年成长的平台。上汽集团在上海解放72周年纪念日的当天举行活动启动仪式,并将展览移至上汽集团党校,组建"致敬百年"宣讲团,组织宣讲团成员全程学习一大讲解员的讲解内容,并将其转化为红色文化宣讲的重要组成部分,成为"万名书记进党校"开展红色教育的现场教学点和打卡点。临港集团将红色文化进国企展览和"伟大建党精神展览"共同带到临港新片区,同时成立临港青年宣讲团,通过青年员工宣讲的方式拍摄制作宣讲视频,相关宣讲视频先后在学习强国平台、"上海国资"媒体矩阵和《新民晚报》等平台刊发,浏览量超过了十万次。隧道股份结合党史学习教育,在红色展览的基础上,开启"跨越时空·传承初心"老党员讲百年党史系列讲坛,打造全员覆盖的"双百课堂",成立"双百讲师团",125名两级班子成员当好"主讲",300余名支部书记当好"主播",自制课件,讲清百年伟大历史,讲活隧道红色故事,讲明企业时代使命,打造入脑入心的"领学课堂",打造学深悟透的专家课堂。2022年,市国资委系统共评选出40个理论宣讲的先进集体、个人和优秀理论宣讲报告、视频。

四、挖掘红色故事,在传承伟大建党精神中激发动力

上海是中国共产党的诞生地、红色文化的发源地,也是国资国企重镇。

中国共产党的诞生离不开工人阶级和早期的工人运动，市国资委系统企业具有丰富的红色资源和红色故事。市国资委党委充分发挥《新民晚报》主流媒体的作用，与新民晚报社共同开展"红色文化进国企——上海市国资系统红色基因挖掘传播与开发"项目，面向市国资委系统企业和各区国资委征集包括红色物件、历史资料、人物、红色地标等在内的企业红色资源。光明食品集团启动"上海解放第一声"玻璃电台故事发掘工作，复原"凯旋电台"历史原貌。上海仪电挖掘"亚"牌灯泡、"红灯"牌收音机、"金星"牌电视机等民族品牌的历史。上实集团从"一三一"牙膏和信谊药厂的"一日捐"活动中找寻民族抗日精神力量。华谊集团挖掘"飞虎"牌涂料和"固本"肥皂等民族名牌史料展现民族工商业的发展。一大批红色资料和相关文章先后在"上海国资"新媒体平台、学习强国"中央企业学习平台"、"上海学习平台"和《新民晚报》客户端进行广泛传播，让上海国资国企的红色文化得到更为有效的推广，产生了更大的社会效益和经济效益，同时促进国有企业广大干部职工进一步做好党的诞生地的宣传工作，建设和守护好中国共产党人的精神家园。2022年7月，"红色文化进国企——上海市国资系统红色基因挖掘传播与开发"项目入选了"上海100个强国复兴有我"群众性主题宣传教育重点项目。

五、激发红色引擎，在做强企业文化中推动发展

市国资委党委以"红色文化进国企"为契机，深挖企业的红色资源，以红色文化推动国企文化，展现国企的红色担当。久事集团依托"红色文化进国企"活动，设计开发红色文化旅游产品，以徒步红色景点现场教学和参观各红色博物馆，打造城市漫步和红色巴士的9条线路，开展红色之旅主题学习活动，将文创产品、交通卡、红色场馆有机串联，形成"红色打卡 绿色出行"的特色线路。上海建工以建设中共一大纪念馆新馆为契机，邀请中共一大纪念馆馆长在建设工地现场上党史专题课，并于建党节前夕在中共一大纪念馆举行"红色文化进国企"的启动仪式，进一步激发了广大国资国企干部职工奋进新时代的精神力量。

加强党的建设是国有企业的"根"和"魂"。市国资委党委将用好用足上

海丰富的红色文化资源,协同新民晚报社等单位持续深入挖掘上海国资国企红色资源、发展历史故事等,将红色基因、国企党建、国企业务等融合,形成具有上海国资国企特色的展览内容并送到企业一线。充分发挥市国资委系统爱国主义教育基地的作用,结合企业和场馆实际,培育一批红色讲解员,着力打造精品陈列、专题展览、红色剧本杀、艺术课堂,开展夏令营、冬令营等活动,对上海国有企业的红色故事、红色历史进行宣传推广。组织党史专家、新闻媒体走进企业实地挖掘一批红色基因背后的历史和人物,系统、全面展示上海国资国企在中国共产党的领导下开创未来、砥砺前行的感人故事,进一步激励国资国企广大党员干部和职工群众从中汲取新时期改革开放再出发的伟大力量。

B.29 用好红色资源，打造红色经典步道系统

上海市道路运输管理局

执笔人：王维凤

一、基本情况

党的二十大报告指出，要"弘扬以伟大建党精神为源头的中国共产党人精神谱系，用好红色资源"。上海是中国共产党的诞生地，拥有丰富的红色文化资源，特别是黄浦区内的中共一大会址周边、静安区的中共二大会址周边以及虹口区的中共四大会址周边，聚集了多个与党的创建密切相关的重要革命遗址，完整记录了中国共产党初创时期理论准备、组织准备和干部准备的全过程以及党的正式成立和完成组织创建的历史。为庆祝建党100周年、党章发表100周年，上海市道路运输管理局牢记"党的诞生地"使命责任，以市政道路为载体，大力弘扬伟大建党精神和城市精神品格，聚焦红色资源保护利用和红色文化传承弘扬，以推动爱国主义教育、传承红色基因、弘扬红色文化为工作初心，认真贯彻落实市委"四史"、党史学习教育部署，结合市委、市政府精细化管理工作要求，会同黄浦区、静安区和虹口区开展了红色经典步道系统创建工作，奋力打响上海"红色文化"品牌，取得较好工作实效。

此次创建工作的意义体现在：一是推动爱国主义教育的重要抓手。以习近平同志为核心的党中央高度重视爱国主义教育，并作出一系列重要部署。爱国主义是中华民族的民族心、民族魂，是中华民族最重要的精神财富。二是传承红色基因的重要实践。红色基因是我们党在长期奋斗中淬炼的先进本质、思想路线、光荣传统和优良作风的总称；红色文化是我们党在

革命、建设和改革中形成的宝贵精神财富。三是打造弘扬红色文化的上海样板。传承和弘扬红色文化，是上海这座具有光荣革命传统城市的神圣使命。上海是"共产党人的精神家园"，我们党从这里诞生。党成立后党中央机关长期驻扎上海，留下了丰富的红色资源。四是讲好"诞生故事"的重要依托。在2021年建党一百周年的特殊历史节点，更加用心用情用力发掘宣传中国共产党在上海创建的光荣历史，切实担负起党的诞生地和初心始发地的使命担当。五是结合"四史"教育，打造路政品牌的重要探索。市委部署"四史"学习教育，突出"实"字要求，与做好当前工作相结合，落脚到解决问题、推动事业发展上来。六是促进交旅融合，打造都市旅游，增强街区活力、拉动内需消费。以红色旅游步行道系统为载体的城市微旅游，用脚步丈量城市，适应市民游客旅游需求从"观光游"向"体验游"变化，同时有助于文旅综合消费能级提升。

市道路运输管理局自2019年开展此项工作，首先在一大会址所在地黄浦区试点，在前期方案编制过程中，采取联合座谈、调研、踏勘、党建活动等多种形式，积极与黄浦区建交委、区委组织部、宣传部、党史研究室、规划资源局、绿化市容局、文化和旅游局、交警支队、一大会址管理方以及相关街道等区属部门对接，逐步形成共识。在制订路径规划方案和具体设计方案的过程中，坚持一个月2—3次政企联合、多方参与的联席会议机制，组织召开专题讨论，不断优化完善方案，梳理制订实施计划，启动部分道路"一路一方案"设计，并形成整体空间效果设计。

上海市的红色经典步行道系统为国内首创，在打造城市交旅融合的红色路政文化品牌的同时，进一步助力上海四大品牌中文化品牌的创建。

二、主要做法

红色经典步道系统的创建，充分利用一大、二大、四大会址周边红色景点数量多、分布集中、相互之间步行可达的优势，通过在中共一大、二大、四大会址周边既有市政道路人行道上增设红色品牌标识，加强线路指引，串联红色景点，形成精品红色旅游步行道系统。创建工作目前已经实施了两期，第一期为黄浦区一大会址周边的7.1公里步道系统，于2021年建党100周年期间完成；第二期为静安区二大会址周边的8.1公里和虹口区四大会址周边的1公里步道系统，于2022年以党章发布100周年为契机建设完成，总体规划设计原则和具体方案分别介绍如下：

（一）规划设计原则

1. 历史传承

在路径选择方面，传承红色文脉。选择与红色景点相连，具有历史风貌景观特色或上海本地建筑风貌和人文特色的道路，体现出路线红色文化和人文徒步的特点。

在元素设计方面，体现红色主题。在logo、游览地图和街道设施元素的具体设计中，结合石库门和红色文化元素，在细节上形成统一风格样式，提高步行道系统的辨识度，易于出行者识别。

2. 复合多元

体验多元。综合游客"食、住、行、游、购、娱"旅游六要素的需求，采取"点—线—面"的路径布局思路：以市政步行道为主、地块内部道路为辅进行连接，实现了区域内红色景点从"零散展示"到"整体展览"的跨越，串联公园绿地提升景观性，通过特色商业街区丰富步行体验，同时与重要的交通枢纽衔接，提供出行上的便利。

文化多元。石库门里弄的红墙黛瓦不仅孕育出"海纳百川"的海派文化，也孕育了中国革命的火种和曙光。在路径规划中，结合上海多元城市格局下，"红色文化"与"海派文化"交织交融所形成的城市独特风景，将包括城市新景观（如新天地、思南公馆等）在内的整体城市文化风貌进行有机串联。革命、历史与现代、新潮的碰撞，更能体现出改革开放以来红色文化在现代化伟大实践中不断的丰富和发展。

业态多元。选择沿街业态功能复合多元、空间界面活跃（如设置有建筑退界和商业外摆）的街道；尽量避免选择车流量较大、步行环境较为嘈杂的交通性街道。

3. 慢行友好

贯彻"以人为本，为人所用，宜人所感"的设计理念，注重提高行人出行的安全性和行走的整体舒适度,营造宜人的慢行出行环境和优质宜居的城市环境。

另外,随着红色旅游成为全年龄段的旅游选择,需要考虑到不同年龄段人群的旅游和步行需求,如对青少年的教育趣味性、青年对旅游品质和体验感的倾向、中老年对人性化设施的需求等。

4. 实用持久

设计方案遵循"重点突出、点缀恰当"的要求,注重与既有城市景观和周围设施的风格整体协调融合,并体现实用性和持久性的特点。即在考虑突出红色旅游步行道辨识度、实现网络引导功能、营造红色文化氛围的同时,重点选取可长时间保留、非临时性的街道设施元素进行设计,打造"耐看的百年工程"。

5. 协同实施

建管结合。与市里或区里的相关项目计划结合(如黄浦区架空线入地、合杆合箱、局养护处精品示范路等),易于工程实施和共同打造。

管养结合。街道设施元素的设计方案应考虑尽可能降低养护成本,便于后期养护。

(二) 黄浦区红色经典步道系统

结合革命遗址历史脉络和道路功能网络,黄浦区内首条红色经典步道网络形成"7.1+3+13+14"景观格局:总长度7.1公里,呈现"大环+小环"形态,涉及的13条市政道路,将中共一大会址周边的14处红色遗迹遗址串珠成链、编织成网,扮演"隐形导游"协助导览的3大类配套设计改造的街道元素,包括路面铺装、人行导览地图和人行指示标示牌,引导市民游客在石库门里弄中探寻党诞生的过程,并在故居纪念馆中聆听峥嵘岁月里老一辈无产阶级革命家工作和生活的故事。

整个7.1公里的步行道网络内涵盖了商业街区、历史风貌景观、人文体验等多种街道类型,商游结合、体验丰富,同时联系各主要节点,如景点—景点、轨道站—景点,其步行时间均控制在10分钟以内。主要景点包括中共一大会址、又新印刷厂旧址、《新青年》编辑部旧址等在内的7处党史类景点,周公馆、孙中山故居等4处人文故居类景点,石库门博物馆、上海银行博物馆等3处博物馆和展览馆。另一方面,街道作为城市历史文化的空间载体之一,承载着独特的人文记忆。中共一大会址所在的兴业路(原望志路)、团中央机关旧址所在的淮海中路(原霞飞路)、周公馆所在的思南路(原马斯南路)等,各自都有着说不完的故事和沉甸甸的过往,历经峥嵘岁月、见证时代变迁。

为提高步行道网络系统的整体辨识度,研究设计了具有红色文化主题元素的案名和logo及游览地图,并采用二维码等智慧措施协助导览。红色经典步道的主题logo内部以抽象提炼的一条道路为核心,外围镶嵌七朵含苞待放的玉兰花,路面铺设也按一大七小形式排列,寓意"七一",象征着一种开路先锋、奋发向上的精神。材质上采用低调、耐磨损的古铜和混凝土材料,在细节塑造上形成沉稳大气的风格样式。

图 29-1　红色经典步道主题 LOGO　　图 29-2　黄浦区红色经典步道周边导览图

通过对黄浦区红色旅游步行道的建设实施,提炼经验形成具有上海红色旅游特色、指导实施性强的《红色经典步行道系统规划设计导则》,指导各区开展系统建设,最终形成全市范围的红色旅游步行道网络,打造上海城市交旅融合的红色文化品牌。

(三) 静安区红色经典步道系统

静安区红色经典步道系统可以总结为"两岸、三线、一起点",在苏州河两岸,以二大会址为起点,分为西线、北线、东线,呈"8.1+3+13+17"景观格局:总长度8.1公里,涉及13条市政道路(包括三座人行天桥),将中共二大会址周边的17处红色遗迹串联起来。核心线路为西线,起点为中共二大会址纪念馆,从这里出发,沿着延安中路向西,到铜仁路、安义路、常德路、愚园路,沿途经过平民女校、八路军驻沪办、茂名北路毛泽东旧居、1920年毛泽东寓所旧址和刘长胜故居等。

第二期红色经典步道更强调"整体展览、打造无边界博物馆"的概念,游客除了利用实体的导览图引导路线外,还可以通过扫描导览图上的二维码,通过微信小程序轻松导航到想要参观的红色景点,同时还能获得相应景点的图片和语音介绍,满足游客的多种需求。

图 29-3　静安区红色经典步道系统导览图

(四) 虹口区红色经典步道系统

以四大纪念馆为核心,在既有四大年轮大道、鲁迅小道、溧阳路文化名人街的基础上,以"力量之源"为主题串联8处主要红色景点,构筑1.12公里的红色经典步道。

在每一期红色经典步道创建完成后,加强宣传,形成旅游攻略投放至携程、马蜂窝等各大旅游类App,通过微博、微信、抖音等社交媒体扩大宣传面至各年龄层次的受众,扩大红色旅游步行道的影响范围,进一步提升上海道路交通的文化承载力。

图29-4　虹口区红色经典步道系统导览图

三、工作成效

创建工作以党建共建引领,落实"人民城市人民建,人民城市为人民"重要理念,注重补齐短板、提升品质,在工作中实践了市政道路精细化管理理念,深化了市区多部门的协调联动机制。这也为以后党建工作与实际业务工作相结合树立了典型样板。

这次创建红色旅游步行道系统,是结合"四史"、党史教育,对打造市政道路与红色旅游相融合的路政特色品牌的有益探索。创建工作成果入选了上海市四史学习经典案例和党建引领创经典案例,创建工作以市政道路为载体讲述党的"诞生故事",打造交旅融合、提振消费、互动体验的城市红色露天博物馆和上海路政特色品牌,增添了城市的温度和市民的体验度。

B.30　打造全国首个"车轮上的党史学堂"

——久事中运量71路开出"上海红色之旅专列"

上海市道路运输管理局　久事公交集团

执笔人：贺　昉　黄罗成

一、基本情况

久事集团中运量71路公交东起延安东路外滩，西至沪青平公路申昆线，全长约17.5公里，途经黄浦、静安、长宁、闵行四区，是贯穿上海东西向的"公交主干走廊"。目前，久事集团71路中运量车队共有职工527名，党员43名，下设3个党小组。自线路运营以来，日均客流达到4.5万人次，累计运送客流突破8500万人次，代表着上海城市公共交通的畅通与便捷，是上海市民和广大游客普遍赞誉的城市公交楷模。

巴士三公司党委在上海市国资委、久事集团党委、久事公交集团党委的坚强领导和指导下，高度重视在公司党员干部群众中开展党史（"四史"）学习教育，同时主动提高政治站位和行动自觉，充分利用上海作为党的诞生地、初心始发地和伟大建党精神孕育地的城市特质，和上海具有丰富密集红色资源的独特优势，以及中运量71路车号名称和中国共产党的诞生纪念日"同名"的独特内涵，精心设计一条"红色之旅"的公交路线，创造性推出全国首个公交车上的"党史课堂"。这个"车轮上的党史学堂"自开创以来，为上海市民和来沪游客增加历史知识和精神营养，受到广大党员群众的广泛好评，成为党史学习教育的经典范例和时代佳话。

中运量71路不断培养和扩大专兼结合的宣讲队伍，升级打造"移动的红色会客厅"，运用好公交服务载体讲好"红色故事"，助力提升城市软实力，树强公交行业的一流标杆,成为上海的一张经典红色文化名片。

二、做法成效

(一) 精心打造"红色专列"与合理设计"红色线路"

中运量71路线路沿线的中共一大纪念馆是红色初心始发地,秉承红色初心使命,71路中运量车队党支部在上级党组织的领导下,打破公交传统服务模式,进行创新探索服务,充分利用线路途经中共一大纪念馆、二大会址、中共中央上海局机关旧址、毛泽东故居等红色景点和爱国主义教育基地较多的特点,整合各方优质资源,在上海公交首推"红色之旅讲解"服务,由16名二星级乘务员上岗担任车厢讲解员,为市民乘客讲解沿途红色景点,培养锻炼了一批优秀红色文化讲解宣讲队伍。

图30-1 71路001号"红色专列"

全国劳动模范、71路驾驶员方进驾驶的71路001号,被精心布置为"红色专列"。车厢顶端设计有"我爱上海红色之旅"的大型海报。车厢四周,老上海石库门、静安寺、豫园、中国馆、外滩万国建筑群、上海博物馆、和平饭店、上海中心、东方明珠、金茂大厦等精美贴画展示着上海的历史与今天。1920年毛泽东旧居、上海毛泽东旧居、中共一大纪念馆、中共二大会址、中共中央上海局机关旧址、蔡元培故居等红色地标的图文介绍,述说着上海浓浓的红色底蕴;车厢扶手处,布置了以"我爱上海"为主题的插片海报。乘客走进车厢,就仿佛置身历史时空的长廊,沉浸在红色历史的记忆中。精心设计的红色导乘图梳理了沿途20余个人文景点,同期在"红色专列"上向乘客发放。外滩终点站红色站台、灯光秀仿佛诉说着上海的红色故事,歌颂现代国际化大都市来之不易的美好生活。站点顶部环形布置的56个灯笼和星海灯饰,象征着56个民族红红火火,紧紧团结在一起;8根立柱上的红色灯条象征着"一带一路"连接世界。公交隔离门上的上海标志建筑贴画,延伸了"我爱上海红色之旅"中的布置设计,充分彰显上海的历史人文内涵。外滩终点站的71路调度室外墙打造成为网红打卡点。这些配合乘务员对沿途红色景点、历史人物的讲解,并在原有"红色之旅"讲解服务基础上,再度升级推出"最美上海红色之旅专列",让乘客在短暂旅程中接受伟大革命精神、时代精神和上海城市精神的熏陶和洗礼。

(二)讲好红色历史故事,推出历史主题系列

讲好红色历史故事。讲好公交红色线路历史故事,需要前期大量的准备工作,尤其是对上海红色历史和史料的梳理和学习,从中凝练出人民群众喜闻乐见、鲜为人知的历史佳话。"红色专列"是巴士三公司提升服务方面的一项全新尝试,旨在利用公交这一"流动风景线",打造红色党史和爱国主义教育的移动宣传堡垒。乘客乘坐公交车时不仅能欣赏沿途风光,更能了解途经城市的建筑历史特色和人文故事,彰显"人文公交"的服务内涵。中运量71路推出"红色之旅"特色讲解服务,由乘务员客串讲解员,为乘客讲解沿途红色和人文景点,目前已经梳理出沿线12个人文地标,包括城隍庙、大世界、上海博物馆、静安寺、上海音乐厅、中共一大纪念馆、中共二大会址、上海展览中心、马勒别墅、上海动物园、刘海粟美术馆等,并结合周边景点,充实讲解内容。在中运量71路公交车上,乘务员向乘客娓娓道来:"下一站,成都北路。位于上海老成都北路7弄30号的中国共产党第二次全国代

表大会会址,在所在地块拆迁建绿地时被完整保留下来,并得到精心保护和维修。这是一座已有上百年历史的石库门建筑,它掩映在延中绿地的碧草和青竹间,把一段光荣历史深藏门内……"中运量71路结合线路沿线红色景点多、路线较长、客流量较大的特点,深入开展"党史"学习教育宣传活动,率先推出"红色主题专车",阳光下,党徽、上海地标建筑物等特色元素在涂装了红色与金色"红色主题专车"的车身上熠熠生辉,成为亮丽的红色风景线。用这种润物细无声、乘客喜闻乐见的方式,传播党的声音,串起红色历史文化,使得"红色之旅讲解"变身"打卡点","红色主题专车"成为"风景线"。

推出历史主题系列。为推出"车轮上"的历史主题系列课程,让党史学习教育形式更生动、更鲜活、更有趣,中运量71路将车厢红色故事和红色基地参观相结合,启动了红色线路课程开发工作,通过查找史料、外聘专家、专题研讨、咨询论证等形式,精心制定了《中运量71路"追寻初心,红色之旅"线路主题党课课程大纲》,设计了一系列历史主题"微课程"和"市民跟我学历史"题材,成为基层党支部开展沉浸体验式主题党日活动的好去处,获得了党员职工和市民乘客一致好评。中运量71路沿线站点精心策划和推出"守望——红色信仰;铸魂——发展动力;沉淀——为民情怀"等三个公交行业文化主题展活动,讲述了公交先烈的革命斗争史、行业的奋斗发展史、上海公交"以民为本"的初心使命,向广大市民群众全方位展示了上海作为国家公交都市示范城市,在绿色公交、智慧公交、品质公交建设方面所取得的重大进展和成就。

(三)乘务员义务讲解红色故事,激活"红色基因"助力民族复兴

作为国资委万名书记进党校现场教学点,车队两名讲解员经过培训后持证上岗。在中运量71路车厢内,乘务员们为学员们上"微党课",讲述沿路附近红色景点发生的红色故事。重点选取《布尔塞维克》编辑部旧址、中共中央上海局机关旧址、中共中央第一座秘密电台遗址、中共上海地下组织斗争史陈列馆暨刘长胜故居、中共一大纪念馆、中共二大会址、上海毛泽东旧居、上海市人民英雄纪念塔8处经典红色地标,由随车讲解员临场讲解革命故事和史迹,生动诠释中国共产党为什么"能"、马克思主义为什么"行"、

中国特色社会主义为什么"好",激发大家在学史中明理、增信、崇德、力行。二是打造"红色主题"专车。不断升级红色文化传播模式,学员们边看、边听、边思考,细数红色景点,寻找身边的城市名片,身临其境地感受中运量71路沿途红色景点的丰富内涵和历史文化底蕴,使得"流动车厢党课"充盈着"正能量",激荡着爱党爱国的热情。

通过回顾讲解掀起红色记忆、激活红色基因,并将其转化为提高公交服务质量、推进事业改革发展、增强人民群众助力民族伟大复兴的责任感和使命感。中运量71路结合久事公交党史学习教育,深入开展"寻红色足迹、享绿色交通"双五星线路服务示范周活动,促进线路营运效率、服务质量、管理水平优化融合,提高市民乘客的出行体验,将提升线路服务水平、打造公交服务品牌作为党史学习教育"做"的落脚点。服务示范周期间,在外滩站点摆设党史学习教育宣传栏,设立服务台提供咨询导乘和便民服务,司乘人员统一着装并佩戴"优质服务示范"的红飘带,向市民乘客展现中运量71路优质车厢服务形象。同时,车队乘务员全部开展"红色之旅"特色讲解,为乘客讲解沿途红色景点。中运量71路的"星级线路服务"绽放着党的旗帜的光辉和历史印记的"别样红"。

三、经验启示

(一)加强党的全面领导是根本保证

车队党支部高度认识到,中国共产党领导是中国特色社会主义最本质的特征,是中国特色社会主义制度的最大优势,办好中国的事情关键在党,做强公交事业和"红色公交"品牌,必须坚持上级党组织的全面领导,把党的领导落实到车队工作的各领域、各方面、各环节。中运量71路打造"上海红色之旅专列"并成功创设"车轮上的党史学堂",取得令广大党员和人民群众满意的成效,离不开上海市国资委、集团党委和巴士三公司党委的坚强领导与高度重视,以及党支部书记的带头示范作用和广大党员群众的大力支持。

(二)充分发挥党支部的战斗堡垒和党员的先锋模范作用

车队党支部创新工作方式方法,通过整合优势资源,在"夯基础、抓特色、强作为、展亮点"上下功夫,要求一名党员就是一面旗帜,充分发挥71路中运量班组长、全国交通运输系统劳模、上海好司机、最美公交人和全国五一劳动奖章获得者方进同志的榜样引领作用,以及方进劳模工作室的传帮带功能,营造可学、可亲、可比的良好氛围,确保每名党员先锋模范作用的有效发挥。71路中运量车队党支部在公司党委的坚强领导下,紧紧围绕"优服务、提效率、降成本、增效益、强安全"十五字方针以及"七个牢牢"等方面开展工作,通过设立党员责任区、建立党员标志佩戴和亮身份亮承诺等机制,充分发挥党支部的战斗堡垒和党员的先锋模范作用,同时有效激发"劳模工匠+青年志愿"的有生力量,着力打造一支奋发有为、攻坚克难的坚强队伍。71路中运量党支部创造性开展示范点创建活动,不仅有效增强了党支部教育、管理、监督党员和组织、宣传、凝聚、服务群众的功能,实现了基层党建从开展"合格工程"到"提质工程"的跃升,基层党建的创新活力得到有效激发。党员通过积极投身示范点创建活动,思想政治素质和党性修养、党员意识和先锋模范作用、宗旨和廉洁意识、创新创造活力和组织力战斗力均得到明显提升。党支部被评为2020年上海市国资委党支部建设示范点和

图30-2 激发"劳模工匠+青年志愿"的有生力量

2021年上海市国资委系统基层党建品牌项目。

(三) 党史学习教育需要不断拓展形式和载体

加强党史学习教育,要打破硬生生的传统"说教"模式,需要不断创新形式方法、不断拓展平台和载体。中运量71路打造"上海红色之旅专列"和流动"党史学堂"的成功实践,为开展丰富多彩、喜闻乐见的党史学习教育形式提供了一个令人耳目一新、善于创新突破的实践范例。中运量71路打造"车轮上的党史学堂",并不是停留在车厢内的空间打造和乘务员的单一讲解形式上,而是采用了丰富多彩的教育形式,把听讲和打卡参与结合起来,把学习和互动结合起来,把车厢内课堂和红色基地课外课堂结合起来,把学党史和精神文明实践结合起来。比如,71路中运量车队分别在申昆路枢纽站等多个站点设立"爱心接力站",在站内配备空调、冰箱、微波炉、防暑药箱等。随着气温升高,"爱心接力站"的使用频率大大增加,为外卖小哥、环卫工人等户外工作者解决了用餐、喝水、如厕等不便,提供清凉的休息港湾。

(四) 红色专列创建要和推进改革发展的创新实践有机结合起来

中运量71路打造"上海红色之旅专列"和流动"党史学堂",在对乘客进行党史宣讲、讲述"红色故事"和城市记忆的同时,始终和提高服务质量、加强公交系统党员骨干队伍建设、推进公交事业改革发展、激发广大人民群众助力城市建设和民族复兴的思想自觉等有机结合起来,极大彰显了基层党组织与广大党员干部的时代责任感和使命感,彰显了新时代要有新气象、新作为的良好精神风貌。自红色专列创建以来,巴士三公司的社会形象和美誉度大力提升,广大干部员工的士气昂扬,为新时代改革发展提供了坚实基础和精神动力。

(五) 践行人民城市理念和全过程人民民主为红色专列集中广泛智慧

公交事业是党领导下的人民的事业,71路公交人始终不忘初心使命,牢记"为了谁、依靠谁"的问题。在创设红色专列和"车轮上的党史学堂"的过程中,充分弘扬和践行人民城市理念和全过程人民民主,广泛听取意见和建议,汇聚广大党员和人民群众的聪明才智,为打响品牌发挥了重要作用。比如,71路中运量不断升级红色文化传播模式,精心打造"三车三站"项目,相继推出"中共一大""中共二大""红色电影1921"等三辆全车身红色主题专列;将外滩站、黄陂北路站和成都北路站均重新设计打造成红色主题站点;充分发挥党建联建作用,联合制作"百年公交,红色传承"专题微视频,通过"大屏""小屏"互动进一步加大公交红色文化传播力等好做法和好经验,都离不开广大党员群众的智慧。

B.31　让红色文化成为地铁公共文化的底色

上海申通地铁集团有限公司

执笔人：吕骏宇　金生华　朱　慧

申通地铁集团在中共上海市委宣传部的指导与支持下，将弘扬红色文化作为上海地铁公共文化的主要工作之一，多年来不断深入完善形式、探索市民百姓有获得感的传播方式，成为市委宣传部全面启动实施红色文化宣传的重要载体。地铁红色文化也自此开创出将主题车站、主题列车、主题文化长廊合为一体，以纵横交错的地铁线路为依托，串联全市革命遗址遗迹和红色主题纪念场馆，突出宣传中国共产党在上海的创建历史和蕴含的伟大精神，全方位、立体式展现上海作为红色发源地的光荣与责任，激励人们不忘初心、砥砺前行。

2021年建党百年期间，上海地铁以"永远跟党走"为主题打造了一系列红色文化主题项目，深入人心，让市民乘客在行走中阅读百年党史，在感悟中传承红色基因，在奋进中赓续红色精神，让百年荣光伴随市民乘客的脚步行以致远。

一、"红色主题车站"：伴随在身边的"精神家园"

（一）不忘来时路，方知向何行

在上海地铁10号线一大会址·新天地站，以市委宣传部《党的诞生地》长廊为核心内容，以上海画家洪健《上海·红色起源地》石库门组画为主要设计元素，配以全国城市轨道交通协会10余家城市地铁反映当地红色场馆的灯箱，相映生辉，形成了一条"红色石库门"通道；同时联合中共一大纪念馆、上海市文史研究馆、"演艺大世界"及上海各大剧团，通过设置四大展区，以平面展示、实物展陈、书画作品展示以及演艺片段播放等形式，让徜徉其

图 31-1　10 号线一大会址·新天地站的红色石库门通道

间的市民乘客直观体会到中国共产党"从石库门走向天安门"的伟大历程。

（二）人民城市人民建，人民城市为人民

2021 年"七一"前后，人民广场站中央展台内"热烈庆祝中国共产党成立 100 周年"主题画面和"发展为了人民、发展依靠人民、发展成果由人民共享"的标语赫然醒目，坚定永远跟党走的信念和为民服务宗旨；车站大厅通道内，包括程十发《歌唱祖国的春天》、王个簃《双丰收》等 29 幅作品在内的上海中国画院"歌唱祖国的春天"院藏作品展，包括洪健《曙光·中国共产党成立（上海）》、韩硕《南昌起义》等 28 幅代表作品的"日出东方"美术作品展，先后与市民乘客见面；花博会前专题布展"花开中国梦"展台，吉祥物置身于花丛中，象征着共圆中国梦的美好期许。

（三）打造主题车站，宣传红色文化

上海地铁与嘉定区委宣传部联合打造 11 号线南翔站、嘉定新城站红色文化主题车站，通过展陈"党史人物""红色故事"以及"新城规划"等，让市民乘客在出行中"零距离"学党史，并一睹日新月异的新城建设。

二、"红色文化列车"：穿行在城市里的"流动课堂"

（一）初心始发地，荣光伴我行

党的一大、二大和四大都在上海召开，上海地铁 1、2、4 号线又分别行经中共一大纪念馆、中共二大会址纪念馆、中共四大纪念馆三处"红色地标"，上海市委宣传部与上海地铁合作，在 2021 年"七一"前推出 1、2、4 号线"百年号"红色主题专列，为各地游客和市民乘客提供讲述党的诞生地历史的"地铁红色向导"。

（二）永远跟党走，逐梦新时代

依托市委网信办、交通大学、嘉定区委宣传部、市社联、SMG 等政府部门、高校、企事业单位和群众团体等区域化党建资源，一系列红色文化专列陆续推出，形成了穿行在城市中的党史学习"流动课堂"。承载了百万少年儿童祝福的 2 号线小荧星"艺心向党，点亮申城"主题列车以童趣视角歌颂幸福生活；串联起沿线多个红色场馆的 10 号线大学生"红色寻访专列"成为

图 31-2　2 号线小荧星"艺心向党，点亮申城"主题列车展示了百万少年儿童的祝福

一堂沉浸、开放、行走的"思政大课";展示上海重要红色纪念地的13号线"红色印迹,百年初心"主题专列把地铁旅程转变为感悟城市精神底色的别样之旅;展陈嘉定红色文化和新城地标的11号线红色文化列车抚今追昔,坚定广大市民"永远跟党走"的信念。

三、"红色文化长廊":铺展在眼前的"历史荣光"

(一)忆往昔峥嵘岁月,看今朝百舸争流

由中共上海市委党史研究室、上海市精神文明建设委员会办公室、上海市对外文化交流协会主办,上海地铁承办的"光荣之城——上海红色纪念地巡礼"展览亮相陕西南路站站内文化长廊,让上海厚重的红色文化底蕴伴随市民出行的脚步;与中国航海博物馆、江南造船集团联合举办的"红色记忆·蓝色航海"展,通过展现中国共产党与中国航海的血脉联系,唤醒历史的红色记忆。

(二)聆听"变成泥土让人走过"的信仰力量

在徐家汇站站内矗立起的中国工程院院士、上海市优秀共产党员、被誉

图31-3 "上海地铁之父"刘建航院士的青铜塑像

为"上海地铁之父"的刘建航青铜塑像,让成千上万乘客进一步感受上海地铁人为城市美好生活作出的贡献,让成千上万上海地铁人跟随老一辈地铁人的精神指引创造上海地铁的新辉煌。站内另一侧,集团还与徐汇区文化和旅游局等单位联合推出了"海派之源中的红色基因"主题展。

(三) 红色精神需要传承

南京东路站上海地铁职工子女"童心向党"少儿绘画展览,以青少年视角为全国各地的游客讲述《千门万户路路通》《党的光辉照 Metro》等地铁发展和城市变化的生动故事,成为在地铁公共空间为青少年群体提供"四史"宣传教育素材的一道靓丽的精神风景、艺术风景。

2021年上海地铁还在全网络超过40座车站的墙体灯箱、屏蔽门等位置专门设计"永远跟党走"主题宣传,营造了庆祝建党百年的生动氛围。在毗邻全市主要红色场馆的24座地铁站点推出红色场馆出行信息播报服务,为市民乘客前往参观出行提供地铁红色指南。

第四部分　文件汇编

B.32 《上海市红色资源传承弘扬和保护利用条例》

(2021年5月21日上海市第十五届人民代表大会
常务委员会第三十一次会议通过)

第一章 总 则

第一条 为了加强对红色资源的传承弘扬和保护利用,彰显上海作为中国共产党诞生地的历史地位,弘扬红色文化,传承红色基因,不忘初心、牢记使命,培育和践行社会主义核心价值观,根据有关法律、行政法规,结合本市实际,制定本条例。

第二条 本市行政区域内红色资源的调查认定、传承弘扬、保护管理以及相关保障措施,适用本条例。

本条例所称的红色资源,是指中国共产党领导下,在新民主主义革命时期、社会主义革命和建设时期、改革开放和社会主义现代化建设新时期、中国特色社会主义新时代所形成的具有历史价值、教育意义、纪念意义的下列物质资源和精神资源:

(一)重要旧址、遗址、纪念设施或者场所等;

(二)重要档案、文献、手稿、声像资料和实物等;

(三)具有代表性的其他资源。

第三条 红色资源的传承弘扬和保护利用,必须坚持中国共产党的领导,增强"四个意识"、坚定"四个自信"、做到"两个维护",实行党委领导、政府负责、部门协同、社会参与的工作机制,遵循尊重史实、依法保护、合理利用、传承优先的原则。

第四条　市、区人民政府是本行政区域红色资源传承弘扬和保护利用工作的责任主体,应当将红色资源传承弘扬和保护利用纳入本级国民经济和社会发展规划以及政府目标责任考核,提升红色资源传承弘扬和保护利用工作水平。

乡镇人民政府、街道办事处按照职责,做好辖区内红色资源传承弘扬和保护利用工作。

第五条　本市建立党委领导下的市、区两级以宣传、党史研究、档案、文化旅游、规划资源、住房和城乡建设、退役军人事务、教育等部门和机构为主要成员单位的红色资源传承弘扬和保护利用联席会议机制,由联席会议负责统筹、指导、协调、推动红色资源传承弘扬和保护利用工作,研究决定红色资源传承弘扬和保护利用的重大事项,对红色资源传承弘扬和保护利用工作实施情况进行评估并向社会公布。

联席会议办事机构设在同级宣传部门,具体负责红色资源传承弘扬和保护利用联席会议的组织工作,推进落实红色资源传承弘扬和保护利用综合协调、督促检查等工作,完成联席会议交办的其他工作。

第六条　文化旅游部门负责红色资源中文物的保护利用工作,以及与红色资源传承弘扬和保护利用相关的公共文化、旅游服务等工作。

退役军人事务部门负责红色资源中烈士纪念设施的保护利用以及烈士褒扬工作。

规划资源部门负责与红色资源保护利用相关的历史风貌区、优秀历史建筑以及需要保留的历史建筑的规划管理工作。

房屋管理部门负责红色资源中优秀历史建筑和需要保留的历史建筑的保护利用工作。

档案部门负责监督和指导红色资源中档案的保护利用工作。

教育部门负责监督和指导学校开展红色资源传承弘扬和保护利用工作。

发展改革、财政、人力资源社会保障、新闻出版、电影、网信、国有资产、住房城乡建设、生态环境、绿化市容、交通、公安、消防救援、城管执法、统计、民政等部门,按照各自职责,协同实施红色资源传承弘扬和保护利用工作。

第七条　工会、共青团、妇联等群众团体应当发挥各自优势,组织开展相关红色资源传承弘扬和保护利用工作。

第八条　任何单位和个人都有依法保护红色资源的义务,不得破坏、损毁、侵占或者歪曲、丑化、亵渎、否定红色资源。

第九条　本市成立由相关领域专业人士组成的红色资源保护利用专家委员会,对红色资源认定和保护管理等事项提供咨询、论证、评审等意见。

第十条　对在红色资源传承弘扬和保护利用工作中作出突出贡献的单位和个人,按照国家和本市有关规定,给予表彰、奖励。

第十一条　本市充分发挥上海作为中国共产党诞生地、党成立后党中央机关长期驻扎地、社会主义建设重要基地、改革开放前沿阵地的红色资源优势,并加强与其他省市联动合作,共同守护好中国共产党人的精神家园。

第二章　调查认定

第十二条　本市建立红色资源名录制度,将具有重要历史价值、教育意义、纪念意义的红色资源列入名录予以保护。

第十三条　市和区文化旅游、档案、退役军人事务、规划资源、房屋管理、教育等部门和党史研究、地方志机构应当定期组织开展红色资源的调查工作,并将调查成果提交同级红色资源传承弘扬和保护利用联席会议。

区红色资源传承弘扬和保护利用联席会议应当将区相关部门和机构的调查成果汇总后,提交市红色资源传承弘扬和保护利用联席会议。

公民、法人和其他组织可以向市、区相关部门提出列入红色资源名录的建议。

第十四条　市红色资源传承弘扬和保护利用联席会议应当遵循公开、公平、公正的原则,从专家委员会中选取相关领域专家,按照认定标准和程序进行评审,拟订列入红色资源名录的建议名单。建议名单应当向社会公示,征求公众意见,公示时间不得少于二十日。

市红色资源传承弘扬和保护利用联席会议根据专家评审意见和公示结果,提出红色资源建议名录,由市人民政府核定后公布。

红色资源认定标准由市党史研究机构会同市宣传、档案、文化旅游、退役军人事务、规划资源、房屋管理等部门和地方志机构制订,报市红色资源传承弘扬和保护利用联席会议审定。

第十五条　本市对红色资源名录实行动态调整。对已列入名录的红色资源,由市红色资源传承弘扬和保护利用联席会议提出建议,经市人民政府核定后调整;对新发现的具有重要历史价值、教育意义、纪念意义的红色资源,参照本条例第十三条、第十四条规定程序,及时列入红色资源名录并予公布。

第十六条　区红色资源传承弘扬和保护利用联席会议应当指定相关部门对列入红色资源名录的遗址(以下简称红色遗址)设置纪念标识;对列入红色资源名录的旧址、纪念设施或者场所(以下简称红色旧址、纪念设施或者场所)设置保护标识。

纪念或者保护标识的样式由市党史研究机构会同市文化旅游部门提出,报市红色资源传承弘扬和保护利用联席会议审定。

任何单位和个人不得擅自设置、移动、涂污、损毁纪念或者保护标识。

第十七条　本市建立红色资源名录数据库,健全信息共享机制。

市文化旅游、档案、退役军人事务、规划资源、房屋管理、教育等部门和党史研究、地方志机构应当对列入名录的红色资源进行记录、整理、建档,并运用现代信息技术对相关资料进行数字化保护,数字化成果应当依法共享。

第三章　传承弘扬

第十八条　本市贯彻"人民城市人民建、人民城市为人民"重要理念,弘扬海纳百川、追求卓越、开明睿智、大气谦和的城市精神和开放、创新、包容的城市品格,把红色资源作为坚定理想信念、加强党性修养的生动教材,开展党史、新中国史、改革开放史和社会主义发展史学习教育,实施党的诞生地发掘宣传工程、红色文化传承弘扬工程和上海市革命文物保护利用工程,深入发掘建党精神和新时代红色资源,发挥红色资源凝心聚力、铸魂育人、推动发展的社会功能,打响上海红色文化品牌。

第十九条　本市在每年"七一"前后集中开展红色主题活动,在国庆节、清明节、劳动节、烈士纪念日以及重大历史事件纪念日、重要战役纪念日等节点,组织开展各类纪念活动。

鼓励在红色旧址、遗址、纪念设施或者场所开展加入中国共产党、中国共产主义青年团、中国少年先锋队宣誓等活动。

第二十条　宣传、统战、档案等部门和党史研究、社科研究、党校、高校等机构，以及红色资源相关管理单位应当组织开展红色资源理论研究，加强档案整理利用研究，挖掘上海红色资源的历史价值和时代内涵。

第二十一条　新闻出版等部门应当支持红色资源理论研究成果、红色主题出版物的出版发行。

鼓励出版单位开展红色资源理论研究成果、红色主题出版物的出版策划和宣传推广，开发融媒体出版物，组织红色主题阅读活动。

第二十二条　广播、电视、报刊、网站等媒体应当坚持正确舆论导向，通过新闻报道、开设专栏、发布公益广告等方式，弘扬红色文化，并创新传播方式，拓展新媒体传播渠道。

第二十三条　宣传、文化旅游、电影、教育等部门应当支持红色主题文艺作品的创作和传播，通过文艺精品创作扶持等机制，加大扶持力度。

鼓励文艺表演团体、文艺工作者、演出场所经营单位等开展红色主题文艺作品创作、展演展映等活动。

鼓励在本市首发、首演、首映、首展优秀红色主题文艺作品。

第二十四条　各级人民政府和相关部门应当组织开展形式多样的群众性主题宣传教育活动，讲好红色故事，引导公众参与红色资源传承弘扬。

本市鼓励老党员、老战士以及英雄模范开展红色资源传承弘扬活动，推动革命传统和优良作风薪火相传。

本市将红色资源传承弘扬融入市民文化节、上海旅游节、上海国际电影电视节、上海书展等重大品牌节庆活动，利用机场、车站、港口以及行业窗口、办公楼宇等公共空间，拓展红色资源宣传阵地。

第二十五条　具备开放条件的红色旧址、遗址、纪念设施或者场所，应当按照国家有关规定，免费或者优惠向社会公众开放。

红色旧址、遗址、纪念设施或者场所开放或者服务项目收取费用的，应当对未成年人、成年学生、教师、老年人、残疾人、军人和消防救援人员等实施免费或者其他优惠。

鼓励档案馆、博物馆、纪念馆、党史馆、美术馆、图书馆以及其他单位和个人将所有或者保管的红色资源,向社会开放或者公布。

第二十六条　具备开放条件的红色旧址、遗址、纪念设施或者场所应当向公众提供陈列展览、展示体验等服务,并运用互联网、大数据等信息技术,推动展览展示方式融合创新。

鼓励档案馆、博物馆、纪念馆、党史馆、美术馆、图书馆以及其他红色资源收藏单位研究整理和开发利用馆藏或者收藏的红色资源,开展专题展览、公益讲座、媒体宣传、阅读推广等传承弘扬活动。

红色旧址、遗址、纪念设施或者场所的展览展示内容和解说词应当征求党史研究机构意见;展览展示和讲解的内容,应当具有准确性、完整性和权威性。

宣传、文化旅游等部门应当加强红色资源相关信息应用平台建设,推进红色资源的在线集中推广和宣传展示。

第二十七条　鼓励依托红色旧址、遗址、纪念设施或者场所创建爱国主义教育、党史教育、廉政教育、国防教育、学生社会实践等基地,配备教育管理团队,发挥红色资源的社会教育功能。

鼓励红色旧址、遗址、纪念设施或者场所管理单位与国家机关、社会团体、企业事业单位和其他组织建立共建共享机制,为开展爱国主义教育等活动提供便利。

第二十八条　鼓励各级党组织利用红色资源开展党员理想信念教育,在红色旧址、遗址、纪念设施或者场所组织召开支部党员大会、支部委员会会议、党小组会以及上党课、开展主题党日等活动。

第二十九条　国家机关、事业单位和国有企业应当利用红色资源定期组织开展红色主题教育活动。

党校、干部教育培训机构应当将红色主题教育纳入教学必修课程,利用红色资源开展现场教学,组织学员到红色旧址、遗址、纪念设施或者场所开展学习培训和志愿服务。

第三十条　教育部门应当推动红色文化进校园,将红色文化融入思想道德、文化知识、社会实践等教育教学内容。

学校应当利用红色资源开展德育、智育、体育、美育、劳育等教育教学活动,每学年组织学生参观红色旧址、遗址、纪念设施或者场所等,开展爱国主义教育和社会实践活动。

第三十一条 本市依托新时代文明实践中心推动红色资源传承弘扬与文明实践活动融合发展,建立健全相应志愿服务机制,组织开展志愿服务活动,铭记革命历史,传承革命传统。

鼓励红色旧址、遗址、纪念设施或者场所管理单位建立红色资源传承弘扬志愿服务队伍。

宣传、文化旅游、教育等部门应当对红色资源传承弘扬志愿服务给予指导和支持。

第三十二条 文化旅游部门应当指导开发红色旅游线路、经典景区,培育红色旅游品牌,深化红色旅游区域合作,提升红色旅游与都市旅游、乡村旅游、研学旅游、科技旅游等业态融合发展。

鼓励、支持单位和个人参与红色旅游开发,合理利用红色资源,提升红色旅游内涵和影响力。

第四章 保护管理

第三十三条 规划资源、生态环境、文化旅游等部门在组织编制国土空间规划以及环境保护、文化旅游发展等专项规划时,应当体现红色资源保护利用的要求。

第三十四条 文化旅游、规划资源、房屋管理、退役军人事务等部门按照各自职责,对红色旧址、遗址、纪念设施或者场所按照下列规定实施分类保护:

(一)属于不可移动文物、优秀历史建筑、烈士纪念设施的,按照国家和本市有关规定,通过划定保护范围、建设控制范围等方式予以保护,并依法采取相应保护措施;

(二)不属于不可移动文物、优秀历史建筑、烈士纪念设施的红色旧址,位于历史风貌区内的,可以通过历史风貌区保护规划确定为需要保留的历史建筑予以保护;位于历史风貌区外的,参照需要保留的历史建筑予以保护;

(三)不属于不可移动文物的红色遗址,通过设置纪念标识予以保护;

（四）不属于烈士纪念设施的其他纪念设施或者场所，按照公共文化设施、城市雕塑等管理规定，实施保护管理。

红色资源名录中属于档案、可移动文物的，按照有关法律法规规定，实施保护管理；不属于档案、可移动文物的文献、手稿、声像资料和实物等，按照市、区红色资源传承弘扬和保护利用联席会议确定的部门提出的保护要求，实施保护管理。

第三十五条　红色资源的所有权人或者管理人、使用人为红色资源保护责任人。

红色资源保护责任人应当对红色资源进行日常保养和维护，采取防火、防盗、防自然损坏等措施，及时消除安全隐患。

消防救援、公安、房屋管理等部门应当对红色资源保护责任人开展日常保养和维护活动进行指导，并加强监督检查；消防救援、公安等部门应当按照规定将符合条件的单位确定为消防安全重点单位、治安保卫重点单位。

本市对红色资源保护责任人开展红色资源保护利用工作给予激励和支持。

第三十六条　因突发事件造成或者可能造成红色资源重大损失时，保护责任人应当立即采取保护措施，并向有关主管部门或者所在地的区人民政府报告；有关主管部门或者所在地的区人民政府应当给予指导和支持。

第三十七条　任何单位和个人不得擅自迁移、拆除红色旧址、纪念设施或者场所，不得擅自在红色遗址原址重建。

对红色旧址、纪念设施或者场所进行修缮、改扩建的，应当依法报规划资源、文化旅游、住房城乡建设、房屋管理等相关部门审批；必要时，审批部门应当征询同级红色资源传承弘扬和保护利用联席会议意见。

第三十八条　区、乡镇人民政府以及街道办事处应当加强辖区内红色旧址、遗址、纪念设施或者场所的秩序管理，并对周边道路、街区景观进行环境综合整治。

第三十九条　鼓励档案馆、博物馆、纪念馆、党史馆、美术馆、图书馆等收藏、研究单位对红色资源中的重要档案、文献、手稿、声像资料和实物等进行征集、收购。征集、收购应当遵循公平、自愿的原则。

鼓励单位和个人将收藏的红色资源捐赠或者出借给收藏、研究单位进行展览和研究。收藏、研究单位应当尊重捐赠人或者出借人的意愿,对捐赠或者出借的物品妥善收藏、保管和展示。

第五章 长三角区域协作

第四十条 本市推动长三角区域红色资源传承弘扬和保护利用的协同发展,开展红色资源理论研究、馆际交流、文艺创作、红色旅游等活动,加强红色资源共享共用,提升长三角区域发扬红色传统、传承红色基因的整体水平。

第四十一条 本市推动长三角区域宣传、统战、档案等部门和党史研究、社科研究、党校、高校等机构以及红色资源相关管理单位开展各个历史时期红色资源的理论研究,打造学术交流平台,共享理论阵地资源,合作举办学术研讨会,联合进行史料征集整理和专项课题研究,共同形成理论成果,提升长三角区域在全国相关学术研究领域的影响力。

第四十二条 本市推动长三角区域各类档案馆、博物馆、纪念馆、美术馆、图书馆以及其他红色资源收藏单位组建合作联盟,开展巡展联展,加强馆际资源协作开发。

第四十三条 本市推动长三角区域宣传、文化旅游、电影、教育等部门和文艺表演团体、演出场所经营单位等相关单位在红色主题文艺作品的选题、培育、研发、传播等领域加强合作,共同在文学、影视、舞台、美术、音乐、群众文艺和网络文艺等领域推出精品力作。

第四十四条 本市以长三角旅游推广联盟等平台为依托,推动长三角区域红色旅游合作,丰富旅游产品和线路,打造以点带线、以线联面、点面结合的长三角区域红色旅游圈。

第四十五条 鼓励单位和机构利用长三角区域红色资源开展党史学习教育、爱国主义教育、理想信念教育,进行现场教学、红色寻访、社会实践等活动。

第六章 保障措施

第四十六条 市、区人民政府应当将红色资源传承弘扬和保护利用经费列入本级财政预算,建立与经济社会发展相适应的经费保障机制。

第四十七条　市、区人民政府及其相关部门、红色资源相关管理单位应当按照红色资源传承弘扬和保护利用的实际需要,加强专业人员培养和队伍建设,提高职业素养和服务能力。

各类红色资源相关管理单位的专业人员在相关部门组织的职称评定、学习培训、表彰奖励等方面享有同等待遇。

第四十八条　鼓励和支持公民、法人和其他组织通过捐赠、资助、志愿服务等方式,参与红色资源传承弘扬和保护利用工作。

第四十九条　鼓励利用红色资源开发文化创意产品,将取得的收入用于加强红色资源传承弘扬和保护利用、藏品征集、继续投入开发等。

鼓励利用市场机制,探索版权合作等多样化合作模式,引导各类市场主体利用红色资源开发文化创意产品。

第五十条　本市将红色资源传承弘扬和保护利用情况作为精神文明创建活动内容,纳入精神文明创建考核评价体系。

第五十一条　市、区人大常委会应当通过听取和审议专项工作报告、开展执法检查等方式,加强对本条例执行情况的监督。

市、区人大常委会应当充分发挥各级人大代表作用,组织人大代表围绕红色资源传承弘扬和保护利用情况开展专项调研和视察等活动,汇集、反映人民群众的意见和建议,督促有关方面落实红色资源传承弘扬和保护利用各项工作。

第五十二条　检察机关应当依法在英雄烈士保护、历史风貌区和优秀历史建筑保护等红色资源保护利用相关领域开展公益诉讼工作。

第七章　法律责任

第五十三条　违反本条例规定的行为,法律、法规已有处理规定的,从其规定。

第五十四条　违反本条例规定,擅自设置、移动、涂污、损毁红色资源纪念或者保护标识的,由文化旅游部门责令改正,对个人处二百元以上二千元以下罚款,对单位处五百元以上五千元以下罚款。

第五十五条　违反本条例规定,破坏、损毁、侵占或者歪曲、丑化、亵渎、否定红色资源的,由有关主管部门责令改正;构成违反治安管理行为的,由公安机关依法给予处罚;构成犯罪的,依法追究刑事责任。

第五十六条　违反本条例规定的行为,除依法追究相应法律责任外,相关部门还应当按照规定,将有关单位和个人的信息向本市公共信用信息平台归集,并依法采取惩戒措施。

第五十七条　各级人民政府及其有关部门违反本条例规定,不履行红色资源保护管理法定职责的,由有关主管部门责令改正;拒不改正或者造成严重后果的,对直接负责的主管人员和其他直接责任人员依法追究相应责任。

第八章　附　　则

第五十八条　本条例自 2021 年 7 月 1 日起施行。

资料来源:上海市人民代表大会常务委员会。

B.33 《上海市红色资源名录(第一批)》

一、重点旧址、遗址、纪念设施或者场所类(612处)

序号	行政区域	名　　称
	旧　　址	
1	浦东新区	张闻天故居
2	浦东新区	吴仲超故居
3	浦东新区	书院李雪舟故居
4	浦东新区	浦东中学旧址
5	徐汇区	龙华革命烈士纪念地
6	徐汇区	中共上海中央局秘书处机关旧址
7	徐汇区	百代小楼(《义勇军进行曲》灌制地)
8	徐汇区	南国艺术学院旧址
9	徐汇区	抗战时期中共江苏省委旧址
10	徐汇区	新四军驻上海办事处旧址
11	徐汇区	中共秘密电台旧址(建国西路)
12	徐汇区	上海交通大学早期建筑(新中院——学生运动秘密联络地旧址)
13	徐汇区	中共上海市委秘密机关旧址(新乐路)
14	徐汇区	中共上海市委秘密机关旧址(五原路)

续 表

序号	行政区域	名称
15	徐汇区	桃江路45号住宅（宋庆龄旧居）
16	徐汇区	上海宋庆龄故居
17	徐汇区	瞿秋白旧居
18	徐汇区	钱壮飞旧居
19	徐汇区	聂耳旧居（淮海中路）
20	徐汇区	贺绿汀旧居
21	长宁区	《布尔塞维克》编辑部旧址
22	长宁区	中共中央组织部干训班旧址
23	长宁区	中共中央上海局机关旧址
24	长宁区	中央银行俱乐部旧址
25	长宁区	圣约翰大学近代建筑（交谊楼——解放上海第一宿营地）
26	长宁区	复旦公学旧址
27	长宁区	中西女塾旧址
28	长宁区	路易·艾黎故居
29	普陀区	真如暨南大学旧址
30	普陀区	大夏大学旧址
31	普陀区	阜丰福新面粉厂旧址（沪西战地服务团旧址）
32	普陀区	新会路华童公学旧址
33	普陀区	于再烈士祭奠大会旧址
34	普陀区	中共沪西区委旧址
35	普陀区	真如国际电台旧址
36	普陀区	中央造币厂旧址（上海造币厂人民保安队护厂旧址）

续 表

序号	行政区域	名　　称
37	虹口区	商务印书馆虹口分店旧址(陈云领导店员罢工地旧址)
38	虹口区	上海总工会办公场所旧址
39	虹口区	中共上海区委(江浙区委)机关旧址
40	虹口区	周恩来在沪早期革命活动旧址
41	虹口区	1927年中共江苏省委旧址
42	虹口区	创造社出版社旧址
43	虹口区	太阳社旧址
44	虹口区	中共中央联络处旧址
45	虹口区	中国左翼作家联盟成立大会会址
46	虹口区	周恩来避难地(礼查饭店)
47	虹口区	木刻讲习所旧址
48	虹口区	大道剧社旧址
49	虹口区	野风画会旧址
50	虹口区	现代作家木刻画展览会址旧址
51	虹口区	鲁迅存书室旧址
52	虹口区	远东反战大会旧址
53	虹口区	左联常委会会议旧址
54	虹口区	《改造日报》旧址
55	虹口区	群益出版社旧址
56	虹口区	新知书店旧址
57	虹口区	中共塘沽路秘密电台旧址
58	虹口区	上海戏剧专科学校旧址

续 表

序号	行政区域	名　　称
59	虹口区	新中国剧社旧址
60	虹口区	王孝和烈士就义处
61	虹口区	上海邮政总局(中共上海邮政总局总支部旧址)
62	虹口区	宋氏老宅(东余杭路)
63	虹口区	瞿秋白寓所旧址
64	虹口区	拉摩斯公寓鲁迅旧居
65	虹口区	景云里鲁迅旧居(横浜路35弄23号)
66	虹口区	景云里鲁迅旧居(横浜路35弄17、18号)
67	虹口区	鲁迅故居
68	虹口区	多伦路郭沫若旧居
69	虹口区	溧阳路郭沫若旧居
70	虹口区	景云里茅盾、冯雪峰旧居
71	虹口区	山阴路156弄茅盾旧居
72	虹口区	山阴路132弄茅盾旧居
73	虹口区	汪寿华旧居
74	虹口区	赵世炎旧居
75	虹口区	柔石旧居
76	虹口区	拉摩斯公寓冯雪峰旧居
77	虹口区	聂耳旧居(公平路)
78	虹口区	夏衍旧居
79	虹口区	丁玲旧居
80	虹口区	李白烈士故居

续　表

序号	行政区域	名　　称
81	杨浦区	留法勤工俭学出发地（黄浦码头旧址）
82	杨浦区	日商东华纱厂旧址（上海纱厂总工会成立地旧址）
83	杨浦区	恽代英烈士被捕处
84	杨浦区	临青学校旧址
85	杨浦区	圣工小学旧址
86	杨浦区	沈家滩工人识字班和余日章小学旧址
87	杨浦区	中共沪东敌厂（敌纱）委员会联络点旧址（杨树浦路）
88	杨浦区	中共沪东敌厂（敌纱）委员会联络点旧址（通北路）
89	杨浦区	中共市政工作委员会旧址（杨树浦路1825弄60号）
90	杨浦区	中共市政工作委员会旧址（杨树浦路1825弄64号）
91	杨浦区	工余义务夜校旧址
92	杨浦区	同舟工利义务夜校旧址
93	杨浦区	中共杨树浦、榆林地区工委联络点旧址（杨树浦路1991弄193号）
94	杨浦区	中共杨树浦、榆林地区工委联络点旧址（杨树浦路1991弄201号）
95	杨浦区	大康纱厂工会旧址
96	杨浦区	中共沪东民营纱厂委员会联络点旧址（平凉路455弄5号）
97	杨浦区	中共沪东民营纱厂委员会联络点旧址（平凉路1695弄79号）
98	杨浦区	中共沪东民营纱厂委员会联络点旧址（龙江路）
99	杨浦区	中共沪东化工委员会旧址（黄兴路中王家宅37号）
100	杨浦区	中共沪东化工委员会旧址（黄兴路中王家宅194号）

续表

序号	行政区域	名　　称
101	杨浦区	中共沪东化工委员会旧址(临青路)
102	杨浦区	王孝和烈士旧居
103	黄浦区	"五四"以来上海革命群众集会场所——南市公共体育场
104	黄浦区	五四运动时期上海学生联合会会所旧址
105	黄浦区	商务印书馆发行所旧址
106	黄浦区	中国共产党发起组成立地(《新青年》编辑部)旧址
107	黄浦区	又新印刷所旧址
108	黄浦区	中国社会主义青年团中央机关旧址
109	黄浦区	中国共产党第一次全国代表大会宿舍旧址
110	黄浦区	先施公司(东亚旅馆——1921年马林入住地)
111	黄浦区	中国共产党第一次全国代表大会会址
112	黄浦区	《向导》周刊发行处旧址
113	黄浦区	第一次国共合作时期国民党中央上海执行部旧址
114	黄浦区	《中国青年》编辑部旧址
115	黄浦区	老闸捕房旧址
116	黄浦区	中共上海区委党校旧址
117	黄浦区	上海工人第三次武装起义发布命令地点
118	黄浦区	火警钟楼和上海救火联合会旧址(上海工人三次武装起义纪念地)
119	黄浦区	上海工人第三次武装起义时工人纠察队沪南总部——三山会馆
120	黄浦区	上海特别市临时市政府旧址

续 表

序号	行政区域	名　称
121	黄浦区	中共中央政治局机关旧址(1928—1931年)
122	黄浦区	中共中央与中央军委联络点旧址
123	黄浦区	中共中央无线电训练班旧址
124	黄浦区	庆贺鲁迅50寿诞集会处旧址
125	黄浦区	龙华二十四烈士被捕处(中山旅社旧址)
126	黄浦区	大同幼稚园旧址
127	黄浦区	中共中央秘密印刷厂旧址
128	黄浦区	国民御侮自救会成立大会旧址
129	黄浦区	中共秘密联络点旧址(厦门路)
130	黄浦区	中共秘密电台器材供应站旧址
131	黄浦区	《义勇军进行曲》首次播放处
132	黄浦区	周恩来发布"七月指示"所在地
133	黄浦区	国民救亡歌咏协会成立地旧址
134	黄浦区	震旦学院旧址(一舍、四舍、八舍)(国际第一难民收容所旧址)
135	黄浦区	中国青年新闻记者协会成立大会会址
136	黄浦区	八路军驻沪办事处旧址
137	黄浦区	中共江苏省委机关旧址(同福里)
138	黄浦区	《救亡日报》社旧址
139	黄浦区	秦鸿钧秘密电台旧址
140	黄浦区	《每日译报》编辑部旧址
141	黄浦区	茅丽瑛烈士殉难处
142	黄浦区	江南制造总局旧址(江南造船厂工人革命斗争地旧址)

续 表

序号	行政区域	名 称
143	黄浦区	中共上海市委联络机关旧址(福州路)
144	黄浦区	联合市场联谊会旧址
145	黄浦区	上海医院旧址
146	黄浦区	广大华行旧址
147	黄浦区	文萃社旧址
148	黄浦区	都城饭店旧址
149	黄浦区	中共上海市委联络机关旧址(南京东路)
150	黄浦区	中国共产党代表团驻沪办事处旧址
151	黄浦区	中共中央上海局机关旧址(重庆北路)
152	黄浦区	《新少年报》社旧址
153	黄浦区	中小学教师反饥饿斗争地旧址
154	黄浦区	中共中央上海局策反委员会机关旧址
155	黄浦区	上海人民保安队总指挥部旧址
156	黄浦区	海关大楼(上海解放时外滩第一面红旗升起处)
157	黄浦区	老永安公司(绮云阁——上海解放时南京路上第一面红旗升起处)
158	黄浦区	新新公司(凯旋电台旧址)
159	黄浦区	光明中学旧址
160	黄浦区	上海市立清心中学旧址(市南中学旧址)
161	黄浦区	敬业中学旧址
162	黄浦区	格致中学旧址
163	黄浦区	万竹小学旧址
164	黄浦区	储能中学

续 表

序号	行政区域	名 称
165	黄浦区	梅溪小学旧址
166	黄浦区	报童学校旧址
167	黄浦区	刘少奇旧居
168	黄浦区	陈云旧居
169	黄浦区	上海中山故居
170	黄浦区	李硕勋旧居
171	黄浦区	杨度旧居
172	黄浦区	钱杏邨、蒋光慈旧居
173	黄浦区	沙千里旧居
174	黄浦区	许广平旧居暨《鲁迅全集》第一版编辑部旧址
175	黄浦区	韬奋故居
176	黄浦区	巴金旧居(吴克坚旧居)
177	黄浦区	艾青旧居
178	静安区	中国劳动组合书记部旧址
179	静安区	平民女校旧址
180	静安区	中国共产党第二次全国代表大会旧址
181	静安区	中共淞浦特委办公地点旧址
182	静安区	中共中央军委机关旧址
183	静安区	中共中央特科机关旧址(中共六届四中全会会址)
184	静安区	中共中央秘书处机关旧址(江宁路)
185	静安区	中共中央秘密电台旧址(茂名北路)
186	静安区	中共临时中央政治局机关旧址

续 表

序号	行政区域	名　　称
187	静安区	中共上海临时工作委员会活动地点旧址
188	静安区	八路军驻沪办事处(兼新四军驻沪办事处)旧址
189	静安区	中教联谊社旧址
190	静安区	中共江苏省委机关旧址(景华新村)
191	静安区	中共中央上海局机关旧址(愚园路)
192	静安区	陕西北路宋家老宅旧址(上海临时联合救济委员会难童救济所)
193	静安区	三和里女工夜校旧址
194	静安区	培明女中旧址
195	静安区	爱国女学旧址
196	静安区	国立暨南大学旧址
197	静安区	民立中学旧址
198	静安区	上海市立实验民众学校旧址
199	静安区	1920年毛泽东寓所旧址
200	静安区	上海茂名路毛泽东旧居
201	静安区	刘长胜故居
202	静安区	刘晓故居
203	静安区	吴克坚旧居(常德路)
204	静安区	田汉旧居(山海关路)
205	静安区	聂耳旧居(常德路)
206	闵行区	中共七宝秘密联络站旧址
207	闵行区	漕宝路七号桥碉堡
208	嘉定区	夏采曦故居旧址(中共黄渡特别支部旧址)

续 表

序号	行政区域	名　称
209	嘉定区	高义桥("五抗"暴动领导人牺牲地)
210	嘉定区	微音阁(中共嘉定党组织秘密活动地)
211	金山区	袁世钊故居
212	松江区	枫泾暴动指挥所旧址
213	松江区	中共松江县城东地区联络站旧址
214	青浦区	颜安小学旧址
215	青浦区	小蒸农民暴动活动旧址
216	青浦区	新四军宣传标语
217	青浦区	陈云故居
218	青浦区	吴志喜故居
219	青浦区	俞仿连烈士故居
220	青浦区	高氏住宅(高尔松、高尔柏故居)
221	奉贤区	曙光中学旧址(中共奉贤县委旧址)
222	崇明区	中共大通、富安纱厂党组织秘密活动地
223	崇明区	1929年中共崇明县委机关旧址
224	崇明区	崇明县工农兵代表会议旧址
225	崇明区	民运训练班旧址
226	崇明区	中共应时小学秘密联络点旧址
227	崇明区	时政讲习班旧址
228	崇明区	陈龙章住宅(东南警卫团、南通警卫团攻城指挥部旧址)
	遗　址	
1	浦东新区	泥城暴动党支部活动遗址

续　表

序号	行政区域	名　　称
2	浦东新区	南汇县保卫团第二中队队部遗址
3	浦东新区	南汇县保卫团第四中队队部遗址
4	浦东新区	朱家店抗日之战纪念地点
5	浦东新区	反抽丁农民运动集会遗址
6	浦东新区	李白等十二烈士就义纪念地点
7	浦东新区	老港杨定故居遗址
8	浦东新区	老港林达故居遗址
9	长宁区	上海市郊农民协会遗址
10	长宁区	申新第一纺织厂遗址
11	长宁区	丰田纱厂遗址
12	长宁区	光华大学遗址
13	长宁区	晨更工学团遗址
14	长宁区	周家桥米店浦东(淞沪)地委秘密联络站遗址
15	长宁区	省吾中学遗址
16	长宁区	新四军淞沪支队歼灭北新泾伪警察大队战斗遗址
17	长宁区	上海市第卅七民众夜校遗址
18	长宁区	陈仲信烈士牺牲地
19	普陀区	1919年沪西工人首次政治罢工地
20	普陀区	沪西工人半日学校遗址
21	普陀区	沪西工友俱乐部遗址
22	普陀区	同兴纱厂革命斗争纪念地
23	普陀区	上海第一棉纺厂革命斗争纪念地

续 表

序号	行政区域	名　　称
24	普陀区	二月罢工大丰里据点纪念地
25	普陀区	上海第六棉纺厂革命斗争纪念地
26	普陀区	顾正红烈士殉难处
27	普陀区	潭子湾顾正红追悼大会纪念地
28	普陀区	上海总工会第四办事处遗址
29	普陀区	孙民臣、戴器吉烈士殉难处
30	普陀区	沪西安迪生电泡厂工人抗暴斗争纪念地
31	普陀区	上海第一所劳工幼儿园遗址
32	普陀区	沪西共舞台事件遗址
33	普陀区	中共沪西特区委纪念地
34	普陀区	女青年会裕庆里女工夜校遗址
35	普陀区	美亚第四织绸厂革命斗争纪念地
36	普陀区	1936年上海日商纱厂沪西工人反日大罢工纪念地
37	普陀区	大隆机器厂护厂斗争纪念地
38	普陀区	莫干山路(叉袋角)沪西地下军起义遗址
39	普陀区	三区(沪西)棉纺业工会遗址
40	普陀区	青年会沪西公社遗址
41	普陀区	沪西毛纺织厂饿工斗争纪念地
42	普陀区	申九"二·二"斗争纪念地点
43	普陀区	上海印钞厂护厂纪念地
44	普陀区	警委钱凤岐、刘家栋烈士遇难处
45	普陀区	第一印染厂工协护厂纪念地

续 表

序号	行政区域	名　　称
46	普陀区	上海战役国民党淞沪警备司令部将领投诚起义地
47	虹口区	留法勤工俭学出发地（汇山码头遗址）
48	虹口区	世界劳动纪念大会筹备会议遗址
49	虹口区	俞秀松在虹口厚生铁厂工作地遗址
50	虹口区	上海第一次纪念"五一"劳动节大会遗址
51	虹口区	中共中央首次马克思诞辰纪念会遗址
52	虹口区	中华海员工业联合总会上海支部遗址
53	虹口区	上海南洋烟厂工人大罢工遗址
54	虹口区	中国共产党第四次全国代表大会遗址
55	虹口区	上海总工会秘密办公机关遗址
56	虹口区	上海大学师寿坊遗址
57	虹口区	中共中央宣传部遗址
58	虹口区	中国著作者协会成立地遗址
59	虹口区	淞沪铁路天通庵路站遗址
60	虹口区	蔡叔厚"绍敦电机公司"遗址
61	虹口区	中共明华坊印刷厂遗址
62	虹口区	公啡咖啡馆遗址
63	虹口区	上海艺术剧社遗址
64	虹口区	中共中央特科武器储存处遗址
65	虹口区	仁基印刷所遗址
66	虹口区	中共中央机关报《红旗周报》秘密印刷所遗址
67	虹口区	花园庄旅馆遗址（鲁迅避难处）

续 表

序号	行政区域	名　　称
68	虹口区	ABC茶店遗址
69	虹口区	中兴印刷所遗址
70	虹口区	上海市立第十八民众学校遗址
71	虹口区	中共中央上海局秘密印刷厂遗址
72	虹口区	人人书报社遗址
73	虹口区	麦伦中学遗址
74	虹口区	上海解放时苏州河北岸第一面红旗升起处遗址
75	虹口区	沙汀旧居遗址
76	虹口区	"五卅"烈士墓遗址
77	杨浦区	恒丰纱厂早期沪东工人运动一中心工厂遗址
78	杨浦区	杨树浦平民夜校遗址
79	杨浦区	沪东工人进德会遗址
80	杨浦区	民智平民学校遗址
81	杨浦区	共青团杨树浦部委机关遗址
82	杨浦区	上海总工会第二办事处遗址
83	杨浦区	五卅运动中李立三演讲的引翔港旷场遗址
84	杨浦区	杨家宅平民夜校遗址
85	杨浦区	电车工人俱乐部遗址
86	杨浦区	中共杨树浦部委机关遗址
87	杨浦区	沪东工人纠察队秘密军训处遗址
88	杨浦区	引翔港工人纠察队秘密军训处遗址
89	杨浦区	杨树浦女工夜校遗址

续 表

序号	行政区域	名　　称
90	杨浦区	欧阳立安战斗过的地方(明园跑狗场)
91	杨浦区	中共中央国际电台遗址
92	杨浦区	浦阳小学遗址
93	杨浦区	英美烟厂三厂女工中午读书班遗址
94	杨浦区	杨树浦工人识字学校遗址
95	杨浦区	电通公司遗址(《义勇军进行曲》纪念地)
96	杨浦区	惠知小学及夜校遗址
97	杨浦区	新怡和工人夜校遗址
98	杨浦区	老怡和纱厂职工妇女补习夜校遗址(扬州路)
99	杨浦区	老怡和纱厂职工妇女补习夜校遗址(榆林路)
100	杨浦区	杠棒工人流血惨案发生地
101	杨浦区	中共沪东重工业委员会联络点遗址
102	杨浦区	集广义务学校遗址
103	杨浦区	中共沪东棉纺委员会联络点遗址(杨树浦路)
104	杨浦区	中共沪东棉纺委员会联络点遗址(平凉路)
105	杨浦区	抗日战争胜利前后的沪东纠察队指挥部遗址
106	杨浦区	沪东工人地下军巧夺燃烧弹处
107	杨浦区	女青年会第五女工夜校遗址
108	杨浦区	新榆、萧王小学及三十三民众夜校分部遗址
109	杨浦区	一·二二游行集合处(汇山公园遗址)
110	杨浦区	同济大学一·二九血案发生处
111	杨浦区	中共沪东区委机关及分区委联络点遗址(河间路)

续 表

序号	行政区域	名　称
112	杨浦区	中共沪东区委机关及分区委联络点遗址（世泽里）
113	杨浦区	中共沪东区委机关及分区委联络点遗址（晋城村）
114	杨浦区	中共沪东区委机关及分区委联络点遗址（平凉路1332号）
115	杨浦区	中共沪东区委机关及分区委联络点遗址（平凉路123号—127号楼上）
116	杨浦区	英联船厂工人纠察队劝降青年军处
117	杨浦区	王根英烈士故居遗址
118	黄浦区	寰球中国学生会遗址
119	黄浦区	留法勤工俭学出发地（法兰西火轮船公司码头遗址）
120	黄浦区	留法勤工俭学出发地（江海关码头遗址）
121	黄浦区	《民国日报》社遗址
122	黄浦区	上海机器工会临时会所遗址
123	黄浦区	上海机器工会成立大会（上海工人游艺会成立大会）遗址
124	黄浦区	《星期评论》编辑部遗址
125	黄浦区	《天问》编辑部遗址
126	黄浦区	半淞园遗址（新民学会会议处遗址）
127	黄浦区	少年宣讲团遗址
128	黄浦区	恽代英旧居暨《中国青年》编辑部遗址
129	黄浦区	上海书店遗址
130	黄浦区	新青年社总发行所
131	黄浦区	第一次国共合作时期国民党江苏省党部遗址
132	黄浦区	第一次国共合作时期上海特别市党部遗址

续　表

序号	行政区域	名　　称
133	黄浦区	上海女界国民会议促成会遗址
134	黄浦区	任弼时旧居及团中央机关遗址
135	黄浦区	五卅运动秘密指挥部遗址
136	黄浦区	"五卅"运动爱国群众流血牺牲地点
137	黄浦区	法商电灯电车公司遗址(上海法商电车、电灯公司工人革命斗争地遗址)
138	黄浦区	大同中学遗址
139	黄浦区	上海南市发电厂遗址
140	黄浦区	中兴印刷厂遗址
141	黄浦区	湖南会馆遗址
142	黄浦区	第二次上海市民代表会议遗址
143	黄浦区	中共中央机关办公地点遗址
144	黄浦区	中共江苏省委第二次代表大会遗址
145	黄浦区	陈毅起草"九月来信"所在地遗址
146	黄浦区	中共中央特科机关遗址
147	黄浦区	全国苏维埃区域代表大会遗址
148	黄浦区	龙华二十四烈士被捕处(东方旅社遗址)
149	黄浦区	中央文库遗址(金陵中路)
150	黄浦区	上海职业界救国会成立大会遗址(上海宁波同乡会礼堂)
151	黄浦区	李白、邓国军贝勒路秘密电台遗址
152	黄浦区	上海市文化界救亡协会遗址
153	黄浦区	黄金大戏院遗址

续 表

序号	行政区域	名　　称
154	黄浦区	《保卫卢沟桥》演出地
155	黄浦区	孩子剧团诞生地遗址
156	黄浦区	秦鸿钧新新里秘密电台遗址
157	黄浦区	叶钟英、张志申福煦村秘密电台遗址
158	黄浦区	中共江苏省委新泰印刷所遗址
159	黄浦区	新四军驻沪秘密办事处巨籁达路遗址
160	黄浦区	刘鹤孔安纳金路秘密电台遗址
161	黄浦区	中央文库遗址（新闸路）
162	黄浦区	纪念鲁迅逝世十周年大会遗址
163	黄浦区	劝工大楼遗址（梁仁达烈士流血处）
164	黄浦区	明夷印刷局遗址
165	黄浦区	瞿秋白旧居遗址
166	黄浦区	张闻天旧居（共青团中央机关遗址）
167	黄浦区	邵力子、陈望道旧居遗址
168	黄浦区	田汉旧居暨南国社遗址
169	黄浦区	杨贤江旧居遗址
170	黄浦区	维经斯基旧居遗址
171	静安区	南洋女子中学遗址
172	静安区	中国社会主义青年团中央机关遗址
173	静安区	上海大学遗址（青云路）
174	静安区	中共三大后中央局机关三曾里遗址
175	静安区	黄仁烈士殉难地

续　表

序号	行政区域	名　称
176	静安区	上海大学遗址(陕西北路299弄)
177	静安区	上海大学遗址(陕西北路342弄)
178	静安区	英商上海电车公司工人罢工地遗址
179	静安区	华兴坊革命报刊发行所遗址
180	静安区	商务印书馆总厂遗址
181	静安区	上海总工会筹备大会遗址
182	静安区	国华印刷所遗址
183	静安区	"五卅"运动初期的上海总工会遗址
184	静安区	会文堂印书局遗址
185	静安区	上海总工会遗址(华康路)
186	静安区	上海总工会遗址(秣陵路)
187	静安区	上海总工会遗址(中华新路)
188	静安区	中共上海区委(江浙区委)办公地点遗址
189	静安区	文明印刷所遗址
190	静安区	上海总工会遗址(湖州会馆遗址)
191	静安区	上海工人第三次武装起义工人纠察队总指挥部遗址(东方图书馆遗址)
192	静安区	上海工人第三次武装起义胜利后市民大集会遗址
193	静安区	"四·一二"惨案革命群众流血牺牲地点
194	静安区	中共中央秘书处机关遗址(青海路)
195	静安区	中共中央秘书处机关遗址(西康路)
196	静安区	中共中央组织部遗址
197	静安区	中共中央特科联络点遗址(泰兴路)

续 表

序号	行政区域	名　称
198	静安区	《布尔塞维克》印刷所遗址
199	静安区	中共中央联络点遗址
200	静安区	中共中央政治局联络点遗址
201	静安区	协盛印刷所遗址
202	静安区	中共中央与共产国际代表联络点遗址
203	静安区	中共中央第一座无线电台遗址
204	静安区	华兴书局遗址
205	静安区	大同幼稚园遗址
206	静安区	中共中央秘密电台遗址(福德坊)
207	静安区	全国苏维埃代表大会中央准备委员会全体会议(第五次全国劳动大会)遗址
208	静安区	全国苏维埃代表大会中央准备委员会机关遗址
209	静安区	上海民众反日救国联合会总部遗址
210	静安区	上海民众反日救国义勇军总部遗址
211	静安区	上海民众反日救国联合会会场血案发生地
212	静安区	中共中央秘密国际电台遗址(大沽路)
213	静安区	中共中央文库遗址(西康路)
214	静安区	读书生活出版社遗址
215	静安区	国共代表会谈处遗址(沧州饭店)
216	静安区	夏令配克难民收容所遗址
217	静安区	中共中央秘密电台遗址(威海路)
218	静安区	建承中学凤阳路校舍遗址
219	静安区	中共中央文库遗址(嘉运坊)

续 表

序号	行政区域	名 称
220	静安区	晓钟剧团遗址
221	静安区	中共中央文库遗址(成都北路)
222	静安区	华东模范中学遗址
223	静安区	中国文化投资公司(富通印刷公司)遗址
224	静安区	中共秘密联络点遗址(丰记米号)
225	静安区	上海北火车站遗址(六二三运动集会地遗址)
226	静安区	余姚路"棚户学校"遗址
227	静安区	中国福利会第一儿童福利站遗址
228	静安区	上海儿童福利促进会闸北第二儿童福利站遗址
229	静安区	四十三烈士牺牲地
230	静安区	上海人民广播电台遗址
231	静安区	陈云旧居遗址
232	静安区	瞿秋白旧居遗址(茂名北路)
233	静安区	瞿秋白旧居遗址(宝通路)
234	静安区	邓中夏旧居遗址(宝山路)
235	静安区	马林旧居遗址
236	宝山区	上海第三次工人武装起义吴淞工人纠察队驻地遗址(泰和路)
237	宝山区	上海第三次工人武装起义吴淞工人纠察队驻地遗址(淞兴路)
238	宝山区	山海工学团遗址
239	宝山区	新四军吴淞情报组遗址(淞兴路)
240	宝山区	新四军吴淞情报组遗址(淞浦路和丰路)

续 表

序号	行政区域	名　　称
241	宝山区	新四军吴淞情报组遗址(北兴路)
242	宝山区	新四军1师兼苏中军区采办组遗址
243	宝山区	藻北小学遗址
244	闵行区	明强小学遗址
245	闵行区	苏浙别动队第一支队第三大队二中队、三中队战士牺牲地
246	闵行区	苏浙别动队第一支队第三大队二中队、三中队烈士埋葬地
247	闵行区	苏浙别动队500米防线(壕沟)
248	闵行区	杜行竞斌小学中共联络站遗迹
249	闵行区	新四军淞沪游击第五支队齐元省部突围战遗迹
250	闵行区	黄自能旧居遗址
251	嘉定区	"五抗"暴动指挥中心遗址
252	嘉定区	八字桥战斗遗址(徐行村)
253	嘉定区	中共嘉定工委遗址
254	嘉定区	中共嘉(定)太(仓)工作委员会遗址
255	松江区	中国共产党淀山湖工作委员会遗址
256	松江区	中共松江县浦南工作委员会遗址
257	青浦区	朱家角新殿广场革命烈士纪念地遗址
258	青浦区	中共青松金工委机关遗址
259	青浦区	陆凤翔烈士故居遗址
260	奉贤区	中共浦南工作委员会机关遗址
261	崇明区	西沙田革命万人议租大会遗址

续　表

序号	行政区域	名　　称
262	崇明区	中共大同小学党组织联络点遗址
263	崇明区	中共崇明县委第一任县委机关和崇明县工农革命军联军总司令部遗址
264	崇明区	中共立群小学党组织秘密据点遗址
265	崇明区	抗日游击队蚌壳镇伏击日军遗址
266	崇明区	白祠堂伏击日军遗址
267	崇明区	"边抗"四大队八字桥伏击战遗址
268	崇明区	崇明民众抗日自卫总队小竖河阻击日军战斗遗址
269	崇明区	"边抗"四大队伏击日军遗址
270	崇明区	中共履端小学党组织秘密据点遗址
271	崇明区	中共大新中学支部遗址
272	崇明区	中山花园抗日英雄牺牲地
273	崇明区	渡港桥伏击日军遗址
274	崇明区	中共义化小学党组织秘密据点遗址
275	崇明区	中共崇明工委秘密联络点（大新榨油碾米厂遗址）
276	崇明区	中共三乐中学支部遗址
277	崇明区	中共民本中学支部遗址
278	崇明区	解放崇明岛登陆地
279	崇明区	俞保元旧居遗址
\multicolumn{3}{c}{纪　念　设　施}
1	浦东新区	张闻天生平陈列馆
2	浦东新区	红色泥城主题馆
3	浦东新区	朱家店抗日之战纪念碑

续 表

序号	行政区域	名　　称
4	浦东新区	高桥烈士陵园
5	浦东新区	川沙烈士陵园
6	浦东新区	南汇烈士陵园
7	浦东新区	三林烈士陵园
8	徐汇区	上海市龙华烈士陵园
9	徐汇区	上海宋庆龄故居纪念馆
10	徐汇区	上海交通大学早期建筑(五卅纪念柱)
11	徐汇区	上海交通大学早期建筑(史霄雯、穆汉祥烈士墓)
12	徐汇区	上海交通大学校史博物馆
13	长宁区	宋庆龄陵园
14	长宁区	宋庆龄墓
15	长宁区	长宁区革命文物陈列馆
16	长宁区	中共中央上海局机关史料史迹展
17	普陀区	沪西工人半日学校史料陈列馆
18	普陀区	沪西革命史陈列馆
19	普陀区	顾正红纪念馆
20	普陀区	普陀区档案馆"沪西印记"展厅
21	普陀区	华东师范大学校史馆
22	普陀区	上海纺织博物馆
23	虹口区	中国共产党第四次全国代表大会遗址纪念标志
24	虹口区	中共四大纪念馆
25	虹口区	中国左翼作家联盟会址纪念馆

续 表

序号	行政区域	名　　称
26	虹口区	上海邮政博物馆
27	虹口区	李白烈士故居陈列展
28	虹口区	鲁迅故居陈列展
29	虹口区	上海鲁迅纪念馆
30	虹口区	鲁迅墓
31	虹口区	淞沪铁路天通庵路站遗址纪念标志
32	虹口区	上海监狱陈列馆
33	杨浦区	《共产党宣言》展示馆（陈望道旧居）
34	杨浦区	国歌展示馆
35	杨浦区	杨树浦发电厂史料陈列室和王孝和纪念设施
36	杨浦区	复旦大学校史馆
37	杨浦区	同济大学校史馆
38	杨浦区	同济大学学生运动纪念园
39	杨浦区	沪东工人运动史展
40	杨浦区	公交三烈士纪念堂和塑像
41	黄浦区	中共中央政治局机关旧址(1928—1931年)陈列展
42	黄浦区	中国青年新闻记者协会会址陈列展
43	黄浦区	《义勇军进行曲》首次播放处陈列展
44	黄浦区	上海工人三次武装起义史料展
45	黄浦区	五卅运动纪念碑
46	黄浦区	上海市人民英雄纪念塔和外滩历史纪念馆
47	黄浦区	中国共产党发起组成立地（《新青年》编辑部）旧址陈列展

续 表

序号	行政区域	名　　称
48	黄浦区	中国社会主义青年团中央机关旧址纪念馆
49	黄浦区	中国共产党第一次全国代表大会纪念馆
50	黄浦区	中国共产党代表团驻沪办事处纪念馆（周公馆）
51	黄浦区	上海孙中山故居纪念馆
52	黄浦区	韬奋纪念馆
53	黄浦区	上海市历史博物馆（上海革命历史博物馆）
54	黄浦区	又新印刷所旧址陈列展
55	黄浦区	中共上海区委党校旧址陈列展
56	静安区	中国劳动组合书记部旧址陈列馆
57	静安区	中共二大会址纪念馆
58	静安区	1920年毛泽东寓所旧居陈列展
59	静安区	上海茂名路毛泽东旧居陈列馆
60	静安区	中共三大后中央局机关历史纪念馆
61	静安区	中共淞浦特委机关旧址陈列馆
62	静安区	中共中央军委机关旧址纪念馆
63	静安区	中央特科机关旧址纪念馆
64	静安区	中共中央秘书处机关旧址纪念馆
65	静安区	中共上海地下组织斗争史陈列馆暨刘长胜故居
66	静安区	中共三大后中央局机关三曾里遗址纪念标志
67	静安区	中国社会主义青年团中央机关遗址纪念标志
68	宝山区	宝山烈士陵园
69	宝山区	上海解放纪念馆

续表

序号	行政区域	名　　称
70	宝山区	上海战役月浦攻坚战纪念碑
71	宝山区	溯园（上海大学博物馆）
72	闵行区	闵行区烈士陵园
73	闵行区	华漕抗日战争纪念馆
74	闵行区	七号桥碉堡纪念碑、战士雕像
75	嘉定区	嘉定区革命烈士陵园
76	嘉定区	外冈游击队纪念馆
77	嘉定区	廖家礽烈士纪念馆（廖家礽烈士墓）
78	嘉定区	陈君起纪念馆
79	嘉定区	"五抗"暴动史料陈列展
80	嘉定区	娄塘游击队史料陈列展
81	嘉定区	娄塘游击队纪念碑
82	金山区	金山区烈士陵园
83	金山区	李一谔烈士陵园
84	金山区	陆龙飞烈士墓
85	金山区	无名烈士墓
86	金山区	初心馆
87	金山区	新街暴动纪念碑
88	松江区	松江烈士陵园
89	松江区	陈云与松江农民暴动史料馆
90	松江区	吴光田墓
91	青浦区	陈云纪念馆

续 表

序号	行政区域	名　　称
92	青浦区	东乡革命烈士陵园
93	青浦区	西乡革命烈士陵园
94	青浦区	小蒸农民暴动史料陈列馆
95	青浦区	福寿园人文纪念公园
96	青浦区	谢石关烈士墓
97	青浦区	仓桥烈士纪念塔
98	奉贤区	奉贤区烈士陵园
99	奉贤区	北宋村抗日烈士纪念碑
100	奉贤区	庄行暴动烈士纪念碑
101	崇明区	崇明区烈士馆
102	崇明区	海界宅事件纪念馆
103	崇明区	崇明施家河沿地下党斗争史展览馆
104	崇明区	大新烈士公墓
105	崇明区	解放崇明岛登陆纪念碑

二、重要档案、文献、手稿、声像资料和实物类(236 件/套)

序号	收藏/保管单位	馆藏资源名称	数量（件/套）
1	上海市档案馆	《青年杂志》(陈独秀在上海创刊,创刊号)	1
2	上海市档案馆	蔡晓舟、杨量工著《五四》	1
3	上海市档案馆	马格斯、安格尔斯合著、陈望道译《共产党宣言》(社会主义研究小丛书第一种)	2

续 表

序号	收藏/保管单位	馆藏资源名称	数量(件/套)
4	上海市档案馆	英国克卡朴原著、英国辟司增订、李季翻译、蔡元培序《社会主义史》(新青年丛书第一种)(上卷)	1
5	上海市档案馆	《共产党》第1—6期(中国共产党发起组创办的理论刊物,也是中国共产党的第一个党刊,共出版6期)	6
6	上海市档案馆	新青年社出版,英国哈列著、李季译《工团主义》(新青年丛书第七种)	1
7	上海市档案馆	新青年社出版,德国柯祖基著、恽代英译《阶级争斗》(新青年丛书第八种)	1
8	上海市档案馆	《向导》周报(中国共产党中央委员会的第一份机关报,在上海创刊,第1卷1—50期)	50
9	上海市档案馆	上海学生联合会关于《五卅后之上海学生》	1
10	上海市档案馆	施存统著《劳动运动史》(新青年社丛书之一)	1
11	上海市档案馆	上海总工会组织部关于希望所属各丝厂参加全市罢工致丝茧公所的函	1
12	上海市档案馆	新青年社出版,洛若夫斯基著、瞿秋白译《世界劳工运动现状》(新青年社丛书之一)	1
13	上海市档案馆	王伊维翻译《共产国际党纲草案》(新青年社丛书第一种)	1
14	上海市档案馆	瞿秋白著《俄国革命运动史》第一册(新青年社丛书第一种)	1
15	上海市档案馆	新青年社《中国革命问题论文集》(新青年社丛书之一种)	1
16	上海市档案馆	《红旗》(中国共产党中央委员会的第二份机关报,在上海创刊,第1—4期)	4

续 表

序号	收藏/保管单位	馆藏资源名称	数量(件/套)
17	上海市档案馆	上海工会联合会代表大会会议记录——关于全总反帝同盟、工联代表报告与"八一"工作讨论	1
18	上海市档案馆	上海工会联合会第一次常委会议记录——讨论各部工作人选与"八一"示威问题	1
19	上海市档案馆	上海中外研究学会印行,史列泼柯夫原著、潘文鸿翻译《俄国革命史1905至1907》(中外研究丛书)	1
20	上海市档案馆	三民公司出版的以《民权初步》为伪装封面的《中国苏维埃》	1
21	上海市档案馆	《社联盟报》(中国社会科学家联盟的内部油印刊物,目前收藏最早的是第14期)	1
22	上海市档案馆	《救亡日报》(上海市文化界救亡协会主办,第1—7号)	7
23	上海市档案馆	上海党组织印发的《上海陷落后上海党的任务决议》	1
24	上海市档案馆	《真理》(抗日战争时期中共江苏省委在上海出版的党内油印刊物,第1期)	1
25	上海市档案馆	中共江苏省委对于统一上海救亡运动的意见	1
26	上海市档案馆	《党的生活》(抗日战争时期中共江苏省委在上海出版的党内刊物,第1期)	1
27	上海市档案馆	广大华行董事会、股东会会议记录和公司章程(广大华行是中国共产党领导的企业,也是上海党的地下活动的重要据点)	10
28	上海市档案馆	《上海学生联合会五卅丛书》(五卅血案实录)	1
29	上海市档案馆	上海市学联关于拥护中共八项条件争取真和平响应上海人民团体联合会号召的宣言	1

续　表

序号	收藏/保管单位	馆藏资源名称	数量（件/套）
30	上海市档案馆	上海市军事管制管理会关于接管工作通知	1
31	上海图书馆	《新青年》(1915年9月—1922年7月)	54
32	上海图书馆	《上海罢市实录》记载了1919年6月5日上海工人罢工,标志中国工人阶级以独立的姿态登上政治舞台	1
33	上海图书馆	天津"觉悟社"1920年1月创刊的《觉悟》	1
34	上海图书馆	《共产党宣言》中文首译初、再版本	2
35	上海图书馆	由中共发起组组织翻译出版的《新青年丛书》	7
36	上海图书馆	李汉俊翻译的《马格斯资本论入门》,1920年9月出版	1
37	上海图书馆	李达传播马克思主义的两种著作《社会问题总览》、《唯物史观解说》	2
38	上海图书馆	人民出版社出版《马克思全书》第二种《工钱劳动与资本》	1
39	上海图书馆	人民出版社出版《康民尼斯特》丛书第一、四种《共产党底计画》、《第三国际议案及宣言》	2
40	上海图书馆	人民出版社出版《列宁全书》之三至五种《共产党礼拜六》、《列宁传》和《劳农政府之成功与困难》	3
41	上海图书馆	中国共产党领导创办的第一份妇女刊物《妇女声》	5
42	上海图书馆	《马克思纪念册》,1922年5月出版	1
43	上海图书馆	人民出版社出版的《李卜克内西纪念》	1
44	上海图书馆	反映京汉铁路工人大罢工的《京汉工人流血记》	1

续 表

序号	收藏/保管单位	馆藏资源名称	数量（件/套）
45	上海图书馆	上海大学丛书之一,蔡和森著《社会进化史》	1
46	上海图书馆	上海书店 1925 年出版的《中国青年社丛书》	5
47	上海图书馆	上海书店 1925—1926 年出版的《向导丛书》第一至第四种	4
48	上海图书馆	"五卅"运动传单	2
49	上海图书馆	《五卅血案实录》,上海学生联合会 1925 年 8 月出版	1
50	上海图书馆	邓中夏撰著的《省港罢工概观》和《省港罢工中之中英谈判》	2
51	上海图书馆	《中国农民》,1926 年 1 月—1927 年出版,主要撰稿人有毛泽东、李大钊等	9
52	上海图书馆	最早关于农民运动的专著《海丰农民运动》	1
53	上海图书馆	侯绍裘烈士给柳亚子先生三封信	7
54	上海图书馆	上海总工会 1927 年 4 月 15 日呈报给武汉国民政府的报告单行本——《蒋介石屠杀上海工人纪实》	1
55	上海图书馆	中国共产党理论性机关刊物《布尔塞维克》	16
56	上海图书馆	中国共产党第六次全国代表大会政治报告《中国革命与共产党》,1928 年 6 月出版	1
57	上海图书馆	柔石著并题赠"宜青"的《三姊妹》小说	1
58	上海图书馆	应修人烈士的日记和诗稿	1
59	上海图书馆	陈启修翻译的《资本论(第一卷第一分册)》是《资本论》最早的中译本,上海昆仑书店 1930 年 3 月出版	1
60	上海图书馆	中华苏维埃第一次全国代表大会文件汇编《苏大会文汇(一)》	1

续 表

序号	收藏/保管单位	馆藏资源名称	数量（件/套）
61	上海图书馆	《新中国》1932年11月出版,书前有中华苏维埃第一次全国代表大会照片近20幅	1
62	上海图书馆	反映中央红军反围剿斗争的特写——《红军的英勇血战》	1
63	上海图书馆	川陕省苏维埃政府工农银行货币	1
64	上海图书馆	抗日救亡运动的旗帜性刊物,由韬奋主编的《大众生活》	16
65	上海图书馆	《哲学讲话》,艾思奇著,是著名马克思主义哲学普及读物《大众哲学》的初版本	1
66	上海图书馆	瞿秋白著译、鲁迅编辑并出版的《海上述林》	2
67	上海图书馆	《西行漫记》的英文初版本、中译本初版本及在《密勒氏评论报》的首次刊出	3
68	上海图书馆	延安光华商店代价券	1
69	上海图书馆	《抗大动态》,1939年4月出版	1
70	上海图书馆	《论持久战》,1938年7月解放社出版。书前有顾颉刚1953年1月所写题跋,称本书是毛泽东赠顾颉刚的	1
71	上海图书馆	毛泽东亲自编辑,抗日根据地出版的第一部毛泽东著作集——《农村调查》	1
72	上海图书馆	晋察冀日报社编,晋察冀新华书店1944年5月出版的《毛泽东选集(卷五)》	1
73	上海图书馆	陕甘宁边区贸易公司商业流通券	6
74	上海图书馆	《中国共产党举行第七次全国代表大会》、《中国共产党第七次全国代表大会胜利闭幕》(号外)	2
75	上海图书馆	"反饥饿、反内战、反迫害"学生运动文献《从悲哀中奋起——"六二"在交大》	1

续 表

序号	收藏/保管单位	馆藏资源名称	数量（件/套）
76	上海图书馆	"反饥饿、反内战、反迫害"学生运动传单《血和泪的控诉》	1
77	上海图书馆	劝工大楼"爱用国货抵制美货"运动筹备会漫画	1
78	上海图书馆	《申新纺织九厂罢工大惨案始末》、《回顾申九女工惨案》（传单）	2
79	上海图书馆	由中共上海地下组织编写，为接管上海作准备的《上海概况》及《上海调查资料》系列书籍，1949年3—4月出版	9
80	上海图书馆	上海人民团体联合会1949年4—5月出版的《上海人民》	7
81	中国共产党第一次全国代表大会纪念馆	1920年7月湖南人民驱逐张敬尧运动代表团创办的《天问》	23
82	中国共产党第一次全国代表大会纪念馆	1920年8月中国共产党上海早期组织创办的《劳动界》	23
83	中国共产党第一次全国代表大会纪念馆	1920年8月出版的陈望道译《共产党宣言》	1
84	中国共产党第一次全国代表大会纪念馆	1920年9月出版的陈望道译《共产党宣言》	3
85	中国共产党第一次全国代表大会纪念馆	1920年9月出版的李汉俊译《马格斯资本论入门》	1
86	中国共产党第一次全国代表大会纪念馆	1920年11月中国共产党发起组创办的《共产党》月刊	1
87	中国共产党第一次全国代表大会纪念馆	1920年李大钊赠吴弱男签名照	1
88	中国共产党第一次全国代表大会纪念馆	中国共产党创建时期陈独秀著《政治主义谈》	1
89	中国共产党第一次全国代表大会纪念馆	中国共产党创建时期沈雁冰译俞秀松藏《美国共产党宣言》	1

续　表

序号	收藏/保管单位	馆藏资源名称	数量(件/套)
90	中国共产党第一次全国代表大会纪念馆	1921年4月罗亦农、柯庆施、周伯棣合影照	1
91	中国共产党第一次全国代表大会纪念馆	1921年6月田诚译《共产主义与智识阶级》	1
92	中国共产党第一次全国代表大会纪念馆	列宁全书（第一至第五种）	5
93	中国共产党第一次全国代表大会纪念馆	康民尼斯特丛书（第一至第四种）	4
94	中国共产党第一次全国代表大会纪念馆	1921年12月袁让译《工钱劳动与资本》	1
95	中国共产党第一次全国代表大会纪念馆	1922年4月上海邮局全体工人《宣告书》	1
96	中国共产党第一次全国代表大会纪念馆	1922年驻省海员罢工办事处印发罢工凭据	1
97	中国共产党第一次全国代表大会纪念馆	1922年中华海员工业联合总会徽章	1
98	中国共产党第一次全国代表大会纪念馆	《李卜克内西纪念》	1
99	中国共产党第一次全国代表大会纪念馆	施存统著并赠郑太朴《劳动运动史》	1
100	中国共产党第一次全国代表大会纪念馆	1922年9月上海金银业工人俱乐部成立大会合影照	1
101	中国共产党第一次全国代表大会纪念馆	1924年恽代英致民智书局信	1
102	中国共产党第一次全国代表大会纪念馆	1924年5月国民党上海执行部成员在孙中山寓所合影照	1
103	中国共产党第一次全国代表大会纪念馆	1924年5月国民党上海执行部成员及各区党代表在孙中山寓所合影照	1

续 表

序号	收藏/保管单位	馆藏资源名称	数量(件/套)
104	中国共产党第一次全国代表大会纪念馆	1924年5月汪寿华签名照	1
105	中国共产党第一次全国代表大会纪念馆	1925年5月《上海学生市民工人反抗帝国主义大运动宣言》	2
106	中国共产党第一次全国代表大会纪念馆	1925年6月侯绍裘致柳亚子信	2
107	中国共产党第一次全国代表大会纪念馆	1925年6月省港罢工委员会宣传部编《省港罢工工人代表大会第一百次纪念刊》	1
108	中国共产党第一次全国代表大会纪念馆	1925年7月《上海大学章程》	1
109	中国共产党第一次全国代表大会纪念馆	1925年8月上海纱厂总工会成立代表大会合影照	1
110	中国共产党第一次全国代表大会纪念馆	1925年8月国民党江苏省党部在上海召开成立大会合影照	1
111	中国共产党第一次全国代表大会纪念馆	1925年秋李大钊用的英文打字机	1
112	中国共产党第一次全国代表大会纪念馆	1925年10月中华全国铁路总工会编《革命战士集》(第一册)	1
113	中国共产党第一次全国代表大会纪念馆	1925年10月肖楚女著《国民革命与中国共产党》	1
114	中国共产党第一次全国代表大会纪念馆	1925年10月省港罢工委员会宣传部编《罢工与东征》	1
115	中国共产党第一次全国代表大会纪念馆	1925年11月省港罢工委员会宣传部编《罢工与东征》	1
116	中国共产党第一次全国代表大会纪念馆	五卅运动时期上海总工会主办的《上海总工会三日刊》	4
117	中国共产党第一次全国代表大会纪念馆	五卅运动时期上海工商学联合会宣传部编《上海工商学联合会日报》	6

续　表

序号	收藏/保管单位	馆藏资源名称	数量（件/套）
118	中国共产党第一次全国代表大会纪念馆	五卅运动时期上海学生联合会名片	1
119	中国共产党第一次全国代表大会纪念馆	五卅运动时期刘少奇名片	1
120	中国共产党第一次全国代表大会纪念馆	五卅运动时期钟秀文长衫	1
121	中国共产党第一次全国代表大会纪念馆	五卅运动时期上海大学学生刻传单用的钢板	1
122	中国共产党第一次全国代表大会纪念馆	五卅运动时期中共中央创办的《热血日报》	15
123	中国共产党第一次全国代表大会纪念馆	1926年4月上海总工会编《上海总工会五日刊》	5
124	中国共产党第一次全国代表大会纪念馆	1926年7月龙大道致父亲信	1
125	中国共产党第一次全国代表大会纪念馆	1926年10月上海工人第一次武装起义时的"倒孙拒张歌"传单	1
126	中国共产党第一次全国代表大会纪念馆	1926年10月上海工人第一次武装起义时题为"特别快报"传单	1
127	中国共产党第一次全国代表大会纪念馆	1926年10月彭湃著《海丰农民运动》	1
128	中国共产党第一次全国代表大会纪念馆	1927年3月上海邮政工人参加第二、第三次武装起义使用的警笛、哨子	2
129	中国共产党第一次全国代表大会纪念馆	1927年3月上海工人第三次武装起义时陈博云运送武器的皮箱	1
130	中国共产党第一次全国代表大会纪念馆	1927年3月中国国民党第二届中央执行委员第三次全体会议合影照	1
131	中国共产党第一次全国代表大会纪念馆	1927年4月郑振铎等致蔡子民吴稚晖李石曾信	1

续 表

序号	收藏/保管单位	馆藏资源名称	数量（件/套）
132	中国共产党第一次全国代表大会纪念馆	1927年4月上海总工会主办的《平民日报》	2
133	中国共产党第一次全国代表大会纪念馆	1927年春侯绍裘致唐鸣时信	1
134	中国共产党第一次全国代表大会纪念馆	1928年3月郑复他在狱中致妻子信	1
135	中国共产党第一次全国代表大会纪念馆	1928年4月郑复他在狱中致父亲信	1
136	中国共产党第一次全国代表大会纪念馆	1928年10月共青团中央创办的《列宁青年》	10
137	中国共产党第一次全国代表大会纪念馆	1928年11月中共中央在上海创办的《红旗》	7
138	中国共产党第一次全国代表大会纪念馆	1928年立五卅烈士墓残碑	1
139	中国共产党第一次全国代表大会纪念馆	1929年3月中国济难会在上海编印出版的《牺牲》（第一集）	1
140	中国共产党第一次全国代表大会纪念馆	1930年8月中共中央在上海创办的《红旗日报》	39
141	中国共产党第一次全国代表大会纪念馆	1931年1月林育南在狱中写的收据	1
142	中国共产党第一次全国代表大会纪念馆	1931年林育南致陆若冰信	1
143	中国共产党第一次全国代表大会纪念馆	1931年2月何孟雄、林育南等龙华二十四烈士遗物——铜元	52
144	中国共产党第一次全国代表大会纪念馆	1931年2月何孟雄、林育南等龙华二十四烈士遗物——手铐、脚镣	2
145	中国共产党第一次全国代表大会纪念馆	1931年2月何孟雄、林育南等龙华二十四烈士遗物——绒线背心	1

续 表

序号	收藏/保管单位	馆藏资源名称	数量（件/套）
146	中国共产党第一次全国代表大会纪念馆	1931年2月何孟雄、林育南等龙华二十四烈士遗物——银角子（二角）	3
147	中国共产党第一次全国代表大会纪念馆	1931年4月中共中央在上海创办的《红旗周报》	22
148	中国共产党第一次全国代表大会纪念馆	1931年8月上海法商水电工会工人合影照	1
149	中国共产党第一次全国代表大会纪念馆	1931年冬何香凝柳亚子为营救邓演达和青年学生致国民党中央党部电报底稿	2
150	中国共产党第一次全国代表大会纪念馆	1932年4月中共江苏省委在上海出版的《大中报》	3
151	中国共产党第一次全国代表大会纪念馆	1932年至1934年在上海出版的《中国论坛》周刊	6
152	中国共产党第一次全国代表大会纪念馆	1935年立江湾一二八忠烈墓纪念碑	1
153	中国共产党第一次全国代表大会纪念馆	1936年沈钧儒等作《团结御敌的几个基本条件与最低要求》附毛泽东复电	1
154	中国共产党第一次全国代表大会纪念馆	1936年救国会"七君子"在苏州狱中的留影	18
155	中国共产党第一次全国代表大会纪念馆	1937年5月国民党军事委员会西安行营考察团在延安活动照	51
156	中国共产党第一次全国代表大会纪念馆	1937年8月八路军驻沪办事处赠中国妇女慰劳自卫抗战将士会上海分会的朱德照	1
157	中国共产党第一次全国代表大会纪念馆	1937年11月周恩来题词并赠李英华的平型关战斗中缴获地图	1
158	中国共产党第一次全国代表大会纪念馆	1938年春贺绿汀创作的《游击队歌》等手稿	1
159	中国共产党第一次全国代表大会纪念馆	1938年节约救难运动纪念章	1

续 表

序号	收藏/保管单位	馆藏资源名称	数量（件/套）
160	中国共产党第一次全国代表大会纪念馆	1939年3月上海汽车司机业余联谊社及祥生等四大公司司机为诸林根被日军残杀出殡纪念合影照	2
161	中国共产党第一次全国代表大会纪念馆	1939年7月"义卖救难"纪念章	2
162	中国共产党第一次全国代表大会纪念馆	1939年9月董必武致祝世康信	1
163	中国共产党第一次全国代表大会纪念馆	新四军政治部印发的年画	1
164	中国共产党第一次全国代表大会纪念馆	1946年底马寅初《举国人民要求美军即刻退出》手稿	1
165	中国共产党第一次全国代表大会纪念馆	1946年6月上海市第四区机器制造业产业工会参加六二三反内战游行时用的纠察员臂章	2
166	中国共产党第一次全国代表大会纪念馆	1946年6月上海长丰染织厂工人参加六二三反内战游行时用的横幅	1
167	中国共产党第一次全国代表大会纪念馆	1946年6月上海百货业职工参加六二三反内战游行时用的横幅	1
168	中国共产党第一次全国代表大会纪念馆	1946年6月上海人民呼吁和平入京请愿代表团合影照	2
169	中国共产党第一次全国代表大会纪念馆	1946年7月蔡畅致宋庆龄信	1
170	中国共产党第一次全国代表大会纪念馆	1946年11月周恩来在《政协文献》上的题词	1
171	中国共产党第一次全国代表大会纪念馆	1947年上海三区百货业职工在反对有条件解冻生活指数斗争中使用的横幅	1
172	中国共产党第一次全国代表大会纪念馆	1948年2月上海申新九厂许泉福在二二斗争时穿的大衣	1
173	中国共产党第一次全国代表大会纪念馆	1949年3月上海人民团体联合会木质印章	1

续 表

序号	收藏/保管单位	馆藏资源名称	数量（件/套）
174	中国共产党第一次全国代表大会纪念馆	1949年3月上海人民团体联合会石质印章	1
175	中国共产党第一次全国代表大会纪念馆	1949年4月上海人民团体联合会主办的《上海人民》	9
176	上海孙中山故居纪念馆	孙中山著述时坐的沙发	1
177	上海孙中山故居纪念馆	孙中山设计并穿着的"中山装"衣裤	2
178	上海韬奋纪念馆	韬奋使用过的水晶图章	1
179	上海韬奋纪念馆	韬奋的铜图章	1
180	上海韬奋纪念馆	杜重远送给韬奋的细瓷花瓶	1
181	上海韬奋纪念馆	韬奋记事用的袖珍日记本	1
182	上海韬奋纪念馆	韬奋《对国事的呼吁》的原稿	1
183	上海市历史博物馆（上海革命历史博物馆）	1926年立五卅殉难烈士集体墓石碑	1
184	上海市历史博物馆（上海革命历史博物馆）	1945年段德彰中共"七大"代表证	1
185	上海市龙华烈士陵园（龙华烈士纪念馆）	1920年12月留法勤工俭学学生"静之"致何孟雄的明信片	1
186	上海市龙华烈士陵园（龙华烈士纪念馆）	1920年6月—7月俞秀松写的日记	1
187	上海市龙华烈士陵园（龙华烈士纪念馆）	1920年8月留法勤工俭学学生"魂"致何孟雄的明信片	1
188	上海市龙华烈士陵园（龙华烈士纪念馆）	1922年李汉俊讲学时用的皮包	1

续 表

序号	收藏/保管单位	馆藏资源名称	数量（件/套）
189	上海市龙华烈士陵园（龙华烈士纪念馆）	1924年罗亦农为列宁守灵时佩戴的纪念章	1
190	上海市龙华烈士陵园（龙华烈士纪念馆）	1926年上海邮务公会第一届干部执委会合影	1
191	上海市龙华烈士陵园（龙华烈士纪念馆）	1927年3月罗亦农参加上海特别市临时政府成立典礼时穿的马褂	1
192	上海市龙华烈士陵园（龙华烈士纪念馆）	1927年3月罗亦农参加上海特别市临时政府成立典礼时穿的长袍	1
193	上海市龙华烈士陵园（龙华烈士纪念馆）	原龙华淞沪警备司令部遗址区出土的群镣	1
194	上海市龙华烈士陵园（龙华烈士纪念馆）	20世纪20年代宣中华、宣中善使用过的竹箧箱	1
195	上海市龙华烈士陵园（龙华烈士纪念馆）	20世纪20年代何孟雄、缪伯英的藏书《前锋》创刊号、第二号、第三期	3
196	上海市龙华烈士陵园（龙华烈士纪念馆）	20世纪20年代何孟雄、缪伯英的藏书《社会结构学》	1
197	上海市龙华烈士陵园（龙华烈士纪念馆）	1930年11月24日—1931年1月15日林育南（铁岽）给陆若冰的明信片、信	16
198	上海市龙华烈士陵园（龙华烈士纪念馆）	1938年—1945年3月4日费巩写的日记	16
199	上海市龙华烈士陵园（龙华烈士纪念馆）	20世纪30年代杜重远用的皮箱	1
200	上海市龙华烈士陵园（龙华烈士纪念馆）	20世纪30年代俞秀松结婚时斯大林赠送的漆布木箱	1
201	上海市龙华烈士陵园（龙华烈士纪念馆）	1940年新四军军部任命刘别生为本部特务团团长的委任状	1
202	上海市龙华烈士陵园（龙华烈士纪念馆）	1941年新四军军部任命刘别生为本军第一师第二旅第四团团长的委任状	1

续 表

序号	收藏/保管单位	馆藏资源名称	数量（件/套）
203	上海市龙华烈士陵园（龙华烈士纪念馆）	1946年李公朴赠友人的条幅	1
204	上海市龙华烈士陵园（龙华烈士纪念馆）	1948年王孝和在狱中使用的毛毯	1
205	上海市龙华烈士陵园（龙华烈士纪念馆）	20世纪40年代张权用的军用对笔	2
206	上海市龙华烈士陵园（龙华烈士纪念馆）	20世纪40年代张权用的军用指北针	1
207	上海市龙华烈士陵园（龙华烈士纪念馆）	20世纪40年代张权用的通讯录	1
208	上海公安博物馆	钱凤歧烈士使用的藤箱	1
209	上海公安博物馆	邵建从事地下工作时编写保存的载有中共上海警察工作委员会所辖成员密码名册（《王云五小辞典》及附件）	8
210	上海公安博物馆	上海市民声援"五四"运动《罢市纪念》照相册	1
211	上海公安博物馆	山东省警官学校第一期毕业证书	1
212	上海公安博物馆	1948年华东警官学校校徽	1
213	上海宋庆龄故居纪念馆	孙中山使用的中华民国陆海军大元帅之印	1
214	上海宋庆龄故居纪念馆	孙中山《国民政府建国大纲》手迹	1
215	上海宋庆龄故居纪念馆	孙中山使用的中华革命党本部之印	1
216	上海宋庆龄故居纪念馆	白求恩国际和平医院全体工休人员致宋庆龄的签名感谢信	1
217	上海宋庆龄故居纪念馆	鲁迅致宋庆龄蔡元培的信	1

续 表

序号	收藏/保管单位	馆藏资源名称	数量（件/套）
218	上海宋庆龄故居纪念馆	宋庆龄使用的中国民权保障同盟主席之印	1
219	上海宋庆龄故居纪念馆	宋庆龄致胡卡姆夫人信底稿	1
220	上海宋庆龄故居纪念馆	宋庆龄《向中国共产党致敬》手稿	1
221	上海鲁迅纪念馆	陈望道翻译的《共产党宣言》初版本	1
222	上海鲁迅纪念馆	鲁迅为悼念"左联"五烈士写的《无题》（"惯于长夜过春时"）诗稿	1
223	上海鲁迅纪念馆	鲁迅为孙用译作《勇敢的约翰》写的《校后记》手稿	1
224	上海鲁迅纪念馆	陈赓与鲁迅会晤时手绘的鄂豫皖根据地形势图	1
225	上海鲁迅纪念馆	瞿秋白致鲁迅信	1
226	上海鲁迅纪念馆	鲁迅《看图识字》手稿	1
227	上海鲁迅纪念馆	鲁迅《势所必至，理有固然》手稿	1
228	上海鲁迅纪念馆	鲁迅《准风月谈·后记》被删手稿	1
229	上海鲁迅纪念馆	鲁迅为内山书店职员镰田诚一撰写的《镰田诚一墓记》手稿	1
230	上海鲁迅纪念馆	鲁迅《立此存照（一）》手稿	1
231	上海鲁迅纪念馆	鲁迅《立此存照（二）》手稿	1
232	上海鲁迅纪念馆	鲁迅《立此存照（三）》手稿	1
233	上海鲁迅纪念馆	鲁迅《立此存照（四）》手稿	1
234	虹口区文物遗址史料馆	柔石使用过的印章	1

续 表

序号	收藏/保管单位	馆藏资源名称	数量（件/套）
235	虹口区文物遗址史料馆	柔石使用过的笛子	1
236	虹口区文物遗址史料馆	丁玲与胡也频结婚时丁玲母亲送的茶具	1

资料来源：上海市人民政府。

后　记

从中国共产党诞生的那一刻起，上海这座城市就被烙上永不磨灭的红色印迹、注入永不消退的红色基因。牢记习近平总书记的殷殷嘱托，建设好、守护好中国共产党人的精神家园，是上海的重大政治责任和光荣历史使命。

2021年是中国共产党成立100周年，2022年是中国共产党首部党章通过100周年。在中央和市委的坚强领导下，全市上下以伟大建党精神铸魂塑魂，以"党的诞生地"光荣历史凝心聚力，保护利用丰富红色资源，用心用情用力打响"红色文化"品牌，赓续城市红色血脉，构筑起城市精神的鲜明底色，助力城市软实力建设。

此次，我们以"蓝皮书"的形式，重点记录和反映2021—2022年前后，上海市区两级各部门、各单位在红色资源保护利用、红色文化传承弘扬方面的具体实践。编委会经过充分调研，并广泛征求意见，编制了蓝皮书撰写大纲，分为总报告、专题研究、案例调研、文件汇编四个板块。内容反映专家学者视角观点，体现专业性；刊载多篇一线调研案例，体现实践性。同时，还收录了《上海市红色资源传承弘扬和保护利用条例》《上海市红色资源名录（第一批）》。希望本书呈现的研究报告、活动案例和观察视角，能为广大读者了解上海近年来在红色资源传承弘扬和保护利用方面的探索与实践提供参考。

衷心感谢上海市红色资源保护利用工作联席会议及市委组织部、市委党史研究室、市档案局、市委党校、市教卫工作党委、市文旅局等成员单位对本书编写工作的指导帮助。本书的编辑出版，还得到了市道运局等部门，复旦大学、上海交通大学、上海戏剧学院等高校，解放日报、上海广播电视台、东方网等媒体,上海图书馆、中共一大纪念馆等爱国主义教育基地,久事集团、申通地铁集团等企业,以及各区党委宣传部门的大力支持。

书稿完成后,编委会组织专家学者进行审读,先后邀请冯小敏(上海党建智库首席专家、中共上海市委组织部原副部长)、徐建刚(中共上海市委党校常务副校长、上海行政学院常务副院长)、洪民荣(上海市地方志办公室原主任)、忻平(上海市社联副主席、上海市中共党史学会会长)、邢建榕(上海市档案局原副局长)、冉小毅(上海市社会主义学院副院长)、徐锦江(上海社会科学院文学研究所原所长)等对相关文章进行评审。各位专家提出了宝贵的修改建议,在此一并致谢。

因水平有限、时间仓促,本书必有不足、不当之处,敬请广大读者批评指正。

编委会

2023 年 6 月

图书在版编目(CIP)数据

上海市红色资源传承弘扬和保护利用蓝皮书：2021—2022 / 潘敏，权衡主编；马学强等副主编 . — 上海：上海社会科学院出版社，2023
 ISBN 978 - 7 - 5520 - 4140 - 8

Ⅰ.①上… Ⅱ.①潘… ②权… ③马… Ⅲ.①革命文物—文物工作—研究—上海— 2021 - 2022 Ⅳ.①K871.7

中国国家版本馆 CIP 数据核字(2023)第 106870 号

上海市红色资源传承弘扬和保护利用蓝皮书(2021—2022)

主　　编：潘　敏　权　衡
副 主 编：马学强　王　健
责任编辑：蓝　天　杨　潇
封面设计：黄婧昉
出版发行：上海社会科学院出版社
　　　　　上海顺昌路 622 号　邮编 200025
　　　　　电话总机 021 - 63315947　销售热线 021 - 53063735
　　　　　http://www.sassp.cn　E-mail：sassp@sassp.cn
排　　版：南京展望文化发展有限公司
印　　刷：上海丽佳制版印刷有限公司
开　　本：710 毫米×1010 毫米　1/16
印　　张：22.25
字　　数：337 千
版　　次：2023 年 9 月第 1 版　2023 年 9 月第 1 次印刷

ISBN 978 - 7 - 5520 - 4140 - 8/K · 689　　　定价：168.00 元

版权所有　翻印必究